Constituição, Sistemas Sociais e Hermenêutica

ANUÁRIO
do Programa de Pós-Graduação
em Direito da UNISINOS

MESTRADO E DOUTORADO
n. 12

Anuário do Programa de Pós-Graduação em Direito

UNIVERSIDADE DO VALE DO RIO DOS SINOS

Reitor: Pe. Marcelo Fernandes de Aquino, S.J.
Vice-Reitor: Pe. José Ivo Follmann, S.J.

Diretor da Unidade Acadêmica de Pesquisa e Pós-Graduação
Alsones Balestrin

Coordenador Executivo do Programa de Pós-Graduação em Direito
Prof. Dr. Leonel Severo Rocha

Coordenador Adjunto do Programa de Pós-Graduação em Direito
Prof. Dr. Wilson Engelmann

Corpo Docente PPGDIREITO
André Luís Callegari, Anderson Vichinkeski Teixeira,
Darci Guimarães Ribeiro, Délton Winter de Carvalho,
Fernanda Frizzo Bragato, Jose Luis Bolzan de Morais,
José Rodrigo Rodriguez, Lenio Luiz Streck, Leonel Severo Rocha,
Marciano Buffon, Maria Eugênia Bunchaft, Miguel Tedesco Wedy,
Sandra Regina Martini, Têmis Limberger,
Vicente de Paulo Barretto e Wilson Engelmann.

C758 Constituição, sistemas sociais e hermenêutica: anuário do programa de
Pós-Graduação em Direito da UNISINOS: mestrado e doutorado /
orgs. Lenio Luiz Streck, Leonel Severo Rocha, Wilson Engelmann.
Porto Alegre: Livraria do Advogado Editora; São Leopoldo:
UNISINOS, 2016.
247 p.; 23 cm.

ISBN 978-85-96538-50-9

1. Direito. 2. Teoria do Direito. I. Streck, Lenio Luiz, org II. Rocha,
Leonel Severo, org. III. Wilson Engelmann.

CDU 34

Índices para o catálogo sistemático
Direito
Teoria do Direito

Constituição, Sistemas Sociais e Hermenêutica

ANUÁRIO
do Programa de Pós-Graduação
em Direito da UNISINOS

MESTRADO E DOUTORADO
n. 12

Lenio Luiz Streck
Leonel Severo Rocha
Wilson Engelmann

Organizadores

Porto Alegre, 2016

© dos autores, 2016

Capa, projeto gráfico e diagramação
Livraria do Advogado Editora

Revisão
Rosane Marques Borba

Conselho Editorial do Anuário do PPGDireito
André Luís Callegari
Darci Guimarães Ribeiro
Jose Luis Bolzan de Morais
Lenio Luiz Streck
Leonel Severo Rocha
Vicente de Paulo Barretto
Wilson Engelmann

Direitos desta edição reservados por
Livraria do Advogado Editora Ltda.
Rua Riachuelo, 1300
90010-273 Porto Alegre RS
Fone: 0800-51-7522
editora@livrariadoadvogado.com.br
www.doadvogado.com.br

Programa de Pós-Graduação em Direito
Universidade do Vale do Rio dos Sinos
Av. Unisinos, 950
93022-000 São Leopoldo RS
Fone: (51) 3590-8148
ppgdireito@unisinos.br
(www.unisinos.br/mestrado-e-doutotado/direito)

Impresso no Brasil / Printed in Brazil

Sumário

Apresentação..7

I – Qual a significância do pensamento de Carl Schmitt para a teoria constitucional do século XXI?
Anderson Vichinkeski Teixeira..9

II – Discussões iniciais sobre o terrorismo: algumas conclusões do projeto de pesquisa "Um discurso sobre o direito penal de exceção: a luta contra o terrorista"
André Luís Callegari..19

III – A sistematização das presunções no novo Código de Processo Civil
Darci Guimarães Ribeiro...29

IV – Uma incursão sobre a litigância climática: entre mudança climática e responsabilidade civil
Délton Winter de Carvalho...39

V – Direitos territoriais indígenas e prevenção de atrocidades no Brasil: o papel do Supremo Tribunal Federal discutido em *Amicus Curiae*
Fernanda Frizzo Bragato..53

VI – Estado e Constituição e o "fim da geografia"
Jose Luis Bolzan de Morais..69

VII – Sociedade contra o Estado – duas ondas de democratização radical no Brasil (1988 e 2013): uma interpretação à luz de Franz Neumann
José Rodrigo Rodriguez..83

VIII – O Rubicão e os quatro ovos do condor: de novo, o que é ativismo?
Lenio Luiz Streck...97

IX – Epistemologia do direito: revisitando as três matrizes jurídicas
Leonel Severo Rocha...105

X – Constituição *versus* tributação: o papel dos juristas na crise paradigmática
Marciano Buffon..121

XI – Transexualidade e o "direito dos banheiros" no STF: uma análise do voto do Ministro Luís Roberto Barroso à luz do constitucionalismo democrático-paritário
Maria Eugenia Bunchaft..137

XII – A Constituição, eficiência e garantias nas dez propostas do MPF contra a corrupção
Miguel Tedesco Wedy..169

XIII – A fraternidade tem lugar nos espetáculos da sociedade atual?
Sandra Regina Martini..181

XIV – Cibertransparência: informação pública em rede e a cidade em tempos de globalização
Têmis Limberger..197

XV – Uma nova (filosófica) leitura da ordem constitucional brasileira
   Vicente de Paulo Barretto..215

XVI – As nanotecnologias como um exemplo de inovação e os reflexos jurídicos no cenário da pesquisa e inovação responsáveis (*responsible research and innovation*) e das implicações éticas, legais e sociais (*ethical, legal and social implications*)
   Wilson Engelmann...227

— Apresentação —

Nos caminhos da pós-graduação de excelência em Direito

O Programa de Pós-Graduação em Direito – Mestrado e Doutorado – da UNISINOS, nos seus 20 anos de funcionamento, consolida-se como um espaço privilegiado de reflexão e produção do conhecimento jurídico. A Pós-Graduação brasileira é avaliada pela CAPES centrada em aspectos quantitativos e qualitativos do desempenho dos Programas, tendo em vista a construção de uma ciência de padrão internacional em nosso país. Os conceitos possuem uma hierarquia na qual atingem o maior nível aqueles que obtêm MB, em todos os critérios, que são representados pelas notas 6 e 7. Na área do Direito, neste momento, a avaliação mais elevada é concebida pela nota 6. Para nossa grande honra, o PPGD-Unisinos atingiu, nas duas últimas avaliações trienais, esse conceito máximo. O reconhecimento e a consolidação inseriu o Programa de Pós-Graduação em Direito da UNISINOS no PROEX, Programa de Excelência da CAPES de apoio à pós-graduação, concedido somente a uma elite de prestigiosas universidades.

Sustentado por duas matrizes teóricas – a hermenêutica e a sistêmica – especialmente, mas não exclusivamente, que alimentam os diversos projetos de pesquisa desenvolvidos pelo corpo docente, com a participação ativa dos alunos do Mestrado e Doutorado e, também, dos bolsistas de Iniciação Científica. Tais projetos de Pesquisa formam um conjunto crítico e criativo de temáticas jurídicas, focadas na inovação e em novos temas que são planejados pela Sociedade. Desta forma, a *Escola de Direito da Unisinos* consolida uma parte do caminho explicitado pelo Planejamento Estratégico da Universidade, ou seja, de ser reconhecida como uma *Universidade Global de Pesquisa*.

Os textos que integram este Anuário se inserem no apresentado pano de fundo e representam o aprofundamento de temas de ponta para a área jurídica e servem como um indicador sofisticado do trabalho realizado nas duas Linhas de Pesquisa em que está organizado o Programa: Linha de Pesquisa 1: "Hermenêutica, Constituição e Concretização de Direitos" e Linha de Pesquisa 2: "Sociedade, Novos Direitos e Transnacionalização".

Reforça-se, com este novo Anuário, o compromisso assumido pelos Fundadores do Programa: a pretensão de se tornar um polo irradiador de produções inovadoras na área do Direito, abrigados numa Universidade de marcado viés humanista. Aliás, estes são dois "ingredientes" elementares para capacitar o Direito a dar conta dos novos direitos e deveres decorrentes dos avanços científicos e tecnológicos desencadeados nas diversas áreas do conhecimento.

Os textos mostram que as variadas temáticas de cada uma das Linhas de Pesquisa se encontram em constante movimento de sofisticação, aspecto que permite a sua sintonia com a agitação das relações sociais, as quais assumem contornos cada vez mais inusitados. Isso desafia o Direito e sublinha a incapacidade da estrutura dogmática do jurídico em alcançar as situações criadas pelo próprio ser humano. Os textos são um reflexo direto do espírito empreendedor e inquieto de cada um dos pesquisadores e do conjunto de alunos que os acompanham. Desta forma, mostram uma alternativa que promove uma abertura na produção do conhecimento jurídico conectada aos desafios instalados na sociedade neste início do Século XXI.

Desejamos a todos uma boa leitura!

Os Organizadores.

— I —

Qual a significância do pensamento de Carl Schmitt para a teoria constitucional do século XXI?

ANDERSON VICHINKESKI TEIXEIRA[1]

Sumário: Introdução; 1. Teoria política e teoria do Direito; 2. O direito internacional e a teoria schmittiana dos grandes espaços; 3. Estado e Constituição; Referências bibliográficas.

Introdução

Um dos autores mais polêmicos do pensamento político-jurídico ocidental no século XX foi, certamente, Carl Schmitt (1888-1985). Nascido em Plettenberg, Vestfália, tendo lecionado em Bonn, Greifswald, Munique e Colônia, logrou sucesso em dar maior projeção a sua carreira sobretudo a partir da ida a Berlim, tornando-se nacional e internacionalmente conhecido quando, em 1933, assume a cátedra de Direito Constitucional na Universidade de Berlim e, paralelamente, adere ao Partido Nacional-Socialista.

Desde seus primeiros escritos monográficos, em especial, após sua tese doutoral, defendida, em 1915, na Universidade de Estrasburgo, Schmitt notabilizou-se pela marcante habilidade em versar sobre temas atinentes a: (1) direito constitucional, (2) teoria política e teoria do direito, (3) filosofia das relações internacionais e do direito internacional, e (4) escritos literários diversos.[2] Como é sabido, a parte que recebeu maior atenção, no meio acadêmico em geral, foi a concernente ao direito constitucional, visto que as considerações sobre a teoria do direito e sobre a teoria política costumam derivar subsidiariamente daquele direito. A atenção dedicada por parte da comunidade acadêmica europeia ao direito internacional e à filosofia das

---

[1] Doutor em Teoria e História do Direito pela *Università degli Studi di Firenze* (IT), com estágio de pesquisa doutoral junto à Faculdade de Filosofia da *Université Paris Descartes-Sorbonne*. Estágio pós-doutoral junto à *Università degli Studi di Firenze*. Mestre em Direito do Estado pela PUC/RS. Professor do Programa de Pós-Graduação em Direito (Mestrado/Doutorado) da Universidade do Vale do Rio dos Sinos (UNISINOS). Advogado e consultor jurídico. Outros textos em: <www.andersonteixeira.com>.

[2] Alguns preferem colocar a parte sobre o direito constitucional junto à teoria do direito e à teoria política, como SCHWAB, George. Contextualising Carl Schmitt's Concept of Grossraum. *History of European Ideas*, 19 (1994) 1-3, p. 185.

relações internacionais começou a crescer somente nas últimas décadas, em particular depois da criação da União Europeia.

No presente ensaio, faremos uma reconstrução biográfica de suas mais relevantes contribuições, objetivando responder a pergunta que dá título a este texto: qual a significância do pensamento schmittiano para a teoria constitucional do século XXI?

1. Teoria política e teoria do Direito

Schmitt, ao tratar dos fundamentos da política, inicia uma farta produção científica baseada em uma matriz teórica que iria, futuramente, ganhar o rótulo de realismo schmittiano. "Quem fala em humanidade, quer levá-lo ao engano" é a famosa máxima que ele propõe já em 1927, no *Der Begriff des Politischen*, para exprimir a sua discordância frente à ideia de um "Estado mundial" que compreenda toda a humanidade, anule o "pluriverso" (*Pluriversum*) dos povos e dos Estados e suprima a própria dimensão do "político". A sua crítica à tentativa de uma grande potência – por óbvio, os Estados Unidos – de apresentar as próprias guerras como guerras conduzidas em nome e em proveito de toda a humanidade aparece como uma crítica circunstancial que, no fundo, tem por finalidade questionar todas as bases que legitimavam o Tratado de Versalhes. Para ele, em 1919, deu-se, com o referido Tratado, não o fim de uma guerra, mas sim a consolidação de um imperialismo gerido por EUA e Inglaterra às custas dos vencidos na guerra, sobretudo do povo alemão. Schmitt percebera, ao longo de seus escritos dos anos de 1930, a dimensão planetária do projeto de poder estadunidense. Em seu *opus magnum*, *Der Nomos der Erde*, ele se mostra convicto que a superpotência americana estava se impondo como um império global, sobretudo porque dispunha de um potencial bélico avassalador.

Já em 1927, Schmitt falava – algo que é, ao nosso sentir, cada vez mais atual – que a humanidade "é um instrumento ideológico particularmente idôneo às expansões imperialistas e é, na forma ético-humanitária, um veículo específico do imperialismo econômico".[3] A humanidade, entendida como um conceito absoluto e abrangente, foi mais útil a todo Estado que desejava se apropriar deste conceito e, por consequência, apropriar-se do mundo, ao invés de ser considerada como causa da formação de uma comunidade de destino universal entre povos que defendem a ubiquidade da "paz perpétua".

Além da ideia de humanidade, outro conceito schmittiano merece ser recordado aqui: o inimigo político. Ele dizia que o inimigo "não é algo que se deva eliminar por qualquer motivo, ou que se deva exterminar

---

[3] SCHMITT, Carl. *Le categorie del politico*. Bologna: Il Mulino, 1972, p. 139.

pelo seu desvalor. O inimigo se situa no mesmo plano que eu. Por esta razão, devo me confrontar com ele: para adquirir a minha medida, o meu limite".[4] O "inimigo absoluto" era, para Schmitt, algo a sempre ser evitado devido à impossibilidade de busca pela paz que tal absolutização causa, pois, uma vez encerrada a guerra, uma mínima adesão a princípios do outrora inimigo será passo fundamental para a construção de uma nova ordem política.[5]

Em uma coletânea de textos selecionados, publicados ao longo dos anos 1923 a 1939, intitulada *Positionen und Begriffe im Kampf mit Weimar, Genf, Versailles 1923-1939*, vemos Schmitt desenvolver análises sobre alguns dos principais conceitos e definições existentes na teoria política. Especial atenção deve ser dada aos textos entre 1933 e 1939, pois lá estão os famosos "O Führer protege o Direito" (1934) e "O conceito de Reich no Direito Internacional" (1939), capazes de ilustrar a adesão de Schmitt não apenas ao nacional-socialismo, mas a uma compreensão de Estado e de poder centradas na figura política do mito – conceito este definido em texto que abre a coletânea.

2. O direito internacional e a teoria schmittiana dos grandes espaços

É do pensamento jusinternacionalista que podemos extrair as principais categorias conceituais para a exata dimensão da significância atual do pensamento de Schmitt para o Direito Constitucional e, sobretudo, para o Direito das Relações Internacionais.

Devido à escassa produção bibliográfica existente sobre este tema e sobretudo devido à compreensão equivocada[6] existente em grande parte da comunidade acadêmica internacional sobre a integralidade do pensamento de Schmitt, devemos melhor precisar alguns pontos essenciais.

Deve-se, inicialmente, destacar que a teoria schmittiana dos grandes espaços (a *Grossraumlehre*) era substancialmente diferente da teoria hitleriana do *Lebensraum* ("espaço vital"), pois não tinha nenhuma relação com a ideologia racista do Terceiro Reich, a qual possuía um critério biológico

---

[4] SCHMITT, Carl. *Teoria del Partigiano*. Milano: Adelphi, 2005, p. 119.

[5] "A inimizade torna-se tão terrível que talvez não seja mais possível nem sequer falar em inimigo e inimizade; ambos conceitos estão absolutamente condenados e banidos formalmente antes que possam começar a obra de aniquilação. Esta se torna, portanto, por completo abstrata e absoluta. Não nos voltamos mais contra um inimigo, mas sim ao serviço apenas de uma suposta afirmação objetiva dos valores mais altos – pelos quais, notoriamente, nenhum preço é demasiadamente alto. Somente a negação da verdadeira inimizade absoluta pode abrir estradas à obra de aniquilação de uma inimizade absoluta." SCHMITT, Carl. *Teoria del Partigiano*, cit., p. 131.

[6] Registre-se que existem autores que, conhecendo pouco – ou nada – da obra de Schmitt, chegaram a chamá-lo de Hannibal Lector da política moderna; ver BOYD, Barbara. *Leo Strauss y Carl Schmitt, el jurista del Hitler*. EIR – Resumen ejecutivo, 20 (2003) 15.

como ponto de referência para a constituição do *Lebensraum*.[7] Enquanto este conceito exprimia o ideal da supremacia de uma raça frente a todas as outras, o conceito de *Grossraum* exprimia a dominação política, ideológica ou ainda econômica de um país – o qual se tornaria um Império (*Reich*),[8] segundo a terminologia schmittiana – frente a outros países sobre os quais ele poderia, direta ou indiretamente, exercer sua influência. O conceito de império (Reich) e sua importância no Direito Internacional está presente em diversos textos, dos quais referimos, com maior destaque, o citado, de 1939, no corpo do texto ao final do item acima.

É fundamental gizar que o conceito de *Lebensraum* – norte da política expansionista do nazismo – Hitler nunca buscou em Schmitt, mas sim em Karl Haushofer, que era um geopolítico, de limitadas ideias acadêmicas, mas que tinha grande destaque como conselheiro de Rudolf Hess. Tanto Haushofer como Hess sustentavam a ideia de que *Lebensraum* significava o direito por parte de uma nação em anexar todo o território necessário para satisfazer as exigências da sua própria população, de modo que, após os nazistas tomarem o poder, tal conceito começou a se enquadrar à doutrina racista e expansionista do Partido Nacional-Socialista.[9] A visão de mundo que Hitler tinha era baseada na eterna luta entre os povos para conquistar a terra, isto é, o "espaço vital" (*Lebensraum*), dado que, segundo ele, as leis da natureza premiam somente os mais fortes.[10] Jan-Werner Müller, crítico ferrenho do pensamento schmittiano, reconheceu que Schmitt não havia jamais utilizado critérios biológicos, como o do *Lebensraum*, na sua *Grossraumlehre*.[11]

A teoria schmittiana dos "grandes espaços", apresentada pela primeira vez em um ensaio de 1939, *Völkerrechtliche Grossraumordnung mit Interventionsverbot für Raumfremde Mächte* [O conceito de Império no direito internacional. Ordenamento dos grandes espaços com exclusão de potências estranhas], foi, pelo contrário, sempre indicada como "o momento de maior empenho de Schmitt com a política imperialista do regime hitleriano, como o perfeito exemplo de uma prestação científica a serviço da ideologia".[12] Não obstante as críticas, o seu *Völkerrechtliche Grossraumordnung*

---

[7] BENDERSKY, Joseph W. *Carl Schmitt teorico del Reich*. Bologna: il Mulino, 1989, p. 313.

[8] "São impérios (*Reich*), em tal sentido, aquelas potências hegemônicas e preponderantes cuja influência política se irradia sobre um determinado 'grande espaço' e que, em princípio, proíbem para este último a intervenção de potências estranhas." SCHMITT, Carl. *Il concetto d'Impero nel diritto internazionale. Ordinamento dei grandi spazi con esclusione delle potenze estranee*. Roma: Settimo Sigillo, 1996, p. 45.

[9] BENDERSKY, Joseph W. *Carl Schmitt teorico del Reich*, cit., p. 294.

[10] Cf. CORNI, Gustavo. *Il sogno del 'grande spazio'. Le politiche d'occupazione nell'Europa nazista*. Roma-Bari: Laterza, 2005, p. 05

[11] MÜLLER, Jan-Werner. *A Dangerous Mind. Carl Schmitt in Post-War European Thought*. New Haven: Yale University Press, 2003, p. 43.

[12] CAMPI, Alessandro. Introduzione. In: SCHMITT, Carl. *L'unità del mondo e altri saggi*. Roma: Pellicani, 1981, p. 11.

não está em condições de apresentar qualquer evidência que indique uma concordância de Schmitt com a política hitleriana de agressão militar indiscriminada e de ocupação militar de outros Estados.[13] Contrariamente, esta política hegemônica do *Lebensraum* se assemelhava mais à versão universalista da "doutrina Monroe" com a qual os Estados Unidos tentaram impor a sua hegemonia em escala global. Assim, além das diferenças substanciais entre o *Lebensraum* nazista e o *Grossraum* schmittiano, parece-nos que também, do ponto de vista lógico, estas duas propostas sejam inconciliáveis. Segundo Schmitt, a sua alternativa representa o "'grande espaço' contra o universalismo (*Grossraum gegen Universalismus*)".[14]

A relação de Schmitt com o Terceiro Reich foi algo tão breve quanto conturbado. Após entrar na Universidade de Berlim e aderir ao Partido Nacional-Socialista, em 1933, suas ideias ganham força, suas aspirações acadêmicas passam a ser cada vez maiores (em poucos anos formou vários doutores em Direito mais vinculados ao seu pensamento do que ao nazismo) e, sobretudo, quando assume a direção do *Deutsche Juristen--Zeitung* (Revista dos Juristas Alemães), em 1934, a formação de uma verdadeira "Escola Schmittiana" ganha fôlego sem igual. Todavia, em 1937, é acusado pelo Partido Nacional-Socialista de desvirtuar postulados elementares do nazismo e defender ideias que eram próprias suas, o que lhe resulta em processo conduzido pela SS. Ao final da ação, em 1938, termina expulso do Partido por desvirtuar o nazismo. O fato mais significativo é que tanto a sua teoria política como o seu conceito de *Grossraum* não apresentam características mínimas que possam comprometê-los como conceitos nazistas ou racistas.[15]

A ideia que Schmitt havia com relação às relações internacionais se encontrava claramente centrada na divisão do mundo em grandes espaços (*Grossräume*) caracterizada por alguns princípios que paradoxalmente remontam à "doutrina Monroe", de 1823, que ele considerava "o mais feliz exemplo de um princípio espacial no ordenamento internacional".[16] Esta doutrina estadunidense, na sua versão originária, enunciava três princípios fundamentais aos Estados Unidos da América que deveriam valer para a sua política externa: (1) a independência de todos os Estados

---

[13] Cf. SCHWAB, George. Contextualising Carl Schmitt's Concept of Grossraum, cit., p. 189.

[14] Cf. SCHMITT, Carl. Grande spazio contro universalismo. In: Id. *Posizioni e concetti in lotta con Weimar-Ginevra-Versailles 1923-1939*. Milano: Giuffrè, 2007, p. 491-503.

[15] GALLI, Carlo. *Genealogia Politica. Carl Schmitt e la crisi del pensiero moderno*. Bologna: il Mulino, 1996, p. 864, afirma que, não obstante Schmitt demonstrasse simpatia por diversos princípios do nacional-socialismo, os seus textos de direito internacional e filosofia das relações internacionais adotam um caráter prudencial de distanciamento das temáticas de política interna, não sendo possível, de qualquer modo, sustentar que esta parte da sua obra esteja sob influências da ideologia nazista. Para ulteriores informações sobre a *pessoa* Carl Schmitt e o seu envolvimento com o nazismo, ver o altamente polêmico – e quase demonizante – texto de ZARKA, Yves-Charles. *Un détail nazi dans la pensée de Carl Schmitt*. Paris: PUF, 2005.

[16] SCHMITT, Carl. *Il concetto d'Impero nel diritto internazionale*, cit., p. 13.

americanos, (2) a proibição de toda forma de colonização no seu espaço e (3) a proibição de ingerência por parte de potências extra-americanas no referido espaço.[17] Falamos em "paradoxalmente" porque o próprio Schmitt entendia o crescimento de poder por parte dos Estados Unidos como uma das causas da falência do *jus publicum Europaeum*, em particular após o fim da Primeira Guerra Mundial, e dizia que a "doutrina Monroe" havia se tornado um projeto universalista e desterritorializado por meio do qual os Estados Unidos tentavam justificar a sua hegemonia imperialista para muito além dos confins das Américas[18] Schmitt sustentava que "a falta de medida e limite deste intervencionismo destruiu desde os fundamentos a velha doutrina Monroe e o panamericanismo que sobre esta estava baseado".[19]

A versão universalista da doutrina Monroe tinha como pai o Presidente Woodrow Wilson, o qual, em mensagem ao Congresso dos Estados Unidos, em 22 de janeiro de 1917, propôs que todos os povos do mundo aceitassem tal doutrina, salvaguardando, porém, cada povo, o próprio direito de autodecisão.[20] Schmitt alegava que a política externa do Presidente Wilson representou o desvirtuamento da doutrina originária "segundo o método de dissolver um princípio ordenador concreto e espacialmente definido em uma ideia mundial com aspirações universalistas, transformando a sã ideia central de um princípio espacial de não intervenção em uma ideologia imperialista e, por assim dizer, pan-intervencionista mundial".[21]

A teoria de Schmitt propunha uma nova ordem internacional centrada em um modelo de regionalismo político-jurídico policêntrico e multipolar, que deveria ter as suas decisões com força normativa tomadas a partir da negociação multilateral e dos processos de integração regional.[22] Todavia, a proposta schmittiana se manteve demasiadamente vinculada à noção de Império, tornando difícil alcançar tais objetivos. A formação de um *Grossraum* não implicaria todos os Estados que o compõem serem tidos como uma fração do Império dominante neste "grande espaço". A relação entre Império e "grande espaço" é, de fato, baseada na dominação

---

[17] Cf. SCHMITT, Carl. *Il concetto d'Impero nel diritto internazionale*, cit., p. 13.

[18] Cf. SCHMITT, Carl. *Grande spazio contro universalismo*, cit., p. 495.

[19] SCHMITT, Carl. Cambio di struttura del diritto internazionale (1943). In: Id. *L'unità del mondo...*, cit., pp. 294-5.

[20] "Com isto ele não buscava uma transferência conforme do pensamento espacial, não intervencionista, contido na verdadeira doutrina Monroe, aos outros espaços, mas, pelo contrário, uma extensão espacial e ilimitada dos princípios liberal-democráticos a toda terra e a toda a humanidade. Deste modo, ele buscava uma justificação para sua inaudita ingerência no espaço extraeuropeu a ele por completo estranho e no conflitto bélico entre potências europeias." SCHMITT, Carl. *Grande spazio contro universalismo*, cit., p. 494.

[21] SCHMITT, Carl. *Il concetto d'Impero nel diritto internazionale*, cit., p. 22.

[22] ZOLO, Danilo. La profezia della guerra globale. (Prefácio). In: LAS CASAS, Bartolomé de. *De Regia Potestate* (organizado por Giuseppe Tosi). Roma-Bari: Laterza, 2007, p. XXI.

política, ideológica, cultural e/ou econômica que o primeiro é capaz de exercer dentro do segundo.

A grande dificuldade que a proposta schmittiana apresenta – e que tentamos enfrentar, apresentando uma alternativa, em nosso *Teoria Pluriversalista do Direito Internacional*[23] – está em sustentar a ordem internacional na noção de "Império" (*Reich*) como o ponto que une "grande espaço", nações e também a ideia política internamente preponderante em cada "grande espaço"[24] Para Schmitt, o conceito de Império se apresentará como uma contraposição "ao que até hoje foi o conceito central do direito internacional, ou seja, o 'Estado'".[25] O problema do direito internacional fundado no conceito de Estado decorreria do fato de que a concepção de espaço substitui a de território do Estado, tornando a sua soberania territorial um obstáculo ao desenvolvimento de qualquer relação internacional que tenha uma dimensão espacial.[26] Segundo Schmitt, "do ponto de vista da ciência do direito internacional o conceito de espaço e a ideia política não podem ser separados".[27] Dado que todos os "espaços livres" fora da Europa foram conquistados e, em seguida, passaram por processos de independência, perdendo a condição de colônias das potências europeias, a concepção espacial que havia caracterizado o Estado moderno – mais precisamente, o *jus publicum Europaeum* – não poderia mais subsistir frente ao poder crescente dos "grandes espaços". Em suma, o Estado tornou-se um conceito superado que não corresponde mais à realidade eficiente, destinado a ser derrotado pelo processo de formação dos "grandes espaços".[28]

Ao invés de manter a condição anárquica entre os Estados ou tentar alcançar um modelo de direito internacional universalista, Schmitt propõe um *Pluriversum* estruturado a partir dos diversos *Grossräume* que compõem o sistema internacional, uma vez que o "mundo político é um pluriverso, não um universo".[29] Já desde o *Der Begriff des Politischen*, publicado em 1927, ele tinha esta ideia – antes de desenvolver a sua *Grossraumlehre* – como um pressuposto da política e também da teoria do Estado, pois a "unidade política não pode ser, por sua essência, universal no sentido de uma unidade que compreenda toda a humanidade e toda a terra".[30]

---

[23] TEIXEIRA, Anderson Vichinkeski. *Teoria pluriversalista do Direito Internacional*. São Paulo: WMF Martins Fontes, 2011.

[24] SCHMITT, Carl. *Il concetto d'Impero nel diritto internazionale*, cit., p. 47.

[25] *Idem*, cit., p. 48.

[26] SCHMITT, Carl. Il concetto imperiale di spazio (1939). In: Id. *L'unità del mondo...*, cit., p. 205-6.

[27] SCHMITT, Carl. *Il concetto d'Impero nel diritto internazionale*, cit., p. 18-9.

[28] *Idem*; e também Id. L'ordinamento planetario dopo la seconda guerra mondiale (1962). In: Id., *L'unità del mondo...*, cit., p. 336-7.

[29] SCHMITT, Carl. *Le categorie del politico*, cit., p. 138.

[30] *Ibidem*.

3. Estado e Constituição

No item acima, vimos que a função do Estado é, para Schmitt, interagir dentro de uma ordem internacional representada por aquilo que ele chama de "grande espaço". Competiria ao Estado o trato interno de questões concernentes aos seus problemas não comunicáveis com as demais ordens supranacionais ou transnacionais.

Nesse sentido, o conceito político-jurídico de soberania encontra-se intimamente vinculado à noção de poder (comando máximo) em uma sociedade política. Schmitt chegou a definir a soberania de um modo peculiar, até mesmo, reducionista, como o poder de decidir no estado de exceção: "Soberano é quem decide em estado de exceção".[31] O foco está em acompanhar a tendência presente em todas demais ciências e esferas da vida humana: a superação do paradigma territorialista de soberania estatal. Ele diz não ser exagerado afirmar que todas as esferas e âmbitos da vida, em todas as ciências e formas de ser, conduziram à produção de um novo conceito de espaço, de modo que: "As grandes modificações da imagem geográfica da terra foram apenas um aspecto exterior da profunda transformação indicada com o termo, tão rico de consequências, de 'revolução espacial'".[32]

Ressalta que não vivemos mais o permanente confronto entre Leviatã e *Behemoth*, que colocava terra e mar em uma relação de intermitente proximidade e reciprocidade, pois hoje se abriram espaços para que um direito internacional não mais eurocêntrico pudesse surgir, gerando, consequentemente, a necessidade de adaptação à realidade por parte de um modelo de poder soberano do Estado moderno que não estava mais em condições de, simplesmente, conformar todas as situações fáticas a partir da sua vontade suprema. Schmitt já havia antevisto que desta nova relação terra e mar surgida após as grandes descobertas territoriais, veríamos "que o antigo Nomos certamente perde espaço e com ele um sistema abrangente de medidas, normas e relações que foram transmitidas".[33]

No entanto, o Estado nacional é uma forma de organização política que ainda não conhece um concorrente em condições de substituí-lo nos diversos setores em que está presente. É o Estado que se encontra mais próximo do cidadão e de grande parte dos problemas sociais que ocorrem no interior do seu território. Talvez a grande contribuição de Schmitt para o pensamento juspublicista tenha sido reposicionar a relação Estado, Constituição e ordem internacional, de modo que os três conceitos possam ser pensados em uma estrutura funcional interdependente.

---

[31] SCHMITT, Carl. *Teologia Politica*, in Id., *Le categorie del politico*, cit., p. 33.
[32] SCHMITT, Carl. *Terra e mare*. Milano: Giuffrè, 1986, p. 63.
[33] *Idem*, p. 82.

Um possível conceito de constituição, a partir das contribuições do pensamento schmittiano, necessita contemplar não somente a dimensão nacional que o conceito assume, mas também transnacional. Constituição como "decisão política fundamental"[34] é a definição clássica presente em *Der Hüter der Verfassung*, de 1933. Todavia, em um constitucionalismo transnacional, verifica-se que a função da constituição será instrumentalizar a aplicação e efetivação de políticas públicas internacionais, decididas tanto regional como supranacionalmente, uma vez que, por uma obviedade prática, não seria possível a qualquer instituição internacional de amplitude global garantir a aplicação das suas normas e a efetivação das suas políticas em todas as regiões do globo terrestre.

Em contrapartida, caberá à constituição tipicamente nacional/estatal a função ainda remanescente de ser a decisão política fundamental daquela dada comunidade política, mas sem olvidar que agora esta faz parte, cada vez mais, de um *pluriversum* de ordens transnacionais.

Referências bibliográficas

BENDERSKY, Joseph W. *Carl Schmitt Theorist for the Reich.* Princeton: Princeton University Press, 1983, trad. it. *Carl Schmitt teorico del Reich.* Bologna: il Mulino, 1989.

BOYD, Barbara. Leo Strauss y Carl Schmitt, el jurista del Hitler. *EIR – Resumen ejecutivo*, 20 (2003).

CORNI, Gustavo. Il sogno del 'grande spazio'. Le politiche d'occupazione nell'Europa nazista. Roma-Bari: Laterza, 2005.

GALLI, Carlo. Genealogia Politica. Carl Schmitt e la crisi del pensiero moderno. Bologna: il Mulino, 1996.

MÜLLER, Jan-Werner. *A Dangerous Mind. Carl Schmitt in Post-War European Thought.* New Haven: Yale University Press, 2003.

RUSCHI, Filippo. "Leviathan e Behemoth: modelli egemonici e spazi coloniali in Carl Schmitt", in *Quaderni fiorentini per la storia del pensiero giuridico moderno*, 33/34, (2004/2005).

SCHMITT, Carl. Positionen und Begriffe im Kampf mit Weimar, Genf, Versailles 1923-1939. Hamburg: Hanseatische Verlagsanstalt, 1940, trad. it. Posizioni e concetti in lotta con Weimar-Ginevra-Versailles 1923-1939. Milano: Giuffrè, 2007.

——. *Verfassungslehre.* München-Berlin: Duncker & Humblot, 1928, trad. esp. *Teoría de la Constitución.* Madrid: Alianza, 2011.

——. Theorie des Partisanen. Zwischenbemerkung Zum Begriff des Politischen. Berlim: Duncker & Humblot, 1963, trad. it. Teoria del Partigiano. Integrazione al concetto del politico. Milano: Adelphi, 2005.

——. Der Nomos der Erde im Völkerrecht des Jus Publicum Europaeum. Berlim: Duncker&Humblot, 1974, trad. it. Il nomos della terra nel diritto internazionale del Jus Publicum Europaeum. Milano: Adelphi, 2003.

——. Völkerrechtliche Grossraumordnung mit Interventionsverbot für Raumfremde Mächte – Ein Beitrag zum Reichsbegriff im Völkerrecht. Berlim: Deutscher Rechtsverlag, 1941, trad. it. Il concetto d'Impero nel diritto internazionale. Ordinamento dei grandi spazi con esclusione delle potenze estranee. Roma: Settimo Sigillo, 1996.

——. Grossraum gegen Universalism in Positionen und Begriffe im Kampf mit Weimar-Genf-Versailles 1923-1939. Berlim: Duncker & Humblot, 1988.

——. *Land und Meer.* Maschke-Hohenheim: Köln-Lövenich, 1981, trad. it. *Terra e mare.* Milano: Giuffrè, 1986.

——. *L'unità del mondo e altri saggi.* Introduzione e nota bibliografica di Alessandro Campi. Roma: Pellicani, 1981.

——. *Der Begriff des Politischen.* Berlim: Duncker&Humblot, 1963, trad. it. *Le categorie del politico.* Bologna: il Mulino, 1972.

SCHWAB, George. Contextualising Carl Schmitt's Concept of Grossraum. *History of European Ideas*, 19 (1994) 1-3, p. 185-90.

---

[34] SCHMITT, Carl. *Teoría de la Constitución.* Madrid: Alianza, 2011, p 23-25.

TEIXEIRA, Anderson Vichinkeski. *Teoria pluriversalista do Direito Internacional.* São Paulo: WMF Martins Fontes, 2011.

ZARKA, Yvez-Charles. Un détail nazi dans la pensée de Carl Schmitt. Paris: PUF, 2005.

ZOLO. Danilo. "The re-emerging notion of Empire and the influence of Carl Schmitt's thought", in ODYSSEOS, Louiza; PETITO, Fabio (orgs.). *The International Political Thought of Carl Schmitt.* Londres: Routledge, 2007.

——. La profezia della guerra globale. (Prefácio). In LAS CASAS, Bartolomé de. *De Regia Potestate* (organizado por Giuseppe Tosi). Roma-Bari: Laterza, 2007.

——. A Cosmopolitan Philosophy of International Law? A Realist Approach. *Ratio Juris*, 12 (1999) 4, p. 429-44.

— II —

Discussões iniciais sobre o terrorismo: algumas conclusões do projeto de pesquisa "Um discurso sobre o direito penal de exceção: a luta contra o terrorista"

ANDRÉ LUÍS CALLEGARI[1]

Sumário: Introdução; Apontamentos conclusivos do projeto de pesquisa; Conclusão; Referências bibliográficas.

Introdução

No presente trabalho, são expostos alguns dos resultados parciais até então obtidos no âmbito do projeto de pesquisa intitulado "Um discurso sobre o direito penal de exceção: a luta contra o terrorista". Este projeto de pesquisa recebe fomento do Conselho Nacional de Desenvolvimento Científico e Tecnológico – CNPq – e se encerra no ano de 2016.

O projeto tem por objeto principal de estudo o fenômeno terrorista, especialmente sob seu viés político criminal e em relação a um possível conceito dogmático do crime de terrorismo – destaque que se faz necessário em razão da amplitude de matérias e enfoques envolvendo o terrorismo.

Além disso, diversos outros conteúdos se apresentaram como indispensáveis para o adequado desenvolvimento do objeto principal de estudo, como temas emergentes e alguns já com certa tradição na discussão acadêmica em relação ao Direito Penal.

Apesar de alguns pontos aprofundados no projeto de pesquisa já possuírem amplo desenvolvimento pela comunidade acadêmica brasileira, o terrorismo segue sendo um assunto tormentoso, não só por sua incipiência no cenário nacional, mas pela própria complexidade que o

---

[1] Doutor em Direito pela Universidad Autónoma de Madrid. Doutor *honoris causa* pela Universidad Autónoma de Tlaxcala – México. Doutor *honoris causa* pelo Centro Universitário del Valle de Teotihuacan – México. Professor de Direito Penal nos Cursos de graduação e pós-graduação da Universidade do Vale do Rio dos Sinos – UNISINOS. Advogado Criminalista.

envolve, que é comprovada pelos inúmeros debates e pelas faltas de consensos em todo o mundo – em relação a um conceito, à determinação de suas causas, à compreensão de suas formas de manifestação, à proscrição da melhor maneira de tratamento do tema e, especialmente, no que se refere à adequada comunicação entre os diversos saberes em relação ao terrorismo (jurídico, sociológico, psicológico, econômico etc.).

Diante de tantos problemas envolvendo o terrorismo, bem como da novidade do debate no Brasil, o projeto de pesquisa, objetivando sanar algumas dúvidas em relação ao assunto, naturalmente se apresenta como promotor de tantas outras inquietações ainda por serem solucionadas.

Apontamentos conclusivos do projeto de pesquisa

O projeto de pesquisa se inicia pelo estudo do contexto social atualmente traçado como dominante em relação ao Direito Penal moderno. Nesse ponto, encontra-se referência à designação de "sociedade do risco", resultando tal nomenclatura dos incontáveis riscos produzidos pelo processo de modernização,[2] inclusive já se fazendo referência a um "Direito Penal do risco",[3] preocupando-se não mais com danos já produzidos em uma atuação *ex post*, mas com a tutela do futuro, intervindo *ex ante* para prevenir qualquer dano.

Dentro da lógica de uma sociedade tomada pelo crescimento constante de riscos cotidianos, especialmente com o avanço tecnológico, presencia-se um incremento do sentimento de insegurança social. Isso muito por conta da impossibilidade de se anular esses fatores de risco (motivo pelo qual se fala em gestão dos riscos, diferentemente de seu combate) e pela falta de aceitação social das incertezas presentes no cotidiano.[4]

Nem sempre, contudo, o sentimento se faz de acordo com a realidade. Fruto do processo de modernização, presenciamos hoje uma capacidade de produção e instantaneidade de informação antes impensáveis. Nesse aspecto, Roberto Cornelli[5] estabelece, estatisticamente, a relação entre a frequência e quantidade de notícias de atos violentos e o sentimento de medo. Constitui-se, assim, como um dos fatores predominantes para o domínio do sentimento de vulnerabilidade social, não o aumento

---

[2] BECK, Ulrich. *Sociedade de risco*: rumo a uma outra modernidade. Tradução de Sebastião Nascimento. São Paulo: Ed. 34, 2010.

[3] DONINI, Massimo. *El Derecho Penal frente a los desafíos de la modernidad*. Perú: ARA Editores, 2010. p. 44.

[4] BAUMAN, Zygmunt. *Medo líquido*. Tradução de Carlos Alberto Medeiros. Rio de Janeiro: Zahar, 2008.

[5] CORNELLI, Roberto. *Miedo, criminalidad y orden*. Tradução de Flavia Valgiusti, Joaquín Octavio Marcet e Carla Amans. Montevidéu: Editorial B de F, 2012.

de atos de violência, mas o aumento da frequência da divulgação de atos,[6] o que leva Jesús-Maria Silva Sánchez[7] a caracterizar a sociedade não tanto pela existência concreta de riscos, mas pela vivência subjetiva deles, pois são os noticiários midiáticos que acabam por incutir esse sentimento de insegurança nas pessoas.[8]

É nessa sociedade tomada pelo medo o ambiente ao qual se aplica a teoria da "Síndrome do Titanic",[9] segundo a qual as pessoas vivem, a todo momento, sob a iminência de que algo ou alguém desestabilize a sustentação do convívio social e instaure uma (des)ordem de pânico.

Nesse contexto, o Direito Penal, por diversas influências, tem sido adotado como solução para os problemas sociais ligados a atos de violência, desenvolvendo-se uma tendência cada vez mais repressivista na aplicação do Direito Penal, bem como em alterações legislativas, resultando, por vezes, na flexibilização de garantias penais e processuais-penais. Na realidade aqui descrita, cunhou-se o fenômeno da "expansão do Direito Penal", conhecida pelas transformações negativas desse campo do Direito, que, em algumas ocasiões (especialmente em âmbito legislativo), se pauta em fundamentos ilegítimos para fundamentar suas transformações e aplicações.

O fenômeno da expansão do Direito Penal foi detalhadamente desenvolvido por Jesús-Maria Silva Sánchez,[10] ao estruturar as três velocidades do Direito Penal. Primeiramente, o autor se refere ao conhecido como "Direito Penal clássico", no qual são praticados crimes comuns, utilizada a pena restritiva de liberdade e preservadas as garantias penais e processuais-penais do delinquente. A segunda velocidade, por sua vez, se refere a crimes considerados próprios de um contexto moderno, fruto de novos bens jurídicos elegidos para a tutela do Direito Penal, para os quais não se faz uso da pena privativa de liberdade, admitindo-se por isso certa flexibilização das garantias penais e processuais-penais. Por sua vez, a terceira velocidade do Direito Penal se configuraria por uma relação entre as duas primeiras velocidades, com o recurso à pena privativa de liberdade da primeira velocidade, acompanhada da relativização de garantias presente na terceira velocidade.

---

[6] SENDEREY, Israel Drapkin. *Imprensa e criminalidade*. Tradução de Ester Kosovski. São Paulo: José Bushatsky Editor, 1983.

[7] SILVA SÁNCHEZ, Jesús-María. *A expansão do direito penal*: aspectos da política criminal nas sociedades pós-industriais. Tradução de Luiz Otavio de Oliveira Rocha. São Paulo: Editora Revista dos Tribunais, 2002.

[8] RAMOS, João Gualberto Garcez. *A inconstitucionalidade do "Direito Penal do Terror"*. Curitiba: Juruá, 1991.

[9] BAUMAN, Zygmunt. *Medo líquido*. Tradução de Carlos Alberto Medeiros. Rio de Janeiro: Zahar, 2008.

[10] SILVA SÁNCHEZ, Jesús-María. *A expansão do direito penal*: aspectos da política criminal nas sociedades pós-industriais. Tradução de Luiz Otavio de Oliveira Rocha. São Paulo: Editora Revista dos Tribunais, 2002.

Em síntese, pode-se compreender a expansão do Direito Penal como um fenômeno inserido no contexto da sociedade do risco, decorrente de uma crença desenvolvida, em grande parte, pela mídia e outros setores interessados nessa difusão, de que o Direito Penal seja capaz de desempenhar a função de solução rápida e eficaz no controle da criminalidade, somando-se a isso a ideia de que a maior severidade da atuação do Direito Penal representa maior sucesso no combate ao crime.[11]

O que se institui com isso é um processo de ampliação das funções do Direito Penal, de incremento de penas, de supressão de garantias penais e, resumidamente, de políticas de forte intervencionismo no combate ao crime.

Como consequência desse expansionismo, o Direito Penal sofre inúmeras modificações, como, por exemplo, o seu perceptível e crescente desprendimento do primado do dano concreto, voltando suas funções à tutela do futuro.[12] Esse fenômeno se faz presente de maneira especial nos crimes de perigo abstrato, nos delitos de acumulação, entre outras técnicas legislativas, que deixam de adotar modelo preventivo e adotam um modelo proativo: busca-se dotar o Estado de poder suficiente para combater perigos surgidos com a "sociedade de risco".[13]

Dois dos resultados mais sentidos dessa alteração de balizas são a instituição do simbolismo penal (crença ilusória de que o Direito Penal realmente pode solucionar os problemas sociais)[14] e o populismo penal (utilização do discurso penal com o fim de obter a simpatia política da população).[15]

Nesse cenário de incremento da complexidade do sistema penal, torna-se necessário o desenvolvimento de uma postura crítica (no sentido de pensamento crítico, não satisfeito com o senso comum) em relação às modificações e propostas de modificações do Direito Penal (*v.g.*, alterações nos limites de imputabilidade penal, punibilidade da pessoa jurídica, medidas de *compliance* e os delitos financeiros, teoria do funcionalismo penal, relativização de princípios específicos já consagrados na teoria do Direito Penal etc.), especialmente em razão do embate de posturas existente e do predomínio, em diversas ocasiões, de decisões fundadas em um "senso comum teórico".[16]

---

[11] DÍEZ RIPOLLÉS, José Luis. *La política criminal en la encrucijada*. Buenos Aires: B de F, 2007.

[12] HASSEMER, Winfried. Características e crises do moderno direito penal. *Revista de Estudos Criminais*, Porto Alegre, ano 2, n. 8, p. 54-66, 2003.

[13] JUANATEY DORADO, Carmen (Dir.). *El nuevo panorama del terrorismo en España*: perspectiva penal, penitenciaria y social. Alicante: Pubicaciones Universidad de Alicante, 2013.

[14] HASSEMER, Winfried. Derecho Penal simbólico y protección de bienes jurídicos. In: BUSTOS RAMIREZ, Juan (dir.). *Pena y Estado*. Santiago: Editorial Jurídica ConoSur, 1995. p. 23-36.

[15] ZAFFARONI, Eugenio Raúl. *O inimigo no direito penal*. Tradução de Sérgio Lamarão. Rio de Janeiro: Renavan, 2011.

[16] WARAT, Luis Alberto. *Introdução geral ao Direito*. Porto Alegre: Sergio Antonio Fabris, 1994. v 1.

Os reflexos da expansão do Direito Penal se fazem notáveis em exemplos privilegiados, como é o caso de alguns dos crimes nominados de hediondos, da criminalidade econômica, entre tantos outros. Nesses e em outros campos de atuação do Direito Penal, percebe-se uma tendência à tomada de decisões em prol de medidas mais rigorosas no combate à delinquência, medidas que, em grande parte, não são capazes de cumprir com a finalidade com base na qual são criadas. Dessa forma, desenvolve-se uma transformação do discurso penal, refletindo diretamente em sua teoria, prejudicada pelos efeitos da tendência expansionista.

No centro desse debate, encontra-se o fenômeno que talvez seja o maior propulsor de incertezas na sociedade atual, qual seja o terrorismo e, junto dele, tendências de uma teoria muito presente no contexto atual, conhecida como "Direito Penal do inimigo".

Com a teoria do Direito Penal do inimigo,[17] realiza-se uma distinção entre as pessoas para as quais deve ser conferido o *status* de cidadão e aquelas para as quais não ("não-pessoas"), isso fundamentado no fato de o agente oferecer ou não garantia cognitiva de comportamento conforme o Direito.

Deve-se perceber que não é a qualquer delinquente que o *status* de inimigo será outorgado, mas somente àquele delinquente que possa ser considerado como autoexcludente do contrato social. Ou seja, concebe-se que o sujeito decidiu por rebelar-se contra o contrato social firmado, não mais oferecendo garantias de respeito à ordem normativa e, por isso, colocando-se à margem do e contra o Estado.

Por esse motivo, o Direito próprio do cidadão, com todas as suas garantias inerentes, apenas será aplicável ao cidadão. Ao inimigo, o Direito Penal do inimigo. Dessa forma, não mais se restringiria a atividade de coação ao indivíduo inimigo; ao contrário, contra ele se instituiria um cenário de combate, com aplicação de mera coação (e não de pena), com a única finalidade de sua inocuização.

As manifestações dessa teoria estão amplamente presentes no cenário jurídico mundial. Pode-se destacar, entre essas manifestações, o adiantamento da intervenção punitiva no Direito Penal, aplicado em casos que, em outro contexto, seriam claramente considerados meros atos preparatórios – alguns deles sequer se podendo considerar ato, refletindo meros estados ou condições do sujeito.

Esse dado nos oferece um caminho perigoso ao que se designou por Direito Penal do autor, não preocupado com a punição pela prática de um ato, mas que toma por criminoso determinados tipos de pessoas, de

---

[17] JAKOBS, Günther; CANCIO MELIÁ, Manuel. *Direito penal do inimigo*: noções e críticas. Organização e tradução de André Luís Callegari e Nereu José Giacomolli. 6. ed. Porto Alegre: Livraria do Advogado, 2012.

acordo com suas características ou seus modos de vida – um raciocínio de criminalização que é muito presente no debate histórico sobre o tratamento adequado de países em relação ao fluxo de imigração, cada vez mais crescente em algumas nações.

Como exemplo privilegiado para o qual entende dever ser aplicada a lógica do Direito Penal do inimigo, Guinther Jakobs aponta o terrorismo. Tamanha é a gravidade normalmente atribuída ao terrorismo, chegando a ser apontado como uma ameaça à própria sobrevivência do Estado, que se justificaria a retirada do terrorista de seu *status* de cidadão, passando a ser considerado um indivíduo inimigo do Estado, e não mais sujeito ao ordenamento jurídico estabelecido.

Contra o terrorista, portanto, aplicar-se-ia a lógica da mera coação, objetivando-se sua anulação em prol da manutenção do Estado. É justamente com esse raciocínio presente na teoria do Direito Penal do inimigo que se consegue fundamentar a legitimidade de prisões como a de Guantánamo e Abu Ghraib, que, sob o pretexto da "guerra contra o terror", permitiu a detenção de centenas de pessoas por tempo indeterminado sem que a grande maioria fosse declarada culpada ou até mesmo sujeita a processo – além de práticas institucionalizadas que afrontam os mais basilares direitos fundamentais, como a tortura de prisioneiros.

Todavia, a teoria do Direito Penal do inimigo pode ser claramente desconstruída e sua inaplicabilidade demonstrada no cenário de um Estado de Direito. A distinção pretendida entre cidadãos e não cidadãos não se coaduna com os postulados desse modelo de Estado.

Para além dessa crítica amplamente difundida, mesmo que se entendesse o Direito Penal do inimigo como compatível com o modelo de Estado majoritariamente vigente, destaca-se que a aplicação dessa teoria se representa contraproducente, demonstrando até uma visão demasiadamente simplificada do terrorismo.

Previamente a se oferecer qualquer sugestão de tratamento do terrorismo, devem-se compreender profundamente os fatores que envolvem esse fenômeno – suas causas, suas motivações, suas consequências etc.

Resumidamente, pelo conteúdo desenvolvido no projeto de pesquisa, um pretendido conceito do terrorismo (mesmo que apenas jurídico) não pode deixar à margem de sua consideração esses fatores a respeito do terrorismo.

Foge à finalidade deste texto o desenvolvimento pormenorizado desses fatores.[18] Assim, em linhas gerais, deve-se considerar que o terrorismo se destaca por sua natureza comunicacional; ou seja, todo o ato

---

[18] Para tanto, ver: CALLEGARI, André Luís; LINHARES, Raul Marques. Terrorismo: uma aproximação conceitual. *Derecho Penal y Criminología: Revista del Instituto de Ciencias Penales y Criminológicas*, Colômbia, v. 35, n. 98, p. 39-61, 2014.

terrorista objetiva transmitir uma mensagem, predominantemente de caráter político.

A raiz do terrorismo é encontrada, dessa forma, na má condução de políticas estatais, especialmente em nível internacional.[19] Isto é, o terrorismo envolve poder, exploração, desrespeito, sendo em sua grande maioria um conflito estimulado por países considerados posteriormente como vítimas do terrorismo.

Esclarecedora é a referência de Noam Chomsky:

> No Iraque, apesar de os ocidentais preferirem contar outra história, entende-se que a política americana dos últimos dez anos devastou a sociedade civil e fortaleceu Saddam Hussein – a quem, como eles sabem, os EUA apoiaram decididamente, mesmo enquanto Hussein cometia as piores atrocidades, incluindo aí o bombardeio com gás contra os curdos, em 1998. Quando Bin Laden cita esses temas em transmissões veiculadas por toda a região, sua audiência compreende o que ele diz, mesmo aqueles que o desprezam, como é o caso de muitos.[20]

Sabendo-se disso, deve-se concluir que pretender o combate do terrorismo por meio de teorias como o Direito Penal do inimigo (raciocínio inegavelmente presente na proclamada "guerra ao terror", difundida pela administração Bush) não parece ser a melhor postura.

Antes de se compreender o terrorista como um sujeito que se auto-exclui do contrato social e passa a viver à margem dele, deve ser considerada a possibilidade de, em larga escala, ser o terrorista proveniente de um grupo social que foi conduzido à revolta pelas nações "vítimas" do terrorismo.

Ainda, constata-se que a gravidade comumente atribuída ao terrorismo é nada mais do que fruto do sucesso do ato terrorista na difusão do sentimento de terror. Na verdade, hoje, o terrorismo não representa qualquer ameaça significativa à sobrevivência de países bem estruturados. Veja-se o entendimento de Eric Hobsbawn:

---

[19] Nesse sentido, veja-se a referência de Zygmunt Bauman, a respeito da política norte-americana no Iraque: "[...] se apenas *nós* tivermos o controle total dos combustíveis que alimentam os motores *deles*, a engrenagem vai ter de parar. *Eles* precisarão comer em *nossas* mãos e fazer o jogo de acordo com as regras que *nós* estabelecermos. A estratégia, contudo, diferentemente do cálculo de possibilidades, não é simples nem auto-evidente. Embora *nós* tenhamos meios suficientes para comprar mais e mais armas, todo o dinheiro de propina que financia sua compra não será o bastante para que nos equiparemos ao poder militar *deles*. A alternativa, ainda que seja apenas a segunda melhor opção, é empregar outra arma que *nós* possuímos tanto quanto *eles*, se não mais: nosso potencial de causar prejuízo, o poder de tornar a luta pelo poder algo custoso demais para se continuar, algo que não vale a pena ou cuja continuidade é claramente impossível. Considerando-se a gritante vulnerabilidade de seus territórios, seus tipos de sociedades, a capacidade destrutiva de nosso poder de causar prejuízo pode muito bem transcender o potencial reconhecidamente formidável de suas armas de destruição em massa. Afinal, precisa-se de muito menos homens, material e trabalho para paralisar uma cidade como Nova York ou Londres do que para descobrir o esconderijo de um único comandante terrorista em sua caverna nas montanhas ou expulsar seus subalternos de sótãos e porões em favelas urbanas..." (BAUMAN, Zygmunt. *Medo líquido*. Tradução de Carlos Alberto Medeiros. Rio de Janeiro: Zahar, 2008. p. 158).

[20] CHOMSKY, Noam. *11 de setembro*. Tradução de Luiz Antonio Aguiar. 3. ed. Rio de Janeiro: Bertrand Brasil, 2002. p. 35.

Embora eles matem muito mais gente do que seus predecessores – mas muito menos do que os Estados –, o risco de vida que causam é mínimo do ponto de vista estatístico. E, do ponto de vista da agressão militar, eles praticamente não contam. A menos que esses grupos ganhassem acesso a armas nucleares – o que não é impensável, mas não chega a ser uma perspectiva imediata –, o terrorismo pede cabeça fria, e não histeria.[21]

Nesse sentido, o Direito Penal do inimigo, caso se considere justificável em um Estado de Direito (hipoteticamente, pois não se concorda com tal afirmação), é uma forma de tratamento do terrorismo contraproducente. A "guerra ao terror" já se demonstrou como uma prática de perpetuação da violência e de fomento à revolta de civilizações exploradas.

O verdadeiro caminho de tratamento do terrorismo deve ser eleito de acordo com todos os postulados da ordem jurídica estabelecida, em respeito à dignidade humana, com foco em políticas internacionais de tratamento de civilizações desfavorecidas.

Conclusão

Compreendendo-se o verdadeiro significado do terrorismo, torna-se possível pensar na adoção de mecanismos capazes de fazer frente a esse fenômeno. O primeiro passo, contudo, é compreender que a violenta política de "guerra ao terror", composta pela lógica do Direito Penal do inimigo, não se sustenta como medida de enfrentamento ao terrorismo. Ao contrário, trata-se de uma medida de perpetuação da violência do terrorismo.

A discussão a esse respeito é de elevada relevância no cenário internacional. No Brasil, esse debate continua a ser inserido, propulsionado pela tramitação de projetos de lei objetivando a criação de um tipo penal para o crime de terrorismo.

Segue o Brasil cada vez mais tomado pela crença de que o Direito Penal deve se conformar de maneira cada vez mais rigorosa, tendência que inevitavelmente se faz sentida no debate legislativo sobre o terrorismo.

Resta aguardar a aprovação de algum dos projetos de lei em curso, o que até a escrita final deste texto não ocorreu, para que se possa estabelecer qual o caminho adotado para combate ao terrorismo.

---

[21] HOBSBAWN, Eric. *Globalização, democracia e terrorismo*. Tradução de José Viegas. São Paulo: Companhia das Letras, 2007. p. 46.
Em outra passagem, o autor cita o ataque aos Estados Unidos em 2001: "Por mais horripilante que tenha sido a carnificina de 11 de setembro de 2001 em Nova York, o poder internacional dos Estados Unidos e suas estruturas internas não foram afetados em nada. Se ocorreram efeitos negativos posteriores, eles não se deveram à ação dos terroristas, e sim à do governo americano." (HOBSBAWN, Eric. *Globalização, democracia e terrorismo*. Tradução de José Viegas. São Paulo: Companhia das Letras, 2007. p. 135).

Referências bibliográficas

BAUMAN, Zygmunt. *Medo líquido*. Tradução de Carlos Alberto Medeiros. Rio de Janeiro: Zahar, 2008.

BECK, Ulrich. *Sociedade de risco*: rumo a uma outra modernidade. Tradução de Sebastião Nascimento. São Paulo: Ed. 34, 2010.

CALLEGARI, André Luís; LINHARES, Raul Marques. Terrorismo: uma aproximação conceitual. *Derecho Penal y Criminología: Revista del Instituto de Ciencias Penales y Criminológicas*, Colômbia, v. 35, n. 98, p. 39-61, 2014.

CHOMSKY, Noam. *11 de setembro*. Tradução de Luiz Antonio Aguiar. 3. ed. Rio de Janeiro: Bertrand Brasil, 2002.

CORNELLI, Roberto. *Miedo, criminalidad y orden*. Tradução de Flavia Valgiusti, Joaquín Octavio Marcet e Carla Amans. Montevidéu: Editorial B de F, 2012.

DÍEZ RIPOLLÉS, José Luis. *La política criminal en la encrucijada*. Buenos Aires: B de F, 2007.

DONINI, Massimo. *El Derecho Penal frente a los desafíos de la modernidad*. Perú: ARA Editores, 2010.

HASSEMER, Winfried. Características e crises do moderno direito penal. *Revista de Estudos Criminais*, Porto Alegre, ano 2, n. 8, p. 54-66, 2003.

——. Derecho Penal simbólico y protección de bienes jurídicos. In: BUSTOS RAMIREZ, Juan (dir.). *Pena y Estado*. Santiago: Editorial Jurídica ConoSur, 1995. p. 23-36.

HOBSBAWN, Eric. *Globalização, democracia e terrorismo*. Tradução de José Viegas. São Paulo: Companhia das Letras, 2007.

JAKOBS, Günther; CANCIO MELIÁ, Manuel. *Direito penal do inimigo*: noções e críticas. Organização e tradução de André Luís Callegari e Nereu José Giacomolli. 6. ed. Porto Alegre: Livraria do Advogado, 2012.

JUANATEY DORADO, Carmen (Dir.). *El nuevo panorama del terrorismo en España*: perspectiva penal, penitenciaria y social. Alicante: Pubicaciones Universidad de Alicante, 2013.

RAMOS, João Gualberto Garcez. *A inconstitucionalidade do "Direito Penal do Terror"*. Curitiba: Juruá, 1991.

SENDEREY, Israel Drapkin. *Imprensa e criminalidade*. Tradução de Ester Kosovski. São Paulo: José Bushatsky, 1983.

SILVA SÁNCHEZ, Jesús-María. *A expansão do direito penal*: aspectos da política criminal nas sociedades pós-industriais. Tradução de Luiz Otavio de Oliveira Rocha. São Paulo: Revista dos Tribunais, 2002.

WARAT, Luis Alberto. *Introdução geral ao Direito*. Porto Alegre: Sergio Antonio Fabris, 1994. v 1.

ZAFFARONI, Eugenio Raúl. *O inimigo no direito penal*. Tradução de Sérgio Lamarão. Rio de Janeiro: Renavan, 2011.

— III —

A sistematização das presunções no novo Código de Processo Civil

DARCI GUIMARÃES RIBEIRO[1]

Sumário: 1. As presunções e a limitação do conhecimento humano; 2. Elementos constitutivos do conceito de presunção e sua prova; 3. Espécies de presunções; 3.1. Presunções legais absolutas; 3.2. Presunções legais relativas; 3.3. Presunções judiciais; 4. Presunções e poderes *ex officio* do juiz; 5. Diferença entre presunção e indício.

1. As presunções e a limitação do conhecimento humano

É verdade que, se pudéssemos conhecer, simultaneamente, os fatos através de nossa percepção direta, as coisas, e em particular as decisões, seriam bem mais fáceis, porém nosso conhecimento seria reduzidíssimo, na medida em que a percepção direta pressupõe sempre uma coincidência espaço-temporal entre o fato a ser percebido e o observador. Nesses termos, jamais há no processo percepção direta entre o fato, objeto da lide, e o magistrado, porque este se vale sempre das alegações das partes para a delimitação do processo, constituindo, esse instrumento criado pelo Estado, uma reprodução de uma realidade havida anteriormente.

As formas de raciocínio que o homem faz, e em especial o juiz, baseiam-se muito nas presunções. Elas têm uma importância fundamental em todos os campos do saber; por exemplo, se a testemunha, ao depor, começar a se contradizer, gaguejar, enrubescer, presume-se que esteja a mentir. Se um caçador for caçar perdiz, e o cachorro farejar o rastro, é presumível que ela tenha passado por ali. Enfim, essa modalidade de prova

---

[1] Advogado. Pós-Doutor pela Università degli Studi di Firenze. Doutor em Direito pela Universitat de Barcelona. Mestre e Especialista pela Pontifícia Universidade Católica do Rio Grande do Sul (PUC/RS). Professor Titular de Direito Processual Civil da UNISINOS e PUC/RS. Professor do Programa de Pós-Graduação em Direito da UNISINOS (Mestrado, Doutorado e Pós-Doutorado). Membro do Instituto Brasileiro de Direito Processual Civil. Membro do Instituto Ibero-Americano de Direito Processual Civil. Membro da *International Association of Procedural Law*. Este trabalho é parte do projeto I+D do Ministério de Economia e Competitividade da Espanha, intitulado: "La prueba civil a examen: estudio de sus problemas y propuestas de mejora" (DER 2013-43636-P) do qual sou pesquisador ativo.

indireta do conhecimento é, segundo MALATESTA, *"el triunfo de la inteligencia humana sobre la oscuridad que la circunda"*.[2]

A falta de certeza gerada pela realidade exige, segundo MICHELLI, que *"con frecuencia el legislador, a fin de prevenir la falta de certeza en la aplicación de una regla jurídica, ha regulado la hipótesis legal en forma de hacer resultar con más precisión determinados elementos, cuya existencia es necesaria y suficiente a fin de que se produzca un determinado efecto jurídico"*.[3] Essa é a razão íntima da necessidade de as presunções existirem, pois, se assim não fosse, não haveria justificativa para sua existência. É a presunção, para utilizar uma bela representação metafórica de GORPHE, um "testimonio mudo".[4]

2. Elementos constitutivos do conceito de presunção e sua prova

O art. 374, inc. IV, do NCPC, esclarece: *"Não dependem de prova os fatos: (...) IV- em cujo favor milita presunção legal de existência ou de veracidade"*. Vale dizer, a regra legal está muito bem escrita, mas é muito malcompreendida, posto que a presunção é composta necessariamente de dois fatos, como veremos a seguir, um conhecido[5] e outro desconhecido. O fato em favor do qual milita a presunção legal de existência ou veracidade é somente o *fato desconhecido*, razão pela qual obviamente este fato está dispensado da prova, e não poderia ser diferente, já que não se pode exigir a prova de um fato desconhecido. Agora, o outro fato, o conhecido, certamente a parte tem o ônus de provar se quiser dele deduzir o fato desconhecido.

---

[2] *Lógica de las pruebas en materia criminal*. Buenos Aires: Gen. Lavalle, 1945, p. 150.

[3] *La carga de la prueba*. Trad. Santiago Sentís Melendo. Bogotá: Temis, 1989, nº 30, p. 178. Com razão M. GREENLEAT, quando diz: *"Los principios sobre las presunciones legales no se refieren ya a la fe del testimonio, sino que son reglas de protección (rule o protection) establecidas para el bien general"*, apud BONNIER, *Tratado de las pruebas en el derecho civil*. Trad. José Vicente y Caravantes. Madrid: Hijos de Reus, 1914, t. II, nº 836, p. 459.

[4] *La apreciación judicial de las pruebas*. Trad. Delia Garcia Daireaux. Buenos Aires: La Ley, 1967, Cap. V da 1ª Parte, p. 163, nota16.

[5] A doutrina brasileira, em geral, confunde o fato conhecido da presunção com indício, entre os quais cabe citar, ARAKEN DE ASSIS, *Processo civil brasileiro*, São Paulo: RT, 2015, v. II, t. 2, § 274, nº 1.319, p. 120 e § 275, nº 1.321, p. 125; FREDIE DIDIER *et alii*, *Curso de direito processual civil*, Salvador: Juspodium: 2010, v. 2, 5ª ed., p. 57 e ss; CASSIO SCARPINELLA BUENO, Curso sistematizado de direito processual civil, São Paulo: Saraiva, 2007, v. 2, t. I, p. 239; entre outros. Isto se deve, geralmente, ao posicionamento de autores brasileiros clássicos que são bastante citados entre todos os doutrinadores nacionais. Vale mencionar: BARBOSA MOREIRA, As presunções e a prova. In: *Temas de Direito Processual*. São Paulo: Saraiva, 1988, p. 55 e ss; e PONTES DE MIRANDA, *Comentários ao código de processo civil*. Rio de Janeiro: Forense, 1979, t. 4, p. 355 e ss. Vale lembrar, contudo, que alguns autores realizam esta confusão somente nas presunções *hominis*, entre os quais destacamos, TERESA ARRUDA ALVIM WAMBIER *et alii*, *Primeiros comentários ao novo código de processo civil artigo por artigo*, São Paulo: RT, 2015, p. 653 e LUIZ GUILHERME MARINONI *et alii*, *O novo processo civil*, São Paulo: RT, 2015, nº 5.1.8, p. 274 e 275.

Para saber se as presunções independem de prova ou não, é necessário saber primeiro quais são os elementos constitutivos que compõem a presunção, para, então, saber se todos eles ou apenas um ou alguns necessitam de prova ou então nenhum elemento necessita ser provado.

Segundo COUTURE, "*una presunción supone el concurso de tres circunstancias: un hecho conocido, un hecho desconocido y una relación de causalidad. Lo que en realidad queda fuera del campo del objeto de la prueba son los dos últimos de esos elementos: el hecho desconocido y la relación de causalidad. Pero nada sustrae de la actividad probatoria la demostración del hecho en que la presunción debe apoyarse*",[6] ou seja, nenhuma presunção está livre da prova do fato conhecido,[7] pois, para que a parte se beneficie da presunção do fato desconhecido, necessário se faz demonstrar a base, o fato conhecido e constitutivo em cima do qual ela vigora. O que efetivamente fica fora do campo da prova é a relação de causalidade e o fato desconhecido, mas não o fato conhecido.[8] Por isso a redação contida no inc. IV do art. 374 do NCPC está absolutamente correta, como vimos anteriormente, pois o que está dispensado da prova é exatamente o fato "em cujo favor milita presunção legal de existência ou de veracidade", e este fato é o fato desconhecido, posto que é em favor dele que a presunção legal de existência ou de veracidade milita, e não sobre o fato conhecido. Esta é a razão pela qual muitos doutrinadores entendem, equivocadamente, que a presunção, como um todo, não depende de prova,[9] pois são incapazes de compreender a presunção como o resultado da soma inseparável dos três (3) elementos constitutivos dela.

Vejamos o seguinte exemplo: o art. 163 do CC diz: "*Presumem-se fraudatórias dos direitos dos outros credores as garantias de dívidas que o devedor insolvente tiver dado a algum credor*". Se um dos credores arguir em seu favor esta presunção, estará ele dispensado da prova? A resposta certamente deve ser negativa, porque ele tem o ônus de provar, se da presunção do fato desconhecido ele quiser beneficiar-se, primeiro, que o devedor é

---

[6] *Fundamentos del derecho procesal civil*, Buenos Aires: Depalma, 1988, n° 147, p. 228.

[7] A legislação argentina, no art. 163, 5° do *Código Procesal Civil y Comercial de la Nación*, prevê que "*Las presunciones no establecidas por ley constituirán prueba cuando se funden en hechos reales y probados y cuando por su número, precisión, gravedad y concordancia, produjeren convicción según la naturaleza del juicio, de conformidad con las reglas de la sana crítica*" (grifo nosso). Isso significa dizer, segundo o Direito argentino, que as presunções estabelecidas pela lei estão dispensadas da prova, e as demais necessitam ser provadas. Neste sentido EDUARDO OTEIZA, *Código Procesal Civil y Comercial de la Provincia de Buenos Aires anotado y comentado*. Coord. Roland Arazi et alii. Santa Fe: Rubinzal Culzoni, 2009, t. I, p. 300 e 301.

[8] Assim se expressava, também, BONNIER, já no início do século passado, para quem o Código Civil francês, no seu art. 1.352, era nesse sentido. Segundo ele, "*no es exacto decir que el que invoca una presunción legal no tiene nada que probar, porque es preciso que acredite que se halla en posesión de invocar la presunción de la Ley*", Tratado de las Pruebas en el Derecho Civil, ob. cit., t. 2°, n° 840, p. 462.

[9] Dizendo que as presunções não necessitam de prova, encontramos, entre tantos autores, LUIZ GUILHERME MARINONI *et alii*, *Novo código de processo civil comentado*, São Paulo: RT, 2015, p. 400; ALEXANDRE FREITAS CÂMARA, *O novo processo civil brasileiro*, São Paulo: Atlas, 2015, n° 13.1.2, p. 224; JOÃO BATISTA LOPES, *Curso de direito processual civil*, São Paulo: Atlas, 2006, v. II, p. 105; ROGÉRIO LAURIA TUCCI, *Curso de Direito Processual Civil*, SARAIVA, 1989, v. 2, p. 356, entre outros.

insolvente, pois se não for insolvente e o bem não estiver constrito, não há fraude; segundo, que o devedor tenha dado uma garantia de dívida a algum credor. São dois os fatos conhecidos desta presunção. São estes dois fatos conhecidos da presunção que, uma vez provados, apontam para a existência da fraude a credores que é o fato desconhecido, presumindo-o como verdadeiro através do nexo de causalidade; do contrário, isto é, não sendo feita a prova da insolvência do devedor ou de que ele tenha dado alguma garantia a um dos credores, o autor não poderá beneficiar-se da presunção de fraude que reside no fato desconhecido.

Agora que identificamos os elementos, que compõem a presunção, podemos conceituá-la como *a dedução que identifica o fato desconhecido, a partir do fato conhecido*.

3. Espécies de presunções

A doutrina não diverge significativamente quanto à classificação das presunções, sendo que em reduzidos casos alguns autores preferem utilizar-se de uma nomenclatura menos conhecida, tão somente.

Por isso, as presunções podem ser divididas em *legais* (*praesumptiones iuris*) ou *comuns* (*praesumptiones hominis*), conforme a origem da dedução feita através do nexo de causalidade. A sua vez, as presunções legais podem ser divididas em *iuris et de iure* (também chamadas *absolutas* ou *peremptórias*)[10] e *iuris tantum* (também chamadas de *relativas* ou *condicionais*) que a sua vez se divide em *contraprova livre* e *contraprova vinculada* (também chamadas, por alguns, de *mistas*[11]).

3.1. Presunções legais absolutas

Nas *praesumptiones iuris*,[12] o raciocínio dedutivo é feito pelo legislador. Encontram-se estabelecidas obrigatoriamente na lei, geralmente civil

---

[10] Sobre esse tipo de presunção, consultar obrigatoriamente MALATESTA, *Lógica de las pruebas en materia criminal*, ob. cit., p. 222s.

[11] A palavra *mista* foi utilizada por PONTES DE MIRANDA, *Comentários ao Código de Processo Civil*, Rio de Janeiro: Forense, 1947, v. II, p. 256 e MOACYR A. SANTOS, *Primeiras Linhas de Direito Processual Civil*, São Paulo: Saraiva, 2004, v. 2º, nº 702, p. 512. Essa palavra, que serve para identificar uma categoria intermediária entre a presunção absoluta e a presunção relativa, é equivocada, como bem observou GRECO FILHO, *"porque não existe uma categoria lógica entre o absoluto e o relativo; tudo o que não é absoluto relativo é. A relatividade, sim, comporta graus ou classificações"*, Direito Processual Civil Brasileiro, São Paulo: Saraiva, 1996, v. 2, nº 43.7, p. 209.

[12] O que faz com que uma presunção legal seja *iuris et de iure* ou *iuris tantum*, isto é, permita a prova em contrário ou não, é o grau de credibilidade que existe no nexo de causalidade, que é o raciocínio presuntivo, pois toda presunção equivale, segundo CHIOVENDA, *"a uma convicção fundada sôbre a ordem normal das coisas"*, Instituições de Direito Processual Civil, Trad. J. Guimarães Menegale. São Paulo: Saraiva, 1969, v. III, nº 348, p. 139. Isso equivale dizer que todo nexo de causalidade é originário de uma experiência comum que pode ter maior ou menor grau de credibilidade e, quanto maior o grau de credibilidade, menor a possibilidade de contestá-lo. Essa variação de credibilidade pode ser medida, quando o nexo de causalidade for *constante* ou *ordinário*, e devem-se entender essas palavras,

ou então processual, estando o fato desconhecido, segundo a redação do inc. IV do art. 374 do NCPC,[13] dispensado do ônus da prova, bem como o nexo de causalidade, mas jamais o fato conhecido, obviamente.

Dentro das presunções legais, estão as presunções *iuris et de iure* que apresentam como características, mesmo sendo raras: a) não admitirem provas em contrário;[14] b) não permitirem ao juiz que se convença em sen-

conforme esclarece MALATESTA, como *"es constante lo que se presenta como verdadero en todos los casos particulares comprendidos en las especies: es ordinario, lo que se presenta como verdadero en el mayor número de los casos comprendidos en la especie. (...)lo 'constante' de la especie es 'ley de certeza' para el individuo: lo 'ordinario' de la especie es 'ley de probabilidad' para el individuo"*, Lógica de las pruebas en materia criminal, ob. cit., p. 158. Portanto, se o raciocínio presuntivo, feito pelo legislador, for gerado por um fato considerado *constante*, a presunção será absoluta, e não se admitirá prova em contrário, *e. g.*, presume-se que o menor de 16 anos seja absolutamente incapaz, conforme *caput* do art. 3º do CC, sendo nulo o negócio jurídico quando por ele celebrado, art. 166, inc. do CC. Igualmente se a pendência do processo de execução, hipoteca judiciária ou outro ato de constrição judicial, como por exemplo a penhora, for averbado na matrícula do imóvel, conforme determina o art. 792, II e III, do NCPC. Aqui a presunção absoluta se estabelece porque a ciência do gravame por parte de terceiro que adquire o bem é um fato considerado *constante*, não lhe sendo permitido alegar a boa-fé em incidente de fraude à execução. Agora, se o raciocínio presuntivo, feito pelo legislador, for gerado por um fato considerado *ordinário*, a presunção será relativa, e se admitirá prova em contrário, *v. g.*, a revelia, art. 344 do NCPC, que permite ao réu revel, agora de forma expressa, à produção de provas, desde que se faça representar a tempo para a prática da prova, art. 349 NCPC. Para melhor aprofundamento, consultar PERELMAN, *Ética e Direito*. Trad. Maria Ermantina Galvão G. Pereira. São Paulo: Martins Fontes, 1996, § 49, p. 600s.

[13] Está equivocado o entendimento de ROGÉRIO LAURIA TUCCI, quando o mesmo afirma que a presunção *iuris et de iure* "*dispensa qualquer prova dos fatos presumidos. A outra, mais restritamente considerada, dispensa, apenas, do ônus da prova o litigante que a tem a seu favor*", Curso de Direito Processual Civil, ob. cit., p. 356. Confunde o prestigiado autor o ônus da prova com o fato de a presunção não depender de prova; tanto num caso como no outro, o beneficiário da presunção está livre da prova somente do fato desconhecido.

[14] Para BARBOSA MOREIRA, esta expressão no fundo quer dizer "*que 'nada adiantaria' ministrar tal prova, pois, a despeito dela, o órgão judicial continuaria adstrito a pôr, como fundamento fáctico de sua decisão, aquilo que a lei presume*", As presunções e a prova, ob. cit., p. 55. Neste particular, convém destacar que a não admissão de provas em sentido contrário refere-se unicamente a impossibilidade de se atacar o fato desconhecido, não sendo lícito afirmar que a parte contrária esteja impossibilitada de atacar o fato conhecido, pois em virtude do sagrado princípio do contraditório, a parte contrária poderá se valer de todo tipo de prova em direito admitido para desqualificar o fato conhecido em cima do qual se baseia a presunção. Exemplificando, o art. 163 do CC diz que: "*Presumem-se fraudatórias dos direitos dos outros credores as garantias de dívidas que o devedor insolvente tiver dado a algum credor*". Aqui temos como fato desconhecido a fraude a credores, e, como fato conhecido, que necessita ser provado pelo credor, se da presunção ele quiser se beneficiar, *primeiro*, que o devedor é insolvente, porque se não for insolvente e o bem não estiver constrito, não há fraude; *segundo*, que tenha dado uma garantia de dívida a algum credor. Certamente o devedor, neste caso, poderá produzir prova em sentido contrário aos fatos conhecidos desta presunção, *e. g.*, que ele, devedor, não é insolvente, na medida em que possui outros bens para garantir o crédito ou então que ele não deu nenhuma garantia a outro credor. Agora, uma vez comprovada pelo credor que o devedor é insolvente e que efetivamente deu uma garantia a outro credor, nenhuma outra prova poderá ser feita pelo devedor para desconstituir o raciocínio presuntivo contido no fato desconhecido, qual seja, que ele, devedor, agiu em fraude a credores. Em sentido análogo, porém com argumentos distintos, ANTUNES VARELA, BEZERRA e NORA quando afirmam que: "*Se a parte contrária impugna a realidade do fato que serve de base à presunção, não é a presunção que ela ataca, mas a prova testemunhal, documental, pericial, etc., que convenceu o juiz da realidade desse fato*", Manual de Processo Civil. Coimbra: Coimbra, 1985, nº 165, p. 504.

A impossibilidade de não admitir prova em contrário ao fato desconhecido é tão forte que, segundo PONTES DE MIRANDA, "*inclusive a notoriedade do fato não lhe pode ser oposta*", Comentários ao Código de Processo Civil, ob. cit. (CPC/39), 1947, v. II, p. 253 e também ob. cit. (CPC/73), 1979, t. 4, p. 355.

tido contrário e c) limitam a liberdade do juiz na avaliação da prova.[15] São delas os exemplos dos arts. 163; 174[16] e parágrafo único, do art. 1.802,[17] todos do CC, bem como os exemplos contidos no art. 792, incs. II e III, do NCPC, entre outros.

3.2. Presunções legais relativas

As presunções *iuris tantum* apresentam como características essenciais: a) admitirem prova em contrário para quebrar a presunção de verdade (*praesumptio cedit veritati*) contida no fato desconhecido[18]; b) desnecessidade da prova do fato conhecido pelo titular da presunção, não havendo, portanto, a inversão do ônus da prova[19], pois quem a tem em

---

[15] Nesse sentido, LOPES DA COSTA, *Direito Processual Civil Brasileiro*, Rio de Janeiro: José Konfino, v. 2, n° 411, p. 428.

[16] Reza este artigo: "*É escusada a confirmação expressa, quando o negócio já foi cumprido em parte pelo devedor, ciente do vício que o inquinava*". Mesmo aqui há necessidade de prova do fato conhecido, conforme acertada opinião de MARIA HELENA DINIZ, ao comentar o antigo artigo correspondente do CC de 1916, art. 150, para quem: "*A prova da ratificação tácita competirá a quem o argüir*", *Código Civil Anotado*, São Paulo: Saraiva, 1995, p. 147.

[17] Esclarece o parágrafo único deste artigo que: "*Presumem-se pessoas interpostas os ascendentes, os descendentes, os irmãos e o cônjuge ou companheiro do não legitimado a suceder*". E, segundo MAURO ANTONINI, "*A presunção de simulação é absoluta, não admitindo prova em contrário*", *Código Civil Comentado*. Coord. por Cezar Peluzo. São Paulo: Manole, 2008, p. 1.962.

[18] Na presunção relativa, diferentemente do que ocorre com a presunção absoluta, a prova em sentido contrário poderá ser produzida tanto em relação ao fato conhecido quanto ao fato desconhecido. Vejamos o exemplo contido no inc. I, do art. 1.597 do CC, segundo o qual se presume pai quando os filhos nascerem 180 dias após o casamento. Fato conhecido, o casamento. Fato desconhecido, a paternidade. Pode o pai, se quiser afastar esta presunção, fazer prova em sentido contrário tanto do casamento quanto da paternidade, vale dizer, ele pode alegar que a certidão de casamento é falsa ou então que apesar de conviver em matrimônio, a mulher o traía com outro homem. Da mesma forma ocorre quando o condutor de veículo abalroa a traseira de outro veículo, presumindo-se culpado o motorista por inobservância do dever de cautela em guardar distância segura, nos termos do inc. II do art. 29 do Código de Trânsito Brasileiro. Trata-se de uma presunção relativa, onde o fato conhecido é o abalroamento atrás, e o fato desconhecido é a culpa. O condutor do veículo de trás poderá provar que o veículo da frente deu marcha à ré sem olhar para trás, portanto ele abalroou a frente de seu veículo, fato conhecido ou então poderá provar que a batida se deu atrás porque o veículo da frente estava com a luz de freio queimada, não havendo culpa, portanto, fato desconhecido.

[19] Entendendo que há esta inversão, entre outros, MICHELLI, *La carga de la prueba*, n° 30, p. 177; LOPES DA COSTA, *Direito Processual Civil Brasileiro*, ob. cit., v. 2, n° 411, p. 429; PONTES DE MIRANDA, *Comentários ao Código de Processo Civil*, ob. cit., t. IV, p. 357; JOSÉ MIGUEL GARCIA MEDINA, *Direito processual civil moderno*, São Paulo, RT, 2015, n° 7.5.5, p. 599. Diverge dessa possibilidade LESSONA, *Teorie general de la prueba en el derecho* civil, Trad. Enrique Aguilera de Paz. Madrid: Reus, 1957, t. 1, n° 145, p. 182. Não considero correto falar em inversão do ônus da prova, porquanto esta técnica probatória existente na ação de embargos do devedor, art. 917, inc. VI, do NCPC, somente pode ser utilizada quando ocorrer a inversão da regra clássica, vale dizer, o autor-embargante que deveria provar um fato constitutivo de seu direito pela regra clássica (inc. I do art. 373 do NCPC), provará, nos embargos à execução, um fato impeditivo, modificativo ou extintivo do direito do credor que é réu-embargado (art. 917, inc. VI do NCPC), e o réu-embargado que deveria provar um fato impeditivo, modificativo ou extintivo do direito do autor na regra clássica (inc. II do art. 373 do NCPC), deverá provar, nos embargos, o fato constitutivo de seu direito de crédito, que já ficou demonstrado no título executivo (art. 783 do NCPC) que sustenta a pretensão de execução. Desde modo, somente haverá a inversão do ônus da prova quando o autor tiver que provar fato impeditivo, modificativo ou extintivo, e o réu, fato constitutivo. Esta inversão ocorre pelo fato de inverterem-se os titulares ativos

seu favor não precisará provar o fato constitutivo para dela se beneficiar, mas quem quiser quebrá-la terá o ônus de fazer prova em sentido contrário. São delas os exemplos dos arts. 8º;[20] 133;[21] 324,[22] parágrafo único, do art. 1.201;[23] 1.203;[24] 1.231;[25] todos do CC, bem como art. 344 do NCPC, entre tantos outros.

As presunções relativas, como vimos, admitem prova em contrário. Esta contraprova pode ser *livre* ou estar *vinculada*.

Será *livre* a contraprova quando for possível utilizar qualquer meio de prova em direito admitido, tais como documento, testemunha, perícia, etc.

Em contrapartida, a contraprova será *vinculada* quando admitir somente as provas previstas na lei; logo, se for apresentada a prova especial e específica, a presunção estará quebrada; porém, se não for apresentada a prova especial, o juiz não poderá convencer-se em sentido contrário. Por conseguinte, limitar-se-á a liberdade do juiz na avaliação da prova. São delas os exemplos dos inc. I a V do art. 1.597,[26] que têm como prova especial as hipóteses dos arts. 1.598[27] e 1.599,[28] todos do CC.

---

e passivos das relações jurídicas, material e processual. Em outras palavras, o autor, titular ativo da relação processual, prova um fato constitutivo de seu direito porque ele também é titular ativo da relação material, vale dizer, ele é credor; e o réu, titular passivo da relação processual, provará um fato impeditivo, modificativo ou extintivo do direito do autor-credor porque ele também é titular passivo da relação material, vale dizer, ele é devedor. Agora, quando o devedor, titular passivo da relação material, estiver na condição de autor, titular ativo da relação processual, o ônus da prova deverá necessariamente ser invertido, da mesma forma quando o credor, titular ativo da relação material, for réu, titular passivo da relação processual.

[20] Reza o artigo: *"Se dois ou mais indivíduos falecerem na mesma ocasião, não se podendo averiguar se algum dos comorientes precedeu aos outros, presumir-se-ão simultaneamente mortos"*.

[21] Determina o artigo: *"Nos testamentos, presume-se o prazo em favor do herdeiro, e, nos contratos, em proveito do devedor, salvo, quanto a esses, se do teor do instrumento, ou das circunstâncias, resultar que se estabeleceu a benefício do credor, ou de ambos os contratantes"*.

[22] Reza o artigo: *"A entrega do título ao devedor firma a presunção do pagamento"*.

[23] Assim esclarece o parágrafo único do citado artigo: *"O possuidor com justo título tem por si a presunção de boa-fé, salvo prova em contrário, ou quando a lei expressamente não admite esta presunção"*

[24] Diz o artigo: *"Salvo prova em contrário, entende-se manter a posse o mesmo caráter com que foi adquirida"*. Para FRANCISCO EDUARDO LOUREIRO, *"A presunção, como se extrai do preceito, é relativa, comportando, portanto, prova em sentido contrário"*, Código Civil Comentado. Coord. por Cezar Peluzo, ob. cit., p. 1097.

[25] Assim expressa o artigo: *"A propriedade presume-se plena e exclusiva, até prova em contrário"*

[26] Diz o artigo: *"Presumem-se concebidos na constância do casamento os filhos: I - nascidos cento e oitenta dias, pelo menos, depois de estabelecida a convivência conjugal; II - nascidos nos trezentos dias subsequentes à dissolução da sociedade conjugal, por morte, separação judicial, nulidade e anulação do casamento; III - havidos por fecundação artificial homóloga, mesmo que falecido o marido; IV - havidos, a qualquer tempo, quando se tratar de embriões excedentários, decorrentes de concepção artificial homóloga; V - havidos por inseminação artificial heteróloga, desde que tenha prévia autorização do marido"*.

[27] Sobre este artigo convém destacar o que diz MILTON DE CARVALHO FILHO: *"Não se pode deixar de notar que o sistema de presunção não prevalecerá diante da prova técnica, que, nos tempos atuais, permite com segurança identificara paternidade"*, Código Civil Comentado. Coord. por Cezar Peluzo, ob. cit., p. 1686.

[28] *"Art. 1.599. A prova da impotência do cônjuge para gerar, à época da concepção, ilide a presunção de paternidade"*.

3.3. Presunções judiciais

Nas *praesumptiones hominis*,[29] também conhecidas por *simples, comuns* ou *de homem*, e que para os criminalistas, chamam-se *indícios* e, para os ingleses, denominam-se *circunstâncias*, o raciocínio dedutivo contido no nexo de causalidade é feito pelo homem. Aqui, o legislador não quis legalmente presumir o fato desconhecido, deixando, em especial, ao juiz fazer o raciocínio necessário, a fim de chegar à descoberta do fato desconhecido, utilizando, para tanto, a experiência comum ou técnica, a fim de obter o convencimento necessário, vale dizer, o juiz irá se apoiar em uma regra de experiência, comum ou técnica, como fato conhecido para descobrir o fato que lhe é desconhecido.[30] Ela está relacionada aos *estados de espírito* ou, como diz LOPES DA COSTA, *"para alcançar as realidades do mundo do espírito, a presunção é o único caminho"*.[31] Enquanto as presunções legais servem para dar segurança a certas situações de ordem social, política, familiar e patrimonial, as presunções feitas pelo homem-juiz cumprem uma função exclusivamente processual, porque estão diretamente ligadas ao princípio da persuasão racional da prova, contido no art. 371 do NCPC. Tanto é verdade que, para CARLO FURNO, *"Il comportamento processuale delle parti si presenta così come fondamento di una "praesumptio hominis"*.[32] Os requisitos para sua aplicação são os mesmos da prova testemunhal,[33] com a especialidade de um enlace preciso e persuasivamente racional entre os fatos conhecido e desconhecido.[34]

Seu campo de atuação é vastíssimo, tanto no processo civil quanto no processo penal ou trabalhista, máxime para apreender os conceitos de simulação, dolo, fraude, má-fé, boa-fé, intenção de doar, etc.

A contraprova que pode ser oposta às presunções judicias é a prova do contrário daquilo que a presunção gera e deve referir-se a regra de

---

[29] Para um melhor aprofundamento, consultar obrigatoriamente as clássicas obras de SERRA DOMINGUEZ, *Comentarios al Código Civil y Compilaciones Forales*, Madrid: Editorial Revista de Derecho Privado, 1991, T. XVI, v. 2°, p. 781 e ss; e, também, *Estudios de Derecho Probatorio*, Lima: Communitas, 2009, p. 663 e ss. Também merece destaque a obra de GORPHE, *La apreciación judicial de las pruebas*. Trad. por Delia Garcia Daireaux. Buenos Aires: La Ley, 1967, Cap. IV, da 2ª parte, p. 261 e ss. No direito brasileiro, vide por todos, ARAKEN DE ASSIS, *Processo civil brasileiro*, ob. cit., n° 1.324, p. 129 a 136.

[30] Sobre as regras de experiência, consultar o que escrevi em *Provas atípicas*, Porto Alegre: Livraria do Advogado, 1998, n° 4.3, p. 99 a 104.

[31] *Direito Processual Civil Brasileiro*, ob. cit., n° 412, p. 429.

[32] *Contributo alla Teoria della Prova Legale*, Padova: CEDAM, 1940, n° 18, p. 69.

[33] Essa exigência surgiu no art. 188, do Reg. 737. O Código Civil atual prevê norma expressa a esse respeito, art. 230, segunda a qual: *"As presunções, que não as legais, não se admitem nos casos em que a lei exclui a prova testemunhal"*, da mesma forma que o Código Civil Português em seu art. 351.

[34] Exigindo esta mesma vinculação, encontramos a redação do art. 1.253 do CC Espanhol, segundo o qual: *"Para que las presunciones no establecidas por la ley sean apreciables como medio de prueba, es indispensable que entre el hecho demostrado y aquel que se trate de deducir haya un enlace preciso y directo según las reglas del criterio humano"*. No direito brasileiro, comunga deste entendimento MARINONI et alii, *Novo Curso de Processo Civil*, ob. cit, v. 2, p. 294.

experiência comum ou técnica utilizada pelo juiz para realizar o raciocínio dedutivo, isto é, o nexo de causalidade e o fato desconhecido estão fora do campo probatório, pois, como bem afirma ANTUNES VARELA, BEZERRA e NORA: *"Se a parte contrária impugna a realidade do fato que serve de base à presunção, não é a presunção que ela ataca, mas a prova testemunhal, documental, pericial, etc., que convenceu o juiz da realidade desse fato"*.[35]

4. Presunções e poderes *ex officio* do juiz

Questão interessante é saber se o juiz pode utilizar uma presunção de ofício. Tenho por acertado que não, pois, independentemente do tipo de presunção, toda ela necessita, como dito anteriormente, da prova do fato constitutivo, conhecido para dela poder se beneficiar, e este fato, como bem vimos, sempre dependerá de prova nos autos. Além do mais, o raciocínio presuntivo incide a partir do nexo de causalidade para se deduzir o fato desconhecido. Vejamos um exemplo bem comum: ao parar num semáforo, Xenofonte tem a traseira do seu veículo abalroada pelo automóvel de Sófocles, que não parou no tempo devido. Xenofonte, então, interpõe uma ação de indenização decorrente de acidente com veículo em desfavor de Sófocles por inobservância do dever de cautela em guardar distância segura, nos termos do inc. II do art. 29 do Código de Trânsito Brasileiro, e deve *alegar* e *provar*, se quiser beneficiar-se da presunção de que quem bate atrás se presume culpado, que o abalroamento se deu na traseira de seu veículo, não podendo o juiz, mediante a falta de alegação e prova, buscá-la de ofício, pois estaria violando os arts. 141 e 492 ambos do NCPC, que deixa à disposição das partes as questões relativas à relação de direito material.

5. Diferença entre presunção e indício

A diferença entre presunção e indício é extremamente difícil. Difere de autor para autor, e muitos não os distinguem.[36] É interessante notar a relação entre *fato* e *indício*, e ninguém melhor do que CARNELUTTI para esclarecer, pois, segundo ele *"un hecho no 'es' indicio en sí, sino se 'convierte' en tal cuando una regla de experiencia lo pone con el hecho a probar en una re-*

---

[35] *Manual de Processo Civil*, ob. cit., n° 165, p. 504.

[36] Não as distinguem MOACYR A. SANTOS, *Primeiras Linhas de Direito Processual Civil*, ob. cit., n° 700, p. 507 a 509; ANTUNES VARELA, *Manual de Processo Civil*, ob. cit., n° 165, p. 504; GRECO FILHO, *Direito Processual Civil Brasileiro*, ob. cit., n° 43.7, p. 208; ERNANE FIDÉLIS, *Manual de Direito Processual Civil*, ob. cit., n° 603, p. 392; TERESA ARRUDA ALVIM WAMBIER *et alii*, *Primeiros comentários ao novo código de processo civil artigo por artigo*, São Paulo: RT, 2015, p. 653 e LUIZ GUILHERME MARINONI et alii, *O novo processo civil*, São Paulo: RT, 2015, n° 5.1.8, p. 274 e 275; JOSÉ MIGUEL GARCIA MEDINA, *Direito processual civil moderno*, São Paulo, RT, 2015, n° 7.5.5, p. 599, entre tantos outros.

lación lógica, que permita deducir la existencia o no existencia de éste"[37]. Nesse sentido, já se manifestou o STF acerca da prova no desvio de finalidade da administração pública, quando salientou que: *"Indícios vários e concordantes são prova"*[38].

Hodiernamente, quem melhor estudou o tema foi MALATESTA, que afirma: *"El raciocinio de presunción alcanza lo desconocido por la vía del principio de identidad; el raciocinio indiciario, por la del de causalidad"*. E continua mais adiante o prestigiado autor: *"El raciocinio del indicio se reduce ordinariamente a un entinema, en la cual se calla la mayor; suele decirse, por ejemplo: Ticio ha huido, luego es reo. El de presunción, en cambio, redúcese de ordinario a la simple conclusión; suprimiendo la mayor y la menor; suele decirse, por ejemplo: el acusado se presume inocente"*.[39] Para PONTES DE MIRANDA, indício não se confunde com presunção, e pode ser concebido como *"o fato ou parte do fato certo, que se liga a outro fato que se tem de provar, ou a fato que, provado, dá ao indício valor relevante na convicção do juiz, como homem"*,[40] razão pela qual o indício pode estar *"na prova testemunhal, no documento, na coisa, na confissão extra-judicial, na carta, no próprio sorriso da parte ou da testemunha"*.[41]

---

[37] *La prueba* civil, Trad. Niceto Alcalá-Zamora y Castillo. Buenos Aires: Arayú, 1955, n° 45, p. 191 e 192.

[38] *In* RTJ (DF) 52/140.

[39] *Lógica de las pruebas en materia criminal*, ob. cit., 3ª Parte, Cap. III, p. 155. Também fazendo a distinção entre presunção e indício, se bem que salientando que não tem nenhum valor prático no campo da prova penal, encontramos FLORIAN, para quem *"indizio serva ad indicare più specialmente una cosa, un fatto, una circostanza, ovvero una serie di cose, di fatti, di circostanze, insomma l'elemento di fatto concreto, da cui si può trarre una prova (indiretta). La presunzione, invece, è la conclusione d'un ragionamento, che può muovere anche da un indizio, ma che più frequentemente muove da una premessa suggerita dal l'esperienza di ciò, che il più delle volte avviene nel corso naturale delle cose. A nostro avviso, l'indizio ha sempre un presupposto concreto, la presunzione un presupposto astratto ed attinge sempre od assai spesso ad alcunchè di generale"*, Delle Prove Penali, Ed. Francesco Vallardi, Milano, 1924, n° 38, p. 82. Também adota essa distinção GORPHE, *La apreciación judicial de las pruebas*, ob. cit., p. 163, nota 16.

[40] *Comentários ao Código de Processo Civil*, ob. cit., v. II, p. 251 e 252.

[41] Idem ibidem.

— IV —

Uma incursão sobre a litigância climática: entre mudança climática e responsabilidade civil

DÉLTON WINTER DE CARVALHO[1]

Sumário: 1. Sensitividade climática e eventos extremos; 2. Uma análise da litigância climática: limites e potencialidades; 3. Alguns precedentes importantes da litigância climática nas cortes norte-americanas; Considerações conclusivas.

1. Sensitividade climática e eventos extremos[2]

Em conformidade com dados do EM-DAT (2007), ocorreram 150 registros de desastres naturais no período 1900-2006 no Brasil. Deste total, 84% (oitenta e quatro por cento) ocorreram após a década de setenta, demonstrando um incremento considerável nos registros de ocorrência destes eventos.[3] Segundo os dados do Atlas Brasileiro de Desastres Naturais, de 1991 a 2010, o Brasil registrou 31.909 (trinta e um mil, novecentos e nove) ocorrências de desastres, sendo na década de 1990 registradas 8.671 (equivalente a 27%) ocorrências e na década de 2000, 23.238 (73%).[4]

Tais dados comprovam (e demonstram) o frequente discurso de um crescimento significativo destes eventos e seus registros.[5] Esta tendência,

---

[1] Pós-Doutor em Direito, University of California at Berkeley, USA. Doutor e Mestre em Direito UNISINOS. Professor do Programa de Pós-Graduação em Direito da UNISINOS, nível mestrado e doutorado. Líder do Grupo de Pesquisa "Direito, Risco e Ecocomplexidade" cadastrado no Cnpq. Advogado, Parecerista e Consultor jurídico em matéria de Direito Ambiental. Autor de diversos artigos publicados nacional e internacionalmente, sendo ainda autor dos livros *Desastres Ambientais e sua regulação jurídica: deveres de prevenção, resposta e compensação*. RT, 2015; CARVALHO, Délton Winter de. *Dano ambiental futuro: a responsabilização civil pelo risco*. 2ª ed. Livraria do Advogado, 2013 em coedição com Fernanda Dalla Libera Damacena. *Direito dos Desastres*. Livraria do Advogado, 2013. Contato: delton@deltoncarvalho.com.br.

[2] Em linhas gerais, toma-se no presente trabalho o sentido de *sensividade climática* a medida corrente para analisar quão intensamente o sistema climático responde às mudanças nos níveis de gases do efeito estufa (*greenhouse gases*).

[3] Neste sentido, ver: http://www.inpe.br/crs/geodesastres/nobrasil.php, aceso em 21.03.2013.

[4] Atlas brasileiro de desastres naturais 1991 a 2010: Volume Brasil. Florianópolis: CEPED, UFSC, 2012. p. 28.

[5] Ibidem.

existente no contexto nacional, parece acompanhar um movimento global de aumento das ocorrências de desastres de 1900 a 2011.[6]

Chama, neste sentido, atenção o estudo realizado pelo *National Research Council of National Academies*,[7] dos Estados Unidos, cujo conteúdo provê uma avaliação científica das implicações ocasionadas por várias metas de estabilização do clima. Neste documento, conclui-se que em certos níveis de aquecimento global, associados com emissões de dióxido de carbono, estes poderão atingir a terra bem como as futuras gerações humanas em impactos de grande magnitude. O referido estudo apresenta, diante do progresso científico recente, um aumento de confiança na relação de como o aumento global da temperatura afeta os padrões de precipitação, ondas de calor extremo, ciclo hidrológico, recuo das geleiras no oceano, redução das colheitas, branqueamento dos corais e aumento do nível dos oceanos.[8] O estudo, finalmente, apresenta a relação entre a elevação da temperatura (analisando modelos de elevação da temperatura em cada grau centígrado[9]) e a respectiva intensificação dos eventos climáticos extremos tais como furacões, temperaturas extremas, chuvas estremas, derretimento das geleiras e neve, aumento do nível dos oceanos, queda na produtividade agrícola, incêndios, infraestrutura, serviços ecossistêmicos, entre outros.[10] Apesar do referido estudo ter por objeto os impactos regionais dos efeitos das mudanças climáticas, limitando o foco de abrangência do estudo ao território norte-americano, este serve de relevante base para a análise do papel das mudanças climáticas na intensificação na ocorrência de desastres desencadeados ou potencializados por eventos climáticos extremos.

Na verdade, tais estudos acabam por aprofundar e confirmar o relatório do *Intergorvernmental Panel on Climate Change 2007*, cujo conteúdo final afirma ser *muito provável* ("very likely", de 90-100%) o aumento dos impactos decorrentes das mudanças climáticas, em razão do aumento de frequência e da intensidade de alguns eventos climáticos extremos, aonde recentes eventos têm demonstrado que a vulnerabilidade de alguns setores e regiões, incluindo países desenvolvidos, em relação a ondas de calor,

---

[6] Gráfico acerca das tendências em desastres naturais de acordo com EM–DAT: The OFDA/CRED International Disaster Database – www.emdat.be – Université Catholique de Louvain, Brussels – Belgium. Disponível em: http://www.emdat.be/natural-disasters-trends, acesso em 04.04.2013.

[7] NATIONAL RESEARCH COUNCIL. Climate Stabilization Targets: Emissions, Concentrations, and Impacts over Decade to Millennia. Washington, DC: National Academies Press, 2011.

[8] Idem, ibidem. p. 15.

[9] O referido apresenta modelos e análises acerca das prováveis consequências em curto, médio e longo prazo em decorrência de aumento da temperatura do planeta, em cenários diversos que abarcam um acréscimo de 1 a 5 graus Celsius. Cabe observar, neste sentido, que, apesar de 5 centigrados não parecer muito, esta equivaleria "a uma mudança das temperaturas médias da última era do gelo aos tempos atuais", sendo, esta elevação, um evento "realmente muito perigoso." (STERN, Nicholas. *The Economics of Climate Change: The Stern Review*. Cambridge: Cambridge University Press, 2008. p. xvi).

[10] Idem, ibidem. p. 118-233.

ciclones tropicais, enchentes e secas, fornecem razões mais contundentes para preocupação.[11]

As perdas econômicas e de valores segurados decorrentes de grandes catástrofes naturais – tais como furacões, terremotos e inundações – também têm sofrido significativo incremento em escala mundial nos anos recentes. Uma comparação destas perdas econômicas revela um enorme crescimento: US$ 53.6 bilhões (1950-1959), US$ 93.3 bilhões (1960-1969), US$ 161.7 bilhões (1970-1979), US$ 262.9 bilhões (1980-1989) e US$ 778.3 bilhões (1990-1999). Entre 2000 e 2008, as perdas totalizaram US$ 620.6 bilhões, principalmente como um resultado das temporadas de furacões em 2004, 2005 e 2008 que repercutiram em níveis históricos de destruição.[12]

Tais cenários acompanham previsão realizada pelo *Intergorvernmental Panel on Climate Change – IPCC –*, ao confirmar ser *muito provável* ("very likely", o que, em outras tintas, consiste em uma probabilidade de 90-100%) que calores extremos, ondas de calor e precipitações intensas se tornarão mais frequentes.[13]

Deve-se fazer a advertência acerca da atual impossibilidade de descrições causais, lineares e conclusivas acerca dos fatores de contribuição para as recentes intensificações dos desastres, contudo alguns elementos parecem dignos de destaque e de confiabilidade científica. Neste sentido, muito deste incremento dos registros de ocorrência de desastres tem relação (sinergética e cumulativa) com o aumento do acesso à informação (registro e disseminação) bem como crescimento populacional (particularmente relevante uma vez que o crescimento mais significativo se dá em zonas costeiras e acréscimo de capital em áreas de risco). Não obstante as persistentes incertezas científicas,[14] as mudanças climáticas (*i*) parecem exercer um destacado papel neste cenário, juntamente com outros fatores de amplificação dos riscos e custos de desastres, tais como (*ii*) as condições econômicas modernas; (*iii*) o crescimento populacional e a tendência demográfica; (*iv*) as decisões acerca da ocupação do solo; (*v*) a infraestrutura verde e construída.[15]

[11] INTERGOVERNMENTAL PANEL ON CLIMATE CHANGE – IPCC. *Climate Change 2007: Synthesis Report*. p. 72. Disponível em http://www.ipcc.ch/. Acesso em 11.04.2013.

[12] MUNICH RE. *Topics Geo: Catastrophes 2008*. Munich: Munich Re. Disponível em http://www.munichre.com/publications/302-06022_en.pdf. Acessado em 14.12.2009. Acerca de reflexões acerca destes dados ver: KRUNREUTHER, Howard C.; MICHEL-KERJAN, Erwann O..Market and Government Failure in Insuring and Mitigating Natural Catastrophes: How Long-Term Contracts Can Help. In: William Kern (editor). *The Economics of Natural and Unnatural Disasters*. Michigan: W.E. Upjohn Institute for Employment Research, 2010. p. 12-20.

[13] INTERGOVERNMENTAL PANEL ON CLIMATE CHANGE – IPCC. *Climate Change 2007: Synthesis Report*. p. 46. Disponível em http://www.ipcc.ch/. Acesso em 11.04.2013.

[14] Disponível em http://www.grida.no/graphicslib/detail/trends-in-natural-disasters_a899, acesso em 21.03.2013.

[15] Acerca dos fatores de amplificação dos riscos e custos de desastres, ver: FARBER, Daniel *et al. Disaster Law and Policy*. p. 09-73; CARVALHO, Délton Winter de; DAMACENA, Fernanda Dalla Libera. *Direito dos Desastres*. Porto Alegre: Livraria do Advogado, 2013.

Apesar da existência de significativas dúvidas científicas, parece cada vez mais claro que as mudanças climáticas apresentam um grau considerável na intensificação destes eventos (climáticos extremos) e suas consequências nas últimas décadas. Atualmente, tem-se por *inequívoco*[16] o aquecimento do sistema climático, sendo este evidenciado a partir do aumento da média global das temperaturas do ar e do oceano, derretimento de neve generalizado e aumento do nível do mar.

Em conformidade com o *Relatório Especial do Painel Intergovernamental para Mudanças Climáticas de 2012*, há *evidência* que alguns eventos extremos têm apresentado alterações em decorrência de influência antropogênica, incluindo o aumento das concentrações atmosféricas de gases do efeito estufa (*greenhouse gases*), sendo provável (*likely*, isto é, uma probabilidade 66-100%) que influências antropogênicas têm levado ao aquecimento da temperatura extrema diária mínima e máxima em escala global. Ainda, há confiança média (*medium confidence*) que tais influências têm contribuído para a intensificação de precipitação extrema em escala global.[17]

As mudanças climáticas exacerbam as vulnerabilidades existentes nos países em desenvolvimento, sendo que ambos os custos econômicos dos desastres naturais e sua frequência têm crescido dramaticamente recentemente. Apesar das perdas econômicas serem maiores nos países desenvolvidos, são nos países em desenvolvimento aonde há maior mortandade em decorrência de desastres recentes (96% de todas as mortes relacionadas a desastres), e estes atingem um maior percentual do produto interno bruto.[18] Diante desta circunstância, os desastres exacerbam ainda mais a vulnerabilidade e comprometem ainda mais as sensíveis condições econômicas e potenciais de desenvolvimento destes países e comunidades. As experiências atuais acerca de eventos climáticos extremos são capazes de demonstrar quão devastadoras podem ser secas e inundações, aumentando a pobreza em comunidades e países já vulneráveis.[19]

Ciente desta relação em que as mudanças climáticas exacerbam a ocorrência de desastres, muitas vezes denominados *naturais*, a Lei n. 12.608/12 estabelece que a Política Nacional de Proteção e Defesa Civil – PNPDEC – deve integrar-se a Políticas Nacionais de Mudanças Climáticas.[20]

---

[16] INTERGOVERNMENTAL PANEL ON CLIMATE CHANGE – IPCC. *Climate Change 2007: Synthesis Report*. p. 30. Disponível em http://www.ipcc.ch/. Acesso em 11.04.2013.

[17] SPECIAL REPORT OF THE INTERGOVERNMENTAL PANEL ON CLIMATE CHANGE – IPCC. *Managing the risks of extreme events and disasters to advance climate change adaptation*. Cambridge: Cambridge University Press, 2012. p. 7-9.

[18] STERN, Nicholas. *The Economics of Climate Change: The Stern Review*. Cambridge: Cambridge University Press, 2008. p. 114.

[19] Idem, ibidem. p. 115-118.

[20] Art. 3, da Lei n. 12.608/12. "Art. 3. A PNPDEC abrange as ações de prevenção, preparação, resposta e recuperação voltadas à proteção e defesa civil. Parágrafo único: A PNPDEC deve integrar-se às políticas de ordenamento territorial, desenvolvimento urbano, saúde, meio ambiente, mudanças

Num processo circular de retroalimentação, há, ainda, *alta confiança* de que as mudanças climáticas irão impor maiores desafios para a gestão dos riscos catastróficos, dificultando a avaliação, comunicação e gerenciamento destes riscos.[21]

As mudanças climáticas, como um multiplicador de riscos (muitas vezes já existentes, porém potencializados pelas consequências de um planeta mais quente), tendem a desestabilizar não apenas o meio ambiente, mas as próprias estruturas sociais, com maior pressão sobre os recursos naturais (tais como água, energia, solo, etc.) e entre grupos (comunidades, países, regiões, etc.) em disputa por estes. Portanto, a sensitividade climática tende a exercer uma maior pressão no que diz respeito aos chamados desastres "naturais", contudo, estes também podem exercer maior desestabilidade em relações sociais, também intensificando as possibilidades de incremento de desastres antropogênicos. Assim, a ocorrência dos desastres e seu recente incremento têm relação com um padrão cumulativo de exposição,[22] vulnerabilidade[23] e eventos climáticos.[24] Ou seja, os desastres decorrem da combinação de *fatores físicos* e *sociais*, repercutindo em eventos de dimensão suficientemente graves, atingindo vidas humanas, propriedades, serviços e recursos ambientais.

2. Uma análise da litigância climática: limites e potencialidades

Em nível de tendências contemporâneas, a *litigância climática* (*climate change litigation*) consiste num ramo em plena efervescência, sobretudo

---

climáticas, gestão de recursos hídricos, geologia, infraestrutura, educação, ciência e tecnologia e às demais políticas setoriais, tendo em vista a promoção do desenvolvimento sustentável."

[21] SPECIAL REPORT OF THE INTERGOVERNMENTAL PANEL ON CLIMATE CHANGE – IPCC. *Managing the risks of extreme events and disasters to advance climate change adaptation.* Cambridge: Cambridge University Press, 2012. p. 27.

[22] *Exposição* consiste na presença (localização) de pessoas, meios de subsistência, serviços e recursos ambientais, infraestrutura, ou ativos econômicos, sociais ou culturais, em locais que possam ser afetados de maneira adversa por eventos físicos, sendo, por tanto, sujeitos a danos futuros potenciais, perdas ou danos." Esta definição, utilizada pelo SPECIAL REPORT OF THE INTERGOVERNMENTAL PANEL ON CLIMATE CHANGE – IPCC. (*Managing the risks of extreme events and disasters to advance climate change adaptation.* Cambridge: Cambridge University Press, 2012. p. 32) abrange sistemas físicos e biológicos sob o conceito de serviços e recursos ambientais.

[23] Já a vulnerabilidade consiste, genericamente, na propensão e predisposição de ser afetado de forma adversa. Esta predisposição constitui uma característica interna do elemento atingido, afetando a sua capacidade de antecipação, em lidar com, em resistir e se recuperar dos efeitos adversos de um evento físico. A vulnerabilidade é o resultado de diversas condições e processos históricos, sociais, econômicos, políticos, culturais, institucionais, e ambientais. SPECIAL REPORT OF THE INTERGOVERNMENTAL PANEL ON CLIMATE CHANGE – IPCC. *Managing the risks of extreme events and disasters to advance climate change adaptation.* Cambridge: Cambridge University Press, 2012. p. 32. Acerca do tema ver ainda: CUTTER, Susan L.. *Hazards, Vulnerability and Environmental Justice.* London: Earthscan, 2006.

[24] Neste sentido ver: SPECIAL REPORT OF THE INTERGOVERNMENTAL PANEL ON CLIMATE CHANGE – IPCC. *Managing the risks of extreme events and disasters to advance climate change adaptation.* Cambridge: Cambridge University Press, 2012.

nos Estados Unidos, também tendo casos na Austrália. No contexto norte-americano, há uma já destacada e crescente litigância nos tribunais no que concerne conflitos decorrentes dos efeitos adversos das mudanças climáticas. Em contraste, a litigância climática fora dos cenários judiciais americano e australiano tem sido pouco conhecida, ganhando bem menos atenção da pesquisa jurídica e prática judiciária.

Neste sentido, há um número muito maior de demandas judiciais em matéria climática nos Estados Unidos do que em todos os demais países do planeta juntos. Ao final de 2013, mais de 420 casos judiciais climáticos foram julgados apenas naquele país, enquanto o total de casos no resto do mundo foi de 173.[25] O segundo país com maior número de casos é a Austrália, sendo que neste cenário as disputas são dominadas por casos que versam sobre a necessidade de imposição de avaliações de impactos de projetos no que diz respeito às emissões de gases do efeito estufa de suas atividades; impactos que o aumento do nível do mar e as consequências que outros eventos climáticos correlatos podem ter sobre projetos propostos aos órgãos ambientais.[26] No cenário australiano, os tribunais têm concordado que *emissões diretas* dos gases de efeito estufa devem ser levadas em consideração nos estudos de impacto ambiental, havendo divergência apenas no que respeita como as *emissões indiretas* devem estar condicionadas nas licenças ambientais. Já no contexto norte-americano, a litigância climática tem desenvolvido um papel-chave no desenvolvimento de um Direito das Mudanças Climáticas e uma Política Climática.[27]

Um dos casos mais emblemáticos tidos recentemente na Suprema Corte dos Estados Unidos foi o caso *Massachusetts v. E.P.A.*[28] Neste caso, a Suprema Corte entendeu pela legitimidade (*standing*) e procedência da alegação do Estado do Massachusetts contra a EPA – *Environmental Protection Agency* no sentido de esta estar falhando em responder às mudanças climáticas. Após uma demonstração científica dos prováveis prejuízos a serem sofridos pela zona costeira daquele Estado com a intensificação das mudanças climáticas, foi decidido pela necessidade de a Agência Federal realizar a inclusão da listagem dos gases do efeito estufa na regulação federal sob a égide do *Clean Air Act* ("Lei do Ar Limpo",

---

[25] GERRARD, Michael B. "Scale and Focus of Climate Change Litigation Outside of United States." New York Law Journal. v. 253, n° 47, March 12, 2015. Disponível em www.nylj.com. Acesso em 15.04.2015.

[26] Para acesso a um banco de dados atualizado sobre este tema, ver o Sabin Center for Climate Change Law da Universidade de Columbia, NY, EUA, disponível em http://web.law.columbia.edu/climatechange/non-us-climate-change-litigation-chart.

[27] GERRARD, Michael B. "Scale and Focus of Climate Change Litigation Outside of United States." New York Law Journal. v. 253, n° 47, March 12, 2015. Disponível em www.nylj.com. Acesso em 15.04.2015.

[28] 127 S.Ct. 1438 (2007).

legislação de controle das emissões atmosféricas dos Estados Unidos), exigindo uma ação regulatória. Este precedente tem sido visto como uma possível mudança na percepção judicial da legitimidade, dos riscos de danos catastróficos e da causalidade, fazendo menção expressa a um padrão de probabilidade.

Na falta de previsões cogentes no sentido de obrigar governos e corporações a reduzir emissões de gases do efeito estufa, as atenções de grupos de interesse, autoridades e indivíduos se voltam ao Judiciário e seus tribunais, a fim de obter compensações e penalizar governos e organizações, aos quais se credita terem contribuído para as mudanças climáticas.[29] O aquecimento global irá impactar negativamente diversos aspectos das necessidades humanas, tais como *i)* fornecimento de alimentos e água potável, *ii)* a fertilidade dos solos, *iii)* a sustentabilidade dos ecossistemas, isto sem falar *iv)* na elevação do nível dos oceanos, que terá o efeito de inundar as planícies e cidades ao passo que o aumento das tempestades e ondas de calor facilitarão a propagação de doenças e prejuízos. Ainda segundo o IPCC – Intergovernmental Panel on Climate Change *é provável o aumento da ocorrência de eventos climáticos extremos*, com a incidência de precipitações abruptas com maior frequência, aumento do nível do mar e diminuição da terra produtiva.[30]

Assim, a litigância, e em especial a climática, consiste em uma *forma de governança*, servindo de estímulos para alterar comportamentos das instituições públicas ou privadas, bem como a forma como as decisões são tomadas. Há, assim, uma orientação e estímulo comportamental a partir das ações judiciais, sendo elas bem-sucedidas ou não. A simples ocorrência de um fenômeno de litigância, muitas vezes, já é suficiente para provocar alterações nos comportamentos das instituições. Um bom exemplo consiste no encolhimento da indústria tabagista a partir do surgimento de um movimento de litigância para reparação de danos causados pelo fumo. Mesmo sem êxitos significativos, a plausibilidade de êxito em demandas futuras fez este segmento produzir uma série de mudanças estruturais, como, por exemplo, a diminuição de apelo e estímulo ao consumo.

A litigância climática promete desenvolver um importante papel em uma futura reforma ambiental. Primeiramente, as demandas jurisdicionais, bem-sucedidas ou não, tendem a focar a atenção pública em questões basilares pela exposição midiática, podendo exercer eficazmente influência nas políticas governamentais e corporativas. Ainda, tanto a litigância quanto a expectativa por futuras demandas podem gerar a necessidade

---

[29] SMITH, Joseph; SHEARMAN, David. *Climate Change Litigation: analyzing the law, scientific evidence & impacts on the environment, health & property*. Adelaide: Presidian Legal Publications, 2006. p. 3.

[30] INTERGOVERNMENTAL PANEL ON CLIMATE CHANGE – IPCC. *Climate Change 2007: Synthesis Report*. p. 30. Disponível em http://www.ipcc.ch/. Acesso em 11.04.2013.

de adoção de medidas para redução dos impactos destas atividades sobre as mudanças climáticas.

Um alto grau de incerteza quanto às medidas necessárias a serem adotadas pelo mercado para evitar possíveis responsabilizações futuras pode gerar um regime complexo e oneroso de "compliance". Tal cenário tende a forçar os governos nacionais, estimulados pelo *lobby* da própria indústria, a lidar com os riscos das mudanças climáticas por meio de legislação e outras formas de regulação. Face às incertezas da litigância climática e suas condenações, as próprias corporações podem exercer uma pressão para que os governos realizem uma normatização clara acerca do tema e dos níveis toleráveis de emissão com a finalidade de prover segurança jurídica para os negócios que tenham relação com as mudanças climáticas. Nota-se, assim, um efeito pedagógico da litigância, como elemento de governança ambiental em face das mudanças climáticas.

Essas ações emergentes, conhecidas como litigância climática (*climate change litigation*), vem levantando uma série de questões jurídicas e científicas altamente complexas, tendo como objetivos a busca por compensação por danos causados pelo aquecimento global e/ou o uso da litigância para prevenir ou reduzir tal fenômeno.[31] Essas demandas detêm duas características principais que as diferenciam das demandas tradicionais envolvendo danos e perdas (tais como aquelas decorrentes de danos ambientais e aqueles provocados por tabaco).

Em primeiro lugar, os fenômenos climáticos dizem respeito a cadeias causais significativamente mais longínquas e complexas, bem como os tipos de danos causados são consideravelmente mais espalhados e difusos.[32] As reflexões existentes no direito comparado já demonstram que as *demandas climáticas futuras terão por base a estrutura da responsabilidade civil extracontratual*, por violação a um dever de cuidado, por vício do produto, ou turbação à propriedade pública ou privada.[33]

Os potenciais autores em demandas climáticas tendem a se enquadrar em duas categorias de pretensões, aqueles que buscam compensação por danos decorrentes dos efeitos negativos do aquecimento global[34] ou aque-

---

[31] SMITH, Joseph; SHEARMAN, David. *Climate Change Litigation: analyzing the law, scientific evidence & impacts on the environment, health & property*. Adelaide: Presidian Legal Publications, 2006. p. 12.

[32] Idem, ibidem. p. 11.

[33] SALZMAN, James; HUNTER, David. "Negligence in the Air: the Duty of Care in Climate Change Litigation." *University of Pennsylvania Law Review*. v. 156, 2007. p. 101-154.

[34] Conforme Salzman e Hunter, os litigantes potenciais consistem naqueles que são vítimas dos efeitos das mudanças climáticas, tais como proprietaries de áreas atingidas pela elevação do oceano, pessoas afetadas por doenças relacionadas ao fenômeno, áreas da economia mais atingidas pelas mudanças no clima com perdas econômicas substanciais, o próprio poder publico em representação a interesses transindividuais afetados, tais como a saúde pública, por exemplo. Neste sentido, ver: SALZMAN, James; HUNTER, David. "Negligence in the Air: the Duty of Care in Climate Change Litigation." *University of Pennsylvania Law Review*. v. 156, 2007. p. 111-112.

les que, por meio do litígio, visam a prevenir ou reduzir o aquecimento global posterior.[35] Apesar das dificuldades de delimitar os potenciais autores na litigância climática, em razão da variedade de tipos de danos provavelmente ocasionados pelas mudanças climáticas, três perfis ganham especial destaque na condição de autores potenciais: i) os indivíduos, ii) os grupos de interesse e iii) os governos.[36]

No que diz respeito aos *indivíduos ou grupo de indivíduos*, a litigância climática terá relação com aqueles que tenham, pessoal e diretamente, sofrido danos decorrentes das mudanças climáticas, tais como problemas de saúde, perdas financeiras que afetem associações da indústria ou negócios atingidos, e proprietários em região costeira que tenham sido afetados pela elevação do nível do mar.

Os *grupos ambientalistas e mesmo outros grupos de interesse* já ajuizaram demandas climáticas bem-sucedidas, exercendo uma função de governança a partir da litigância. Neste sentido, mesmo que a demanda não seja diretamente exitosa, esta exerce uma pressão para adequação de setores da economia a padrões de legalidade, de sustentabilidade, de eficiência energética, entre outros. Há, assim, uma sensibilidade da indústria ao "risco da litigância", que tem o possível efeito de alterar comportamentos e padrões de decisão, com o escopo de evitar condenações e o incremento dos custos com litigiosidade.[37] A fim de evitar os riscos de aumento da litigância climática, cada vez mais iminente face ao incremento recente das informações referentes às mudanças climáticas, suas causas e efeitos, pode haver tanto uma pressão de regulamentação da matéria (dando maior segurança e previsibilidade ao setor produtivo) como uma tendência de adequação da indústria aos padrões de menor emissão de gases responsáveis pelo efeito estufa.[38]

Os governos devem ser proativos em trazer ações judiciais climáticas a fim de proteger a economia, saúde e outros interesses de seus cidadãos e residentes. Governos estaduais em nações federativas apresentam legitimidade para o ajuizamento de demandas contra o governo federal. Da mesma forma, governos nacionais de nações seriamente atingidas pelo aquecimento global, tais como ilhas ameaçadas pela elevação do nível dos oceanos, também são prováveis candidatos a entrarem na litigância climática na condição de autores destas.[39]

---

[35] SMITH, Joseph; SHEARMAN, David. *Climate Change Litigation: analyzing the law, scientific evidence & impacts on the environment, health & property*. Adelaide: Presidian Legal Publications, 2006. p. 14.

[36] Idem, ibidem. p. 14.

[37] SALZMAN, James; HUNTER, David. "Negligence in the Air: the Duty of Care in Climate Change Litigation." *University of Pennsylvania Law Review*. v. 156, 2007. p. 135.

[38] SMITH, Joseph; SHEARMAN, David. *Climate Change Litigation: analyzing the law, scientific evidence & impacts on the environment, health & property*. Adelaide: Presidian Legal Publications, 2006. p. 12.

[39] Idem, ibidem. p. 14-15.

3. Alguns precedentes importantes da litigância climática nas cortes norte-americanas

Estas questões emergentes já estão desencadeando uma série de litígios e decisões judiciais, com diversos casos dentre os quais merecem destaque: *i) Connecticut v. American Electric Power, ii) Comer v. Murphy Oil e iii) California v. General Motors Corp.*

Em *Connecticut v. American Electric Power*,[40] de 2004, oito estados e a cidade de Nova Iorque ajuizaram uma ação contra 5 grandes instalações de queima de combustíveis fósseis, sendo também as cinco maiores empresas emissoras de gases do efeito estufa nos Estados Unidos. Em síntese, a demanda apresenta seu foco nas mudanças climáticas e nos danos decorrentes das emissões dos réus (tidas em 650 milhões de toneladas de dióxido de carbono, aproximadamente 10% das emissões americanas de dióxido de carbono), tanto no presente quanto no futuro, decorrentes das mudanças climáticas. A Corte Distrital (*District Court*) extinguiu o processo entendendo se tratar de matéria não sujeita a análise pelo Judiciário (*nonjusticiable political question*). Em sede recursal, o Segundo Circuito do Tribunal de Apelações (*Secound Circuit Court of Appeals*) decidiu pela legitimidade dos autores e da demanda, sendo o recurso dos réus contra a decisão do *Secound Circuit Court of Appeals* aceito pela Suprema Corte Norte-Americana (*US Supreme Court*) para julgamento, estando pendente ainda de decisão.

Comer v. Murphy Oil[41] foi ajuizada em abril de 2006, por Ned Comer e outros treze indivíduos. Esta ação tem por objeto os danos sofridos pelos autores em razão do Furacão Katrina. Os réus consistem em 9 companhias petrolíferas, 31 empresas carvoeiras e 4 indústrias químicas, acusadas de, por meio de suas atividades, contribuir para as mudanças climáticas e, desta forma, para a intensidade do Furacão Katrina. Para os autores, a atividade dos réus colocou em risco o meio ambiente, a saúde pública e os interesses de propriedades públicas e privadas. Em primeira instância (*District Court*), a ação foi extinta por falta de legitimidade, em razão de esta corte ter considerado a matéria *nonjudiciable* (não judicializável), adotando a *teoria da matéria política* (*political question*). Em segunda instância (*Fifth Circuit Court of Appeals*), a matéria foi parcialmente revista, com posterior extinção da causa, tendo a Suprema Corte dos Estados Unidos (*US Supreme Court*) negado Mandado de Segurança. Os autores ajuizaram nova demanda (conhecida como Comer II), tendo esta sido novamente extinta.

---

[40] 406 F. Supp. 2d at 267.

[41] 585 F.3d 855, 879-80 (5th Cir. 2009). 607 F.3d 1049, 1053-55 (5th Cir. 2010), 43 ELR 20109, No. 12-60291, (5th Cir., 05/14/2013), In re Comer, 131 S. Ct. 902 (2011).

Também é o caso de *California v. General Motors Corp.*[42] Esta ação foi ajuizada em setembro de 2006, julgada improcedente (*nonjusticiable political question*) e aguarda julgamento de recurso de apelação pelo *Ninth Circuit Court of Appeals*. A ação foi movida contra a General Motors (GM) e outras 5 montadoras, sob a alegação de que as emissões provenientes dos veículos dos fabricados pelos réus contribuem em aproximadamente 9% das emissões mundiais de dióxido de carbono, 20% das emissões nos EUA e 30% das emissões da Califórnia. Assim, o estado americano da Califórnia alega que, em produzindo tais bens, os réus tinham ciência de sua contribuição para as mudanças climáticas, violando o *dever de não interferir desarrazoadamente no bem-estar público*. Interessante neste caso, é que a demanda ajuizada pelo Estado da Califórnia tem seu cerne argumentativo em uma série de exemplos de danos a serem sofridos pelo ente público e sua população em razão do aquecimento do clima. Estes, baseados em estudos científicos. Primeiro, o Estado Federado alega que terá que gastar grandes somas em estudos e mudanças infraestruturais no seu sistema de abastecimento de água, vez que a cobertura de neve da Sierra Nevada (fonte uma das principais fontes de abastecimento da água na Califórnia) tem encolhido de forma preocupante. Esta redução desencadeia probabilidades de aumento de inundações e interfere no sistema de abastecimento público de água. Portanto, prevenção a inundações e assegurar fornecimento de água exigirá investimentos substanciais do Ente Estatal. Ainda, com o aumento do nível do mar, esperam-se processos erosivos costeiros e aumento da salinização da baía do delta de Sacramento, exigindo grandes investimentos para proteção dos ecossistemas afetados e para o fornecimento de água. A presente ação alega, também, que as mudanças climáticas impactam no aumento de ondas de calor extremo, aumentando o risco de lesões e mortes. Finalmente, a demanda alega que dezenas de outros impactos irão ou já estão a ocorrer, com alto grau de segurança, incluindo-se entre estes o aumento do risco e intensificação de incêndios, prolongamento de ondas de calor, perda de humidade em razão do derretimento precoce de geleiras e impactos conexos em florestas e outros ecossistemas, e mudança na ecologia dos oceanos diante do aquecimento da água.

Estes casos consistem em demandas jurisdicionais que têm por objeto pedidos de responsabilização civil extracontratual por quebra de deveres de cuidado contra empresas cujas atividades teriam contribuído para as mudanças climáticas, com prejuízos e danos conexos a estas. Destas ações, apenas a *Comer v. Murphy Oil* está encerrada, pendendo as demais de decisão final. Contudo, nota-se que a estas demandas climáticas tem sido constantemente aplicada a extinção por falta de legitimidade dos autores por considerar a questão posta em juízo como matéria

---

[42] 2006 WL 2726547, C06-05755 (N.D. Cal.).

não afeta à competência do Judiciário, fazendo uso da teoria da questão política (*Theory of Political Question*). Para esta teoria, a matéria dependeria de maior orientação dos Poderes Executivo e Legislativo, para que o Judiciário pudesse criar um padrão decisional de culpabilidade para responsabilização. Não estando concluído o presente debate, as demandas, por si só, já demonstram uma *nova esfera de complexidade nos debates judiciais impostos pelas mudanças climáticas*, com relação aos desastres decorrentes destas e a possibilidade de responsabilização civil das atividades contributivas para sua ocorrência e intensificação.

Considerações conclusivas

As primeiras demandas jurisdicionais, situadas desde o final da década de 90, adquirem um relevo destacado. Mesmo que estas não apresentem resultados exitosos sob o ponto de vista de condenações, num primeiro momento, um objetivo-chave tem sido conquistado no sentido de "obter as fundações para uma litigância futura" acerca de tais questões, "com os casos subsequentes sendo construídos a partir dos argumentos jurídicos e provas científicas apresentadas nestes casos seminais".[43]

Assim, eventos e atividades em conexão com as mudanças climáticas passam a ter nas investigações e nas informações científicas já existentes a base para o devido conhecimento dos entes públicos e privados acerca tanto da contribuição de sua atividade bem como acerca dos riscos das mudanças climáticas. A omissão em tomar medidas para evitar catástrofes decorrentes destes prognósticos e destas informações, já comprovadas ou apresentadas pela ciência com algum grau de convicção, servem de fundamento para a responsabilização por omissão. Isto é especialmente relevante na relação entre desastres e mudanças climáticas e o papel do Estado em exercer seus deveres de proteção ambiental (o que no caso brasileiro é assegurado no § 1º do art. 225 da CF). Em síntese, *o aumento do conhecimento e das informações acerca dos fatores contribuintes e dos riscos conexos às mudanças climáticas* (fornecidos por estudos tais como o IPPC[44] e Stern Review, por exemplo) *fornecem dados dotados de credibilidade científica plenamente compatíveis com o padrão probatório judicial, sobretudo, no que concerne nexos causais, riscos e deveres de proteção.*[45]

---

[43] SMITH, Joseph; SHEARMAN, David. *Climate Change Litigation: analyzing the law, scientific evidence & impacts on the environment, health & property*. Adelaide: Presidian Legal Publications, 2006. p. 12.

[44] Como afirmam David Hunter e James Salzman: "A prática do IPCC de delimitar seus relatórios com probabilidades é também útil aos litigantes em casos envolvendo mudanças climáticas." ("The IPCC's practice of bounding its statements with probabilities is also helpful to litigants in climate change cases.") HUNTER, David; SALZMAN, James. "Negligence in the Air: The Duty of Care in Climate Change Litigation." *University of Pennsylvania Law Review*. v. 155, 2007. p. 122.

[45] FARBER, Daniel. "Tort Law in the Era of Climate Change, Katrina, and 9/11: Exploring Liability for Extraordinary Risks." *Valparaíso University Law Review*. v. 43. 2009; HUNTER, David; SALZMAN,

Apesar de a litigância climática não se limitar à responsabilidade civil, este parece trazer intensas inovações ao instituto, tais como o *tratamento de danos massivos*,[46] *teoria das probabilidades em termos de nexo de causalidade*,[47] *utilização de estudos científicos como prova indiciária*,[48] entre outros. Estas demandas apresentam a questão de quem deve ser onerado e custear os danos, a mitigação e a necessária adaptação às mudanças climáticas.[49]

Quanto ao nexo causal, a litigância climática atribui profunda importância às informações científicas existentes (hipóteses cientificamente ponderáveis, convicções científicas, etc.). Neste sentido, ganha destaque a *Teoria das Probabilidades*, como teoria sensível às necessidades jurídico-probatórias bem como à complexidade científico-ambiental. Há, assim, a atribuição de profunda relevância jurídica para as prováveis consequências decorrentes de determinadas atividades, atenuando a carga probatória necessária para caracterização da causalidade jurídica.

O *distanciamento geográfico* entre atividades e os resultados lesivos, cada vez mais intensos na atual geração de problemas ambientais, também parece ser uma característica exacerbada pela litigância climática, vez que em muitos casos as consequências se apresentam em um raio de abrangência maior. As dimensões difusas das mudanças climáticas e dos diversos tipos desastres ambientais impõem a reconfiguração das tradicionais noções de tempo e espaço, sendo passível a demonstração do nexo causal sempre que houver a condição de demonstrar a *previsibilidade* e *causa determinante*.[50]

Não obstante o evidente potencial da litigância climática e seus possíveis aspectos positivos, esta encontra verdadeiros desafios, uma vez que as estruturas normativas, sobretudo em relação à responsabilidade civil e à imposição de adoção de políticas para o assunto pela via judiciária,

---

James. "Negligence in the Air: The Duty of Care in Climate Change Litigation." *University of Pennsylvania Law Review*. v. 155, 2007.

[46] FARBER, Daniel. "Tort Law in the Era of Climate Change, Katrina, and 9/11: Exploring Liability for Extraordinary Risks." *Valparaíso University Law Review*. v. 43. 2009; HUNTER, David; SALZMAN, James. "Negligence in the Air: The Duty of Care in Climate Change Litigation." *University of Pennsylvania Law Review*. v. 155, 2007; THIBIERGE, Catherine. *Libres propos sur l'évolution de la responsabilité civile* (vers un élargissement de la fonction de La responsabilité civile?), *Revue Trimestrielle de Droit Civil*, n. 3, juillet-septembre, 1999.

[47] SMITH, Joseph; SHEARMAN, David. *Climate Change Litigation: Analysing the law, scientific evidence & impacts on the environment, health & property*. Adelaide: Presidian, 2006. p. 01-29; CARVALHO, Délton Winter de. Dano Ambiental Futuro: a responsabilização civil pelo risco ambiental. 2ªed. Porto Alegre: Livraria do Advogado, 201. p. 157-163.

[48] BRADFORD, Mank. "Standing and Statistical Persons: a Risk-Based Approach to Standing." *Faculty Articles and Other Publications. Paper 127*. University of Cincinnati College of Law Scholarship and Publications. University of Cincinnati College of Law, 2009.

[49] GROSSMAN, David A.. "Warming Up to a Not-So-Radical Idea: Tort-Based Climate Change Litigation." *Columbia Journal of Environmental Law* , 28, 1, 2003. p. 03.

[50] VERCHICK, Robert R. M.. Facing Catastrophe: Environmental Action for a Post-Katrina World. Cambridge: Harvard University Press, 2010. p. 92.

não foram concebidas para o tratamento de uma questão tão complexa e multifacetada quanto é a mudança climática. Da mesma forma, o sistema de responsabilização civil atribui a autoridade das decisões ao Judiciário, exigindo um aglutinamento das decisões para formar uma "política" climática num sistema descentralizado. Ainda, neste sentido, a falta de capacidade técnica e científica a serviço dos julgadores (motivo pelo qual o primeiro filtro para gestão dos riscos e decisões ambientais é atribuída aos órgãos administrativos ambientais) dificulta o cumprimento de tais atribuições pelas cortes judiciais.[51]

No cenário brasileiro, mostra-se um surgimento de litigância climática que, ainda bastante acanhado e limitado em suas ambições e objetos, parece desencadear uma intensificação das demandas de responsabilização civil do Estado por desastres naturais. Portanto, a reflexão sobre esta matéria, em seus novos rumos e potencialidades, promete expandir a litigância climática no país para rumos mais ambiciosos, na busca por uma *Boa Governança Climática* e a adequada *gestão dos desastres ambientais*.

---

[51] POSNER, Eric A.; WEISBACH, David. *Climate Change Justice*. New Jersey: Priceton University Press, 2010. p. 70.

— V —

Direitos territoriais indígenas e prevenção de atrocidades no Brasil: o papel do Supremo Tribunal Federal discutido em *Amicus Curiae*

FERNANDA FRIZZO BRAGATO[1]

Sumário: 1. Introdução; 2. Relato dos casos: Recurso Ordinário em Mandado de Segurança nº 29.087 (Terra Indígena Guyraroká) e Recurso Extraordinário com Agravo nº 803.462 (Terra Indígena Limão Verde); 3. Argumentos suscitados em *Amicus Curiae*; 3.a. Devido processo legal: autodeterminação e consulta; 3.b. Devido processo legal: Direito à diferença; 4. A Responsabilidade de Proteger (R2P) assumida pelo Estado brasileiro e os fatores de risco para crime de atrocidade; 5. Conclusões da peça de *Amicus Curiae*.

1. Introdução

Este artigo consiste em um relato sobre os resultados parciais obtidos durante a realização do projeto de pesquisa intitulado "Direitos territoriais indígenas e prevenção de atrocidades no Brasil", registrado na Unidade de Pós-Graduação da Unisinos sob o nº 13504 e em execução desde julho/2015. O objetivo geral do projeto é analisar a relação entre a privação de direitos territoriais aos povos indígenas pelo Poder Judiciário brasileiro, a configuração de risco para crimes de atrocidade e a consequente violação, pelo Estado brasileiro, da responsabilidade de proteger (R2P) suas populações vulneráveis, especialmente na dimensão protetiva. Trata-se de projeto realizado em parceria com a *Cardozo Law Human Rights and Atrocity Prevention Clinic*, sob coordenação da Profa. Dra. Jocelyn Getgen Kestenbaum, e que, na primeira etapa de sua realização, também contou com a colaboração da Clínica de Direitos Humanos da Uniritter, sob a coordenação dos Profs. Drs. Paulo Gilberto Cogo Leivas, Roger Raupp Rios e Gilberto Schäfer.

Nesta primeira etapa, as três instituições elaboraram, em conjunto, duas peças processuais na condição de *Amici Curiae* e apresentaram-nas,

---
[1] Doutora em Direito.

em dezembro/2015 e janeiro/2016, ao Supremo Tribunal Federal, em dois processos que tratam de anulação de demarcação de terras indígenas, a saber: terra indígena Guyraroká, do povo Guarani Kaiowá, e terra indígena Limão Verde, do povo Terena, ambas situadas no Estado do Mato Grosso do Sul (Recurso Ordinário em Mandado de Segurança n° 29.087 e Recurso Extraordinário com Agravo n° 803.462, respectivamente). Para viabilizar a propositura da peça, contou-se com a parceria da associação civil sem fins lucrativos Terra de Direitos, entidade dotada de personalidade jurídica e com objetivos afins à proteção de direitos territoriais indígenas, já que o Supremo Tribunal Federal exige esta condição à entidade proponente. Para a elaboração da peça, foram realizados diversos encontros via *Skype* com a equipe americana composta, além da Profa. Kestenbaum, de duas discentes, Danielle Singer e Kerrijane Wennberg. Foram também realizadas diversas reuniões com a equipe de docentes e discentes da Clínica de Direitos Humanos da Uniritter, em Porto Alegre. Por fim, equipe formada pela Profa. Dra. Fernanda Frizzo Bragato e pelos mestrandos Pedro Bigolin Neto (Unisinos) e Íris Pereira Guedes (Uniritter) realizaram visita *in loco* às aldeias Limão Verde e Guyraroká, no Estado do Mato Grosso do Sul, no mês de novembro de 2015, com a colaboração logística do Conselho Indigenista Missionário (CIMI).

Neste artigo, apresentar-se-á um relato dos dois processos em que se discute a anulação das demarcações das terras indígenas Guyraroká e Limão Verde e os principais argumentos apresentados pelas instituições, na condição de *Amici Curiae*.

2. Relato dos casos: Recurso Ordinário em Mandado de Segurança n° 29.087 (Terra Indígena Guyraroká) e Recurso Extraordinário com Agravo n° 803.462 (Terra Indígena Limão Verde)

Em ambos os processos, os demandantes propõem a anulação dos processos administrativos que resultaram na demarcação das terras indígenas acima identificadas, ao argumento de que na data de 05/10/1988 os indígenas beneficiários já não estavam na posse das áreas reivindicadas. Os demandantes são ocupantes não índios das terras demarcadas e detentores dos respectivos títulos de propriedade. Ambos os processos encontram-se em fase avançada de julgamento, mas ainda não transitaram em julgado, como a seguir se verá. Porém, a decisão de intervir como *Amici Curiae* nestes processos deve-se ao fato de serem os primeiros casos em que o Supremo Tribunal Federal poderá consolidar a aplicação da chamada tese do marco temporal. A tese do marco temporal é uma criação jurisprudencial do Supremo Tribunal Federal consolidada no julgamento do caso Raposa Serra do Sol em 2012,[2] segundo a qual o direito a uma terra indígena só deve ser reconhecido nos casos em que a área se encontrava tradicionalmente ocupada na data da promulgação da Constituição (05/10/1988), a menos que se prove que os índios tenham sido impedidos de ocupá-la por "renitente esbulho", ou seja, porque o grupo foi expulso à força e comprovadamente tentou retornar à área e foi impedido. Estas decisões serão paradigmáticas para o futuro desfecho de casos de demarcação de terras indígenas no Brasil, já que existem inúmeros processos judiciais na mesma situação tramitando no Judiciário brasileiro.

No primeiro caso, o *Amicus Curiae* foi proposto após Embargos de Declaração opostos contra a decisão da Segunda Turma do STF em Embargos de Declaração que confirmou decisão majoritária de provimento ao recurso ordinário e concedeu a segurança para declarar a nulidade do processo administrativo de demarcação de terra indígena Guyraroká, bem como da Portaria n. 3.219, de 7.10.2009, do Ministro de Estado da Justiça, nos termos do voto do Ministro Gilmar Mendes, vencido o Ministro-Relator Ricardo Lewandowski, que negava provimento ao recurso.

A portaria nº 3.219/2009, do Ministro da Justiça, homologou proposta feita em processos administrativos instaurados pela FUNAI para identificação e delimitação da terra indígena Guyraroká e declarou a posse permanente do grupo indígena Guarani Kaiowá a uma área de aproximadamente 11.401ha na cidade de Caarapó/MS. O ato estabeleceu que a FUNAI realizasse a demarcação administrativa da terra indígena para posterior aprovação pelo Presidente da República, nos termos do art. 19, § 1º, do Decreto 1.775/96.

Dentro desta área, está situada a fazenda do impetrante do Mandado de Segurança, que buscou a revogação do ato governamental, alegando que a adquiriu legalmente em 1988. O título de propriedade deste imóvel está registrado no Registro de Imóveis local. De acordo com o laudo antropológico que deu suporte à identificação da terra indígena, a comunidade Guarani e Kaiowá está na área a ser demarcada desde os anos 1750-1760. Porém, nos anos de 1940 começaram a ser expulsos de suas terras por pressão dos fazendeiros que as adquiriram por conta de políticas governamentais que ignoraram a presença indígena na área. No entanto, a comunidade indígena permaneceu na área, trabalhando em fazendas, praticando os hábitos de seus antepassados e mantendo laços com a terra.

---

[2] BRASIL. Supremo Tribunal Federal. Petição nº 3.388/RR. Requerente: Augusto Affonso Botelho Neto. Requerido: União. Relator: Ministro Ayres Britto. Brasília, 19 de março de 2009. Disponível em: <http://redir.stf.jus.br/paginadorpub/paginador.jsp?docTP=AC&docID=612760>. Acesso em: 13 jan. 2015.

Com base em interpretação do laudo, a Segunda Turma do Supremo Tribunal Federal considerou que na data de 05/10/1988 os Guarani Kaiowá já não estavam na posse da área reivindicada, desconsiderando o fato de o relatório antropológico ter, também, informado que eles foram impedidos de ocupar regular e tradicionalmente suas terras. Com isso, anularam o processo administrativo de demarcação de TI Guyraroká, o que foi mantido após oposição de Embargos de Declaração.

A Comunidade Indígena Guyraroká ingressou incidentalmente no feito, requerendo a sua admissão como litisconsorte, já que a Súmula 631 do STF determina que em Mandado de Segurança a parte que tiver sua esfera jurídica afetada nos autos deve ser chamada para discutir a matéria. Porém, em nenhum momento, a comunidade indígena foi citada para se manifestar nos autos. A Comunidade Indígena Guyraroká, composta por mais de 500 pessoas, ocupa atualmente ínfimos 50 hectares da área tradicional Guyraroká e, caso a decisão de anular a demarcação de sua terra se confirme, será forçadamente despejada desta terra sem que, em momento algum, tenha sido ouvida no processo judicial do qual tal medida resultará.

O segundo caso refere-se à Ação Declaratória, em que o autor requereu a declaração de que as terras que compõem a Fazenda Santa Bárbara não são de ocupação indígena tradicional, pois não haveria qualquer traço de ocupação imemorial.

A ação foi julgada improcedente na origem, decisão contra a qual foi interposta Apelação ao Tribunal Regional Federal da 3ª Região. Em decisão contrária ao pleito do apelante, foram apresentados os seguintes argumentos: (a) "ainda que os índios tenham perdido a posse por longos anos, têm indiscutível direito de postular sua restituição, desde que ela decorra de tradicional (antiga, imemorial) ocupação" (fl. 2824); (b) "a perícia encontrou elementos materiais e imateriais que caracterizam a área como de ocupação Terena, desde período anterior ao requerimento/titulação dessas terras por particulares" (fl. 2830 – verso); (c) "restando comprovado, nos autos, o renitente esbulho praticado pelos não índios, inaplicável à espécie, o marco temporal aludido na PET 3388 e Súmula 650 do Supremo Tribunal Federal" (fl. 2832).

Contra referida decisão, o autor propôs Recurso Extraordinário, cujo seguimento foi negado pelo Tribunal Regional Federal da 3ª Região e posteriormente confirmado pelo Supremo Tribunal Federal. Todavia, em sede de Agravo Regimental ao Recurso Extraordinário com Agravo, a Segunda Turma do STF reviu seu posicionamento para considerar a inexistência de ocupação da Fazenda Santa Bárbara em 1988 e a não configuração do esbulho renitente, embora o conjunto probatório aponte para diversas estratégias de provocação dos poderes públicos por parte dos índios Terena, em que pesem as dificuldades impostas pelo Estado brasileiro à sua organização e capacidade civil e processual. Contra a decisão, foram opostos Embargos de Divergência, pela Procuradoria-Geral da República, e Embargos Declaratórios, pela Funai. Além disso, a Comunidade Terena solicitou ingresso em 18 de março de 2015, sendo o pedido indeferido em 27 de abril de 2015 pelo Ministro-Relator Teori Zavascki sob o argumento de que a comunidade não tem legitimidade para pleitear o reconhecimento de nulidade no processo. Referida decisão é objeto de embargos declaratórios ainda não julgados.

A Comunidade Indígena Terena, composta por mais de 1.300 pessoas, habita a terra indígena Limão Verde, já homologada e registrada no Cartório de Registro de Imóveis e na Secretaria de Patrimônio da União. Caso a decisão de anular a demarcação desta terra se confirme, a exemplo do caso anterior, a comunidade também será forçadamente despejada de sua terra a despeito de lhe ter sido oportunizado falar nos autos do processo judicial do qual tal medida resultará.

3. Argumentos suscitados em *Amicus Curiae*

Considerando-se que no caso da terra indígena Guyraroká, o processo já se encontrava em estágio bastante avançado, os *Amici Curiae* limitaram-se a discutir apenas o direito da comunidade de ser admitida como parte no processo, já que é a única matéria que ainda tem possibilidade de discussão pela Segunda Turma, conforme provocação da própria comunidade. De qualquer forma, se acatado o pedido da comunidade, existe a possibilidade de se declararem nulos os atos praticados para permitir a ampla defesa desde a origem. No caso da terra indígena Limão Verde, o processo encontra-se em fase de julgamento de Embargos Declaratórios, que atualmente está suspenso em face de pedido de visto do Min. Dias Toffoli, de modo que ainda se podem discutir amplamente outras supostas violações, como é o caso da aplicação da tese do marco temporal sem ampla discussão do esbulho renitente.

No caso Guyraroká, discute-se se a decisão embargada fere os seguintes dispositivos legais: arts. 5º, XXXV e LV, e 232 da Constituição Brasileira de 1988; arts. 8º e 25 da Convenção Americana de Direitos Humanos;[3] arts. 1º, 2º e 14 do Pacto Internacional de Direitos Civis e Políticos da ONU;[4] art. 1º do Pacto Internacional de Direitos Econômicos,

---

[3] Assinada em 22 de novembro de 1969, com entrada em vigor 18 de julho de 1978. Ratificada pelo Brasil e promulgada pelo Decreto nº 678, de 6 de novembro de 1992.

[4] Adotado na XXI Sessão da Assembleia Geral das Nações Unidas, em 19 de dezembro de 1966. Promulgado pelo Brasil através do Decreto nº 592, de 6 de julho de 1992.

Sociais e Culturais da ONU;[5] arts. 6º e 12 da Convenção nº 169, da OIT (Organização Internacional do Trabalho);[6] e arts. 3º, 4º, 10 e 40 da Declaração dos Direitos dos Povos Indígenas da ONU;[7] responsabilidade primária do Estado brasileiro de proteger suas populações contra crimes de atrocidade, conforme será demonstrado.

No caso Limão Verde, discute-se a decisão do STF, ao não reconhecer a configuração do esbulho renitente, viola o direito ao devido processo legal, na medida em que: (a) não admite a Comunidade Indígena Terena como parte nos autos do processo e, com isso, não reconhece o direito à autodeterminação dos povos e à consulta, garantidos nos seguintes dispositivos legais: arts. 5º, XXXV e LV, e 232 da Constituição Brasileira de 1988; arts. 8º e 25 da Convenção Americana de Direitos Humanos; arts. 1º, 2º e 14 do Pacto Internacional de Direitos Civis e Políticos da ONU; art. 1º do Pacto Internacional de Direitos Econômicos, Sociais e Culturais da ONU; arts. 6º e 12 da Convenção nº 169 da OIT (Organização Internacional do Trabalho); e arts. 3º, 4º, 10 e 40 da Declaração dos Direitos dos Povos Indígenas da ONU; (b) não atenta para as formas peculiares de organização sociopolítica e de relação dos povos indígenas com o Estado e, com isso, não reconhece o direito à diferença, garantidos nos respectivos dispositivos legais: arts. 2º, 3º e 14 do Pacto Internacional de Direitos Civis e Políticos da ONU; art. 40 da Declaração dos Direitos dos Povos Indígenas da ONU e art. 231, *caput*, da Constituição de 1988; arts. 5º e 8º da Convenção nº 169 da OIT; arts. 11, 12, 13 e 34 da Declaração das Nações Unidas sobre os direitos dos povos indígenas; (c) por fim, viola a responsabilidade primária do Estado brasileiro de proteger suas populações contra crimes de atrocidade, conforme será demonstrado.

As *Amici* submeteram os manuscritos com o intuito de apresentar argumentos de direito constitucional e, especialmente, internacional que dão suporte às teses das Comunidades Indígenas de que as decisões violam direitos que lhe assistem e que foram assumidos pela República Federativa do Brasil em sede constitucional e internacional.

Ademais, os *Amici* sustentam que as decisões, ao infringir direitos claramente previstos de grupos extremamente vulneráveis, como é o caso de povos indígenas, somam-se ao contexto de fatores de risco para a ocorrência de crimes de atrocidade em curso em nosso país, conforme defini-

---

[5] Adotado na XXI Sessão da Assembleia Geral das Nações Unidas, em 19 de dezembro de 1966. Promulgado pelo Brasil através do Decreto nº 591, de 6 de julho de 1992.

[6] Adotada em Genebra, em 27 de junho de 1989. Promulgada pelo Brasil através do Decreto nº 5.051, de 19 de abril de 2004.

[7] Aprovada pela Assembleia Geral das Nações Unidas em 13 de setembro de 2007, em Nova Iorque. Subscrita pela Brasil.

do pelas Nações Unidas no *"Framework of Analysis for Atrocity Crimes: a tool for prevention"*.[8]

3.a. Devido processo legal: autodeterminação e consulta

Em relação ao direito ao devido processo legal, alegou-se basicamente que em casos de aplicação do marco temporal para negar o direito das comunidades indígenas à terra, é imprescindível que a discussão sobre o esbulho renitente – única hipótese que excetua a sua aplicação – seja amplamente realizada nos autos de um processo judicial. Isso requer a participação das comunidades indígenas, a consideração de que, antes de 1988, os índios não tinham capacidade civil plena e eram tutelados, o fato de que o Brasil vivia sob regime autoritário que, segundo o Relatório da Comissão Nacional da Verdade, vitimou e subjugou grande parte dos indígenas brasileiros[9] e, por fim, de que as formas diferenciadas de organização sociopolítica dos povos indígenas devem ser consideradas na apreciação das provas judiciais, em respeito ao direito à diferença.

O direito de tomar parte em um processo judicial que diga respeito diretamente aos interesses do afetado pela decisão é assegurado a toda e qualquer pessoa ou grupo e, no caso dos povos indígenas, tem especial amparo no direito à autodeterminação e no direito à consulta.

De acordo com o art. 232 da Constituição brasileira, "Os índios, suas comunidades e organizações são partes legítimas para ingressar em juízo em defesa de seus direitos e interesses, intervindo o Ministério Público em todos os atos do processo". O art. 12 da Convenção 169 da OIT prescreve este direito nos mesmos moldes, a saber: "Os povos interessados deverão ser protegidos contra a violação de seus direitos e deverão poder mover ações legais, individualmente ou por meio de seus órgãos representativos, para garantir a proteção efetiva de tais direitos. Medidas deverão ser tomadas para garantir que os membros desses povos possam compreender e se fazer compreender em processos legais, disponibilizando-se para esse fim, se necessário, intérpretes ou outros meios eficazes". Da mesma forma, é o teor do art. 40 da Declaração dos Direitos dos Povos Indígenas da ONU de 2007: "Os povos indígenas têm direito a procedimentos justos e equitativos para a solução de controvérsias com os Estados ou outras partes e a uma decisão rápida sobre essas controvérsias, assim como a

---

[8] UNITED NATIONS. Framework of Analysis for Atrocity Crimes: A tool for prevention. 2004. Disponível em: <http://www.un.org/en/preventgenocide/adviser/pdf/framework%20of%20analysis%20for%20atrocity%20crimes_en.pdf> Acesso em: 26.nov.2015.

[9] BRASIL. Comissão Nacional da Verdade. Relatório. Vol. 1. Brasília: CNV, 2014. Sobre as violações dos direitos humanos dos povos indígenas, documento disponível em: < http://www.socioambiental.org/sites/blog.socioambiental.org/files/blog/pdfs/capituloindigena_relatorio_final_cnv_volume_ii.pdf> Acesso em 22 dez. 2015.

recursos eficazes contra toda violação de seus direitos individuais e coletivos".

Todas essas disposições vêm albergadas pelos arts. 1º do PIDCP, 1º do PIDESC e 3º e 4º da Declaração dos Direitos dos Povos Indígenas da ONU, que garantem aos povos indígenas o direito à autodeterminação. A previsão inicial do direito à autodeterminação se encontra na Carta das Nações Unidas, que afirma que um dos propósitos da ONU é desenvolver relações amistosas entre as nações, baseadas, dentre outros direitos, no direito de autodeterminação.[10] Assim, a autodeterminação foi concebida como um princípio de direito internacional consuetudinário dotado de *ius cogens*, isto é, trata-se de norma imperativa.[11] Após seu desenvolvimento, o conceito passou de um caráter estatista, no sentido de referir-se somente à autonomia e soberania territorial de Estados, a um direito de todos os povos, incluindo os povos indígenas, outras comunidades tradicionais e minorias étnicas internas, que não necessariamente almejam separação territorial do Estado em que se encontram.

Logo, a Constituição e os documentos internacionais ratificados fizeram cessar o regime tutelar estabelecido pela Lei nº 5371, de 5.12.1967 (Estatuto do Índio), de modo que nenhum órgão governamental responde pelos interesses dos povos indígenas a não ser eles mesmos, sobretudo quando manifestam desejo e interesse de fazê-lo. Ou seja, os indígenas têm capacidade civil plena e legitimidade processual plenamente asseguradas.

Não bastasse isso, os povos indígenas têm garantido o direito de consulta previsto no art. 6º da Convenção 169, da OIT, nos seguintes termos: "consultar os povos interessados, por meio de procedimentos adequados e, em particular, de suas instituições representativas, sempre que sejam previstas medidas legislativas ou administrativas suscetíveis de afetá-los diretamente". Portanto, se qualquer medida que afete diretamente os povos indígenas deve ser objeto de consulta, com mais razão deve-lhes ser assegurada a participação em processos judiciais em que se discute justamente a privação de suas terras, condição essencial para a preservação e a integridade física e cultural das comunidades indígenas.

Para os povos indígenas, o significado de território – do qual a terra é a base material – não é entendido como na cultura ocidental do homem branco: ele tem valor espiritual e é onde se desenvolvem todas as formas de vida. "Território, portanto, é o conjunto de seres, espíritos, bens, valores, conhecimentos, tradições que garantem a possibilidade e o sentido da vida individual e coletiva".[12] As produções do que se entende por

---

[10] Carta das Nações Unidas, artigo 1º. Disponível em: http://www.planalto.gov.br/ccivil_03/decreto/1930-1949/d19841.htm. Acesso em: 01 de outubro de 2015.

[11] ANAYA, James. Los pueblos indígenas en el derecho internacional. Madrid: Trotta, 2005, p. 136.

[12] LUCIANO, Gersem José dos Santos. *O Índio Brasileiro: O que você precisa saber sobre os povos indígenas no Brasil de Hoje*. 1. ed. Brasília: MEC/SECAD MUSEU NACIONAL/UFRJ, 2006. v. 1, p. 101.

subjetividade, dentro da cultura indígena, se dão de forma indissociável da experiência com a terra que, "não é amorfa e destituída de alma como os urbanos a imaginam. Ela é algo vivo e pulsante".[13] Toda a relação com os líderes xamânicos, em torno dos quais se sustentam os vínculos de coletividade, se dá pelo compartilhamento dos modos de vida, trocas de saberes e interação com o conjunto de elementos naturais, e passa, necessariamente, pela dinâmica do ambiente, fortalecimento e integração com a região que habitam e que é orientada pelos xamãs. Assim, de maneira enfática e sintética: somente quando estão em seus territórios os indígenas encontram meios para sua sobrevivência, alcançando as condições dignas necessárias para o desenvolvimento de suas vidas.

Ademais, levando-se em consideração a importância da terra na cosmovisão indígena, na medida em que esta é inerente ao seu ser, a sua privação acarreta graves violações de direitos humanos. Neste mesmo sentido, o entendimento jurisprudencial[14] da Corte Interamericana de Direitos Humanos é de que quando as comunidades indígenas estão longe de suas terras, o direito à vida passa a ser ameaçado,[15] pois ficam expostas à pobreza e à vulnerabilidade extremas.

Por fim, alegou-se que a decisão, caso confirmada, implica também infringência ao art. 10 da Declaração dos Direitos dos Povos Indígenas da ONU[16] e, portanto, só poderia ser tomada após um adequado e justo processo em que, no mínimo, as comunidades indígenas tivessem garantida a oportunidade de exercer seu direito de ampla defesa e contraditório.

3.b. Devido processo legal: direito à diferença

Neste ponto, alegou-se que a ocupação indígena de determinada área e a resistência ao esbulho sofrido não podem ser aferidos sem se tomar em consideração as especificidades culturais que marcam o modo

---

[13] RODRIGUES, Renan Albuquerque. Sofrimento Mental de Indígenas na Amazônia. Disponível em: <www.periodicos.ufam.edu.br/index.php/relem/article/view/785/pdf>. Acesso em: 05 set. 2015, p.110.

[14] Caso da Comunidade Mayagna (Sumo) Awas Tingni VS Nicarágua, Caso da Comunidade Indígena YakyeAxa VS Paraguai, Caso Yatama VS Nicarágua, Caso do Povo Saramaka VS Suriname, Caso ChitayNech e outros VS Guatemala, Caso da Comunidade Indígena Xákmok Kásek VS Paraguai, Povo Indígena Kichwa de Sarayaku VS Equador. Jurisprudência da Corte Interamericana de Direitos Humanos. Secretaria Nacional de Justiça, Comissão de Anistia, Corte Interamericana de Direitos Humanos. Tradução da Corte Interamericana de Direitos Humanos. Brasília : Ministério da Justiça, 2014. Disponível em: <http://www.sdh.gov.br/assuntos/atuacao-internacional/sentencas-da-corte-interamericana/pdf/direitos-dos-povos-indigenas>.

[15] PIOVESAN, Flávia. Sistema Interamericano de Direitos Humanos:impacto transformador, diálogos jurisdicionais e os desafios da reforma. Disponível em: <http://cascavel.ufsm.br/revistas/ojs-2.2.2/index.php/REDESG/article/view/16282#.VfLs3xFVhHw>. Acesso em: 09 set. 2015.

[16] Artigo 10. Os povos indígenas não serão removidos à força de suas terras ou territórios. Nenhum traslado se realizará sem o consentimento livre, prévio e informado dos povos indígenas interessados e sem um acordo prévio sobre uma indenização justa e equitativa e, sempre que possível, com a opção do regresso.

de vida diferenciado dos povos indígenas. O marco normativo aplicável a estes povos garante-lhes o direito à diferença, ou seja, o direito de manter sua identidade cultural no interior de Estados-nação, cuja cultura majoritária é diferente da sua. Em se tratando de questões indígenas, é dever do julgador realizar uma interpretação conforme os usos e costumes, o que significa que suas demandas não podem ser analisadas e julgadas à luz do paradigma cultural dominante e incompatível com a "organização social, costumes, línguas, crenças e tradições" dos indígenas, como reconhecido pelo art. 231, *caput*, da Constituição de 1988.

O art. 5º da Convenção 169 preceitua que "(a) os valores e práticas sociais, culturais, religiosos e espirituais desses povos deverão ser reconhecidos e a natureza dos problemas que enfrentam, como grupo ou como indivíduo, deverá ser devidamente tomada em consideração, e (b) a integridade dos valores, práticas e instituições desses povos deverá ser respeitada". Na mesma linha, o art. 8º determina que "na aplicação da legislação nacional aos povos interessados, seus costumes ou leis consuetudinárias deverão ser levados na devida consideração".

Já o art. 34 da Declaração das Nações Unidas sobre os direitos dos povos indígenas reconhece que os "povos indígenas têm o direito de promover, desenvolver e manter suas estruturas institucionais e seus próprios costumes, espiritualidade, tradições, procedimentos, práticas e, quando existam, costumes ou sistema jurídicos, em conformidade com as normas internacionais de direitos humanos". Disposições concernentes à preservação da identidade cultural própria e diferenciada perpassa toda a estrutura de dita Declaração e consta expressamente de diversos dispositivos, como é o caso dos arts. 11, 12 e 13.

Em ambos os processos, entendeu-se que os indígenas não se encontravam ocupando as terras demarcadas em outubro de 1988. No caso Guyraroká, o Min.-Relator Gilmar Mendes entendeu que "laudo da FUNAI indica que, há mais de setenta anos, não existe comunidade indígena e, portanto, posse indígena na área contestada.". No caso Limão Verde, entendeu o Min.-Relator Teori Zavascki que "a última ocupação indígena na área objeto da presente demanda (Fazenda Santa Bárbara), deixou de existir desde, pelo menos, o ano de 1953, data em que os últimos índios teriam sido expulsos da região. Portanto, é certo que não havia ocupação indígena em outubro de 1988". Todavia, no primeiro caso, o laudo antropológico é claro ao dizer que "a presença indígena em Guyraroká como peões de fazendas, se prolonga até a década de 1980, sendo parte de uma estratégia do grupo de permanência na terra onde sempre viveram". E no segundo caso, o laudo diz que, desde 1953, não há uso das terras que correspondem à Fazenda Santa Bárbara para fins de habitação, o que não significa que tenha cessado a ocupação tradicional, no caso, a prática de caça e coleta na área.

As inferências da 2ª Turma do STF – ainda que decorrentes do revolvimento probatório, medida proscrita nestas fases processuais – só foram possíveis a partir de uma leitura alheia aos modos tradicionais de ocupação e de resistência indígenas e que, portanto, pressupõe que os índios deliberam, decidem, planejam, agem e avaliam de acordo com o padrão epistemológico e moral das sociedades ocidentais.

Sustentou-se que indígenas resistem ao esbulho de suas terras, permanecendo, de qualquer forma, dentro delas ou nas suas imediações. Mesmo quando impedidos de plenamente fazer uso tradicional da terra, como nos casos em que se obrigam a trabalhar como peões das fazendas ou a viver precariamente ao redor delas, eles permanecem com a consciência de que aquela terra os pertence e que eles pertencem àquela terra. Ambos os laudos antropológicos demonstraram que os índios Guarani Kaiowá e Terena nunca abandonaram as suas terras e nunca deixaram de resistir à sua ocupação por ocupantes brancos, ainda que tenham sido impedidos de ocupá-las regular e tradicionalmente.

Na análise das provas em relação às formas de resistência às expulsões forçadas e ilegais que se tornaram constantes a partir dos anos 40 no Estado do Mato Grosso do Sul (e fartamente evidenciadas nos laudos), o STF não levou em conta o limitado poder de ação de indivíduos tutelados e de comunidades a quem sequer o Estado reconhecia a existência jurídica. No caso Limão Verde, há nos autos provas de missivas endereçadas pelos índios Terenas ao SPI, Câmara Municipal e à Funai ao longo dos anos 60, 70 e 80. Tais documentos foram totalmente desconsiderados, ainda que demonstrem a relação de pertencimento com a terra esbulhada e a disposição em resistir de um povo que até hoje é pouco familiarizado com os procedimentos e formalidades da cultura branca.

A Segunda Turma, no caso Limão Verde, entendeu por exigir que houvesse disputa judicial instaurada no marco temporal de promulgação da Constituição para caracterizar esbulho. Contra esse entendimento, alegou-se que a Constituição Federal de 1988, ao alterar o paradigma de tratamento aos indígenas e ao assegurar expressamente a capacidade postulatória dos índios e comunidades indígenas, representou um gigantesco marco para a efetivação do direito de acesso à justiça dos povos indígenas. Entretanto, anteriormente à Constituição, a expressa previsão dos índios como relativamente incapazes no Código Civil de 1916[17] e a exigência da assistência ou tutela estatal para os "índios ainda não integrados", ainda prevista no vigente Estatuto do Índio, tornavam inviável que as demandas judiciais refletissem os anseios dos indígenas e os eventuais conflitos que os envolvessem. Isso pois o Estado brasileiro, ao mesmo tempo que

---

[17] Já o Código Civil de 2002 dispõe apenas que a capacidade dos índios será regulada por legislação especial, conforme seu art. 4º, parágrafo único.

obrigava os índios a se submeterem a sua assistência para as representações legais, desenvolvia políticas públicas em total desconsideração à autonomia indígena, desrespeitando-as sistematicamente através inclusive dos próprios órgãos tuteladores. Tais políticas, intensificadas no período da ditadura militar, visavam basicamente à expansão da agropecuária no Brasil e ao desenvolvimento econômico a qualquer custo, tratando os povos indígenas como "obstáculos para o desenvolvimento do país".

Assim, questionou-se ao STF quem poderia ter judicializado a controvérsia possessória em um contexto de tutela e de inexistência de capacidade postulatória e que espaço tinham os indígenas tutelados para protestar em um contexto de regime ditatorial. Lembrou-se que o SPI, que na época "tutelava os indígenas", foi o grande responsável pela transferência de comunidades inteiras para reservas indígenas e que, portanto, não poderia ele advogar os interesses dos indígenas sobre terras que o Estado sequer reconhecia como deles. Nesse sentido, colacionou-se trecho do Relatório da Comissão Nacional da Verdade que corrobora essas afirmações.[18]

Concluiu-se que, por meio das decisões, a Suprema Corte Constitucional viola diversos dispositivos constitucionais e convencionais, por, fundamentalmente, penalizar as comunidades tradicionais pela própria incapacidade estatal em garantir o acesso à justiça no passado recente e por, sistematicamente, prestar jurisdição que nega o direito ao devido processo legal. Isso porque tanto o direito constitucional interno, quanto o Pacto Internacional de Direitos Civis e Políticos da ONU e a Convenção Americana de Direitos Humanos fornecem uma proteção ampla do devido processo legal, estabelecendo um padrão de participação nos processos judiciais que oportunize aos afetados defenderem adequadamente seus direitos, manifestando-se e produzindo prova nos autos, as quais devem ser analisadas de acordo com as circunstâncias peculiares de fato e de direito que cercam os povos tradicionais.

4. A Responsabilidade de Proteger (R2P) assumida pelo Estado brasileiro e os fatores de risco para crime de atrocidade

Como segundo argumento em relação à inadequação jurídica das decisões contrárias à demarcação das terras indígenas, foi analisada a configuração de diversos fatores de risco para crimes de atrocidade contra muitas comunidades indígenas no Brasil, especialmente em Mato Grosso do Sul, envolvidos diretamente neste processo judicial. Esta análise foi realizada com base no "Framework of Analysis for Atrocity Crimes:

---

[18] BRASIL. Comissão Nacional da Verdade. Relatório final. Volume II. Disponível em: <http://www.cnv.gov.br/images/pdf/relatorio/Volume%202%20-%20Texto%205.pdf>. Acesso em: 25 out. 2015, p. 205.

a tool for prevention", lançado em julho de 2014 pela Organização das Nações Unidas para reforçar os meios de atuação preventiva. Segundo as palavras de seu secretário-geral Ban Ki-Moon, este Framework servirá para dar suporte a estratégias de prevenção nos níveis nacional, regional e internacional. "Prevenção significa agir cedo; para fazê-lo, nós precisamos conhecer o que estamos procurando. Juntamente com um compromisso com a responsabilidade, devemos isto aos milhões de vítimas dos horríveis crimes do passado – e àqueles cujas vidas podem ser salvas no futuro".[19] Referido *Framework* foi desenvolvido no marco da chamada doutrina da Responsabilidade de Proteger (R2P), mais especificamente para dar suporte ao seu primeiro pilar preventivo.

Por meio do "World 2005 Summit", os Estados-Membros das Nações Unidas assumiram o compromisso primário com a responsabilidade de proteger (R2P) suas populações contra crimes de atrocidade, assim considerados o genocídio (Convenção sobre Prevenção e Punição do Crime de Genocídio, de 1948), crimes de guerra (Estatuto de Roma), crimes contra a humanidade (Estatuto de Roma) e limpeza étnica.[20] Da mesma forma, a comunidade internacional comprometeu-se a dar suporte aos Estados para a consecução desse fim, caso o Estado cuja população está em risco não reúna condições ideais para cumprir sua responsabilidade. O compromisso foi formalizado nos parágrafos 138 e 139 do Documento Final do Encontro Mundial 2005, da 60ª sessão da Assembleia Geral da ONU.

Com vistas na responsabilidade do Estado Brasileiro de proteger suas populações contra crimes de atrocidades, especialmente por meio da prevenção, decidiu-se utilizar este Marco de Análise, por meio do qual se iniciou um levantamento de diversos fatores de risco para crimes de atrocidade contra muitas comunidades indígenas no Brasil, especialmente em Mato Grosso do Sul, envolvidos diretamente neste processo judicial.

O indicador de risco 3.1, a saber, "[m]arco jurídico nacional que não oferece uma proteção ampla e eficaz, inclusive por meio de ratificação e internalização de tratados relevantes de direitos humanos e direito humanitário", está presente quando processos judiciais – que se incluem no conceito de marco jurídico nacional – não garantam a plena participação dos afetados, privando-os de acesso aos recursos efetivos que os proteja contra atos que violem seus direitos fundamentais, por exemplo, o direito de produzir prova e de serem ouvidos dentro dos procedimentos regulares.

---

[19] UNITED NATIONS. Framework of Analysis for Atrocity Crimes: a tool for prevention. United Nations, 2014. Disponível em: <http://www.un.org/en/preventgenocide/adviser/pdf/framework%20of%20analysis%20for%20atrocity%20crimes_en.pdf>. Acesso em: 04 ago. 2015.

[20] UNITED NATIONS. 2005. World SummitOutcome, UNGA Res. 60/1, 16 September 2005. Par. 138 and 139. Disponível em: <http://www.un.org/womenwatch/ods/A-RES-60-1-E.pdf>. Acesso em: 12 ago. 2015.

Da mesma forma que os processos em análise, existe um número elevado de processos judiciais em curso no Judiciário Federal brasileiro em que a tese do marco temporal vem sendo aplicada com o objetivo de anular demarcações de terras indígenas, *correndo à revelia da participação das comunidades indígenas afetadas*.[21] A falta de participação das comunidades indígenas em processos judiciais que envolvem o seu direito coletivo mais fundamental, que é a terra, é, portanto, sistemática, o que reforça ainda mais a configuração do indicador de risco 3.1.

Em relação ao indicador de risco 3.1, o reconhecimento judicial da tese do marco temporal, sem que este requisito sequer esteja presente na Constituição da República e sem esgotar a produção de provas quanto ao esbulho renitente, terá como efeito prático a anulação de diversas demarcações de terras indígenas já realizadas e impedirá que novas demarcações venham a ocorrer. Segundo o Instituto Socioambiental,[22] a aplicação da tese do marco temporal afetará 144 terras cujos processos de demarcação estão judicializados, com uma população de 149.381 indígenas, além das 228 terras indígenas ainda não demarcadas, com uma população de 107.203 indígenas. Isso significa que 1/3 da população indígena brasileira ficará privada de seus territórios tradicionais.

Ademais, a presente decisão soma-se a um contexto maior de fatores de risco para crimes de atrocidade contra todos os povos indígenas brasileiros. Ao longo da peça processual de *Amicus Curiae* foi apresentada análise para configuração de fatores de risco que utilizou as seguintes fontes, a saber: Relatório da Comissão Nacional da Verdade e o Relatório Figueiredo;[23] Relatório de Violência Contra Povos Indígenas do Conselho

---

[21] No Tribunal Regional Federal da 1ª Região: 0000932-04.2006.4.01.3301/2006.33.01.000933-7. No Tribunal Regional Federal da 3ª Região: 0014619-22.2014.4.03.0000; 0009949-72.2013.4.03.0000; 0029036-48.2012.4.03.0000; 0018388-09.2012.4.03.0000; 0014619-22.2014.4.03.0000; 0030903-76.2012.4.03.0000. No Tribunal Regional Federal da 4ª Região: 5015672-86.2015.404.0000; 5005976-62.2012.4.04.7006/PR; 5006754-93.2015.404.0000/RS; 5006473-76.2012.404.7006/PR; 5003087-25.2014.404.7117/RS; 5009048-83.2014.404.7104; 5006476-31.2012.404.7006/PR; 5015171-35.2015.404.0000/PR; 5001335-13.2012.404.7012/PR; 5003393-35.2011.404.7202; 5042890-71.2011.404.7100; 5042890-71.2011.404.7100; 5003368-63.2013.404.7004;5029771-95.2014.404.0000;5003091-47.2013.404.7004;5002178-24.2011.404.7008;5006466-84.2012.404.7006; 5003371-18.2013.404.7004; 5003370-33.2013.404.7004; 5003368 63.2013.404.7004; 1977.70.00.033390-8;00.0033388;00.0048148-3;00.0106932-2;2004.70.00.015686-0;00.0033390-5;00.01048148-6;89.0003960-1; 2004.70.00.015685-8; 0007253-41.2010.404.0000; 0025576-94.2010.404.0000; 0000543-68.2011.404.0000;5019680-14.2012.404.0000;5019681-96.2012.404.0000;5019679-29.2012.404.0000;5004607-88.2012.404.7117/RS; 5020423-87.2013.404.0000; 0027520-34.2010.404.0000; 5000599-41.2011.404.7202; 0028919-98.2010.404.0000; 5009982-47.2013.404.0000. Tribunal Regional Federal da 5ª Região: 2004 81000221571; 00025434820104050000.

[22] INSTITUTO SOCIOAMBIENTAL (ISA). Impactos da PEC 215/200 sobre os povos indígenas, populações tradicionais e o meio ambiente. Programa de Monitoramento de Áreas Protegidas Programa de Política e Direito Socioambiental. São Paulo, 2015. Disponível em: <http://www.socioambiental.org/sites/blog.socioambiental.org/files/nsa/arquivos/isa_relatoriopec215-set2015.pdf>. Acesso em 09/12/2015.

[23] O Relatório Figueiredo foi encomendado pelo Ministério do Interior em 1967 e permaneceu esquecido por décadas, sendo redescoberto em novembro de 2012. Em suas mais de 7.000 páginas e 30 volumes, são descritas "torturas, maus tratos, prisões abusivas, apropriação forçada de trabalho indí-

Indigenista Missionário;[24] dados oficiais da SESAI; pesquisa jurisprudencial e legislativa; notícias publicadas na imprensa; comunicados da ONG Anistia Internacional; comunicado da Relatora Especial das Nações Unidas para os Direitos dos Povos Indígenas; carta aberta dos servidores da FUNAI do Estado de MS e relatórios do Instituto Socioambiental.

Considerando o *Framework* supramencionado e a situação dos povos indígenas brasileiros, especialmente aqueles do Estado de Mato Grosso do Sul, incluindo Guarani Kaiowá e Terena, foram destacados e discutidos cada um dos seguintes fatores de risco para a possível configuração de crimes de atrocidade, além do indicador 3.1:

- Indicador de risco 1.7: Instabilidade econômica causada pela escassez de recursos ou disputas sobre sua utilização ou exploração c/c Indicador 1.9: Instabilidade econômica causada pela pobreza aguda, desemprego em massa ou desigualdades horizontais profundas.

- Indicador de risco 2.1: *Sérias restrições ou violações de direitos humanos ou do direito humanitário no passado ou no presente*, particularmente no caso de assumir um padrão precoce de conduta e tendo como alvo grupos, populações ou indivíduos protegidos c/c Indicador 4.2: *Interesses econômicos, incluindo os baseados na salvaguarda e o bem-estar das elites ou grupos de identidade ou controle sobre a distribuição dos recursos.*

- Indicador de risco 8.5: Ataques contra a vida, a integridade física, a liberdade ou a segurança dos líderes, indivíduos proeminentes ou membros de grupos de oposição.

- Indicador de risco 7.8: Crescente violação do direito à vida, integridade física, liberdade ou segurança de membros de grupos protegidos, populações ou indivíduos, ou *recente adoção de medidas legislativas que afetam ou deliberadamente os discriminam*.

- Indicador de risco 7.14: Crescente retórica inflamada, campanhas midiáticas ou discursos de ódio atingindo grupos protegidos, populações ou indivíduos c/c Indicador 8.7: Atos de incitamento ou campanhas de ódio destinados a grupos ou indivíduos particulares.

- Indicador de risco 2.4: Inação, relutância na recusa em usar todos os meios possíveis para parar graves violações de direitos humanos e direito

gena e apropriação indébita das riquezas de territórios indígenas por funcionários de diversos níveis do órgão de proteção aos índios". Ele "atestou não só a corrupção generalizada, também nos altos escalões dos governos estaduais, como a omissão do sistema judiciário". BRASIL. Comissão Nacional da Verdade. Relatório final. Volume II. Disponível em: <http://www.cnv.gov.br/images/pdf/relatorio/Volume%202%20-%20Texto%205.pdf>. Acesso em: 25 out. 2015.

[24] CONSELHO INDIGENISTA MISSIONÁRIO. Relatório Violência contra os Povos Indígenas no Brasil – Dados de 2014. Brasília: CIMI, 2015, p. 76. Disponível em: <http://www.cimi.org.br/pub/Arquivos/Relat.pdf>. Acesso em 12 ago. 2015. O Relatório Violência Contra os Povos Indígenas é uma publicação anual produzida pelo Conselho Indigenista Missionário (CIMI), organização vinculada à Conferência Nacional de Bispos do Brasil (CNBB), que apresenta dados oficiais e dados coletados pela própria organização sobre diversos tipos de violência contra os povos indígenas.

humanitário previsíveis, planejadas ou em curso ou prováveis atrocidades, ou seu incitamento.

- Indicador de risco 2.7: Politização ou ausência de processos de reconciliação, ou da justiça de transição após o conflito.

- Indicador de risco 2.8: Desconfiança generalizada nas instituições do estado, ou entre diferentes grupos como resultado da impunidade.

- Indicador de risco 5.3: Capacidade incentivar ou recrutar um grande número de adeptos de populações ou grupos e a disponibilidade dos meios para mobilizá-los.

5. Conclusões da peça de *Amicus Curiae*

Por fim, a peça de *Amicus Curiae* foi concluída, aduzindo-se que as decisões proferidas pela 2ª Turma do STF violam o direito ao devido processo legal, à autodeterminação e à diferença dos povos indígenas, ao mesmo tempo em que colocam em perigo outros direitos humanos fundamentais – incluindo seus direitos territoriais indígenas – os quais são objeto de obrigações internacionais (global e regional) assumidas pelo Estado brasileiro em razão de:

a) anular um processo de demarcação de terras indígenas sem garantir às comunidades indígenas diretamente afetadas a oportunidade de serem ouvidas nos autos e produzirem as provas que julgarem adequadas e pertinentes para provar a ocupação tradicional das respectivas terras indígenas, bem como o esbulho sofrido;

b) não garantir formas de defesa e, com isso anular ato administrativo de demarcação, deixar as comunidades indígenas privadas de seu território e de perspectiva de futuro, permitindo que sejam forçadamente removidas da terra e reduzidas à condição de vida que poderá acarretar a sua destruição total ou parcial;

c) configurar, por si só, indicador de fator de risco para crime de atrocidade, conforme previsto no item 3.1 do "Framework of Analysis for Atrocity Crimes";

d) somar-se a outros fatores de risco para crimes de atrocidade contra os povos indígenas, justamente os afetados neste processo;

e) contribuir para a violação, pelo Estado brasileiro, da responsabilidade de proteger.

— VI —

Estado e Constituição e o "fim da geografia"[1]

JOSE LUIS BOLZAN DE MORAIS[2]

Sumário: 1. S. Rodotà: novos espaços para *os (novos) direitos*; 2. L. Violante: *direitos e deveres* na democracia; 3. O Estado "sconfinato"; Referências.

> Sono tuttavia convinto che si possa lavorare in una prospettiva di medio período a una ricomposizione delle diverse "sfere pubbliche diasporiche" (come le chiama Arjun Appadurai, altro significativo esponente dei postcolonial studies) in una sfera pubblica globale improntata all'universalismo della differenza
> (MARRAMAO, Giacomo. *Il Mondo e l'occidente oggi.*
> *Il problema di una sfera pubblica globale*).[3]

Este texto reflete o momento atual de consolidação de alguns dos desenvolvimentos realizados no interior do projeto de pesquisa intitulado "Estado e Constituição: a internacionalização do direito a partir dos direitos humanos", subsidiado pelas discussões e reuniões de trabalho no âmbito da Rede de Pesquisa "Estado e Constituição", contando com a participação permanente de UNISINOS, UNIJUI, FDV, UFSM, UNIROMA I, Universidade de Sevilla, UNIFIRENZE, UDC, UFSCAR.

No período, foram realizadas oito atividades conjuntas em Brasil, Itália e Espanha, com a publicação de dois volumes de resultados dos trabalhos, o primeiro pela Ed. Unijui e o outro pela Ed. Empório do Direito.[4]

---

[1] Texto apresentado, primariamente, para discussão no II Encontro de Pesquisadores e Pesquisadoras da área de Direito do CNPq, 2015, na UnB, em Brasília, referente ao Projeto de Pesquisa CNPq/PQ "Estado e Constituição. A internacionalização do direito a partir dos direitos humanos", sob os auspícios de bolsa produtividade em pesquisa do CNPq.

[2] Professor Titular do Programa de Pós-Graduação em Direito da UNISINOS. Pesquisador PQ/CNPq. Professor convidado na Universidade de Sevilha/ES, Università di Firenze e Roma I/IT. Procurador do Estado do Rio Grande do Sul.

[3] MARRAMAO, Giacomo. *Il Mondo e l'occidente oggi*. Il problema di una sfera pubblica globale. www.fondazionebasso.it/_.../marramao.doc. Acesso em 21.01.2015

[4] Ver: BOLZAN DE MORAIS, Jose Luis e COPETTI NETO, Alfredo (Orgs.). Estado e Constituição. A internacionalização do direito a partir dos direitos humanos. Ijui: UNIJUI. 2013. 326p. Também: BOLZAN DE MORAIS, Jose Luis e COPETTI NETO, Alfredo. Estado e Constituição. Estado Social e poder econômico face a crise global. Florianópolis: Empório do Direito. 2015. 298p.

No contexto das atividades, avançamos em torno às discussões que cercam as transformações experimentadas pelo Estado, em sua versão, como Estado Constitucional, demarcado por direitos e garantias fundamentais, porém confrontado com circunstâncias contemporâneas que põem em pauta as condições e possibilidades para a sua produção e reprodução, diante do desfazimento de suas formas tradicionais, bem como a construção de outras, novas, de atores que lhe confrontam e de riscos até então inéditos.

Assim, aqui estão algumas reflexões, dúvidas e sugestões em torno às circunstâncias que envolvem a concepção contemporânea de Estado Democrático de Direito, considerando suas origens, seu desenvolvimento, suas crises e suas perspectivas, em especial, sua afetação por um processo de fragmentação – perda de seus limites – o que identifiquei, há tempos, como *crise conceitual*, e por um processo de reconfiguração interna – o que nomeei como *crise funcional*.[5]

Aqui e agora, para fins de publicização e discussão pontual, propomos, pontualmente, uma reflexão crítica com dois autores italianos que, de 2012 para cá, publicaram, pontualmente, dois trabalhos interessantes que – cada um a sua maneira, mas com interseções – tratam do tema, pensando o "fim da geografia", o que tomamos, neste momento, como tanto o "fim da territorialidade", mas também, como o "fim da organicidade" e o "fim da institucionalidade" moderna.[6]

De um lado, Stefano Rodotà[7] e seu *Il diritto di avere diritti*, cuja primeira edição apareceu em 2012 e no qual o autor busca descortinar uma "era dos direitos" – parafraseando N. Bobbio[8] – que se interroga a si mesma – L'età dei diritti è al tramonto?"(p 42), seria o ocaso desta? –, partindo do reconhecimento dos influxos contraditórios da globalização por sobre os direitos que, como refere o autor, sem um locus próprio vagam no mundo global à procura de um constitucionalismo também global que lhe ofereça um "porto seguro" e garantias, como se lê em passagens que inauguram o

---

[5] Ver: BOLZAN DE MORAIS, Jose Luis. *As crises do Estado e da Constituição e a transformação espaço-temporal dos direitos humanos*. Col. Estado e Constituição. Nº 1. 2ª ed. Porto Alegre: Livraria do Advogado. 2011. Também, mais suscintamente, ver: BOLZAN DE MORAIS, Jose Luis e STRECK, Lenio Luiz. *Ciência Política e Teoria do Estado*. 8ª ed. Porto Alegre: Livraria do Advogado. 2012.

[6] Este último aspecto não será abordado, pontualmente, neste momento, em razão, inclusive das limitações espaciais. Sobre a crise da institucionalidade, como Estado de Direito, veja: BOLZAN DE MORAIS, Jose Luis; JACOB NETO, Elias. *Liberté, egalité, fraternité et ... surveillé: o leviatã contra-ataca*. Pulicado no sítio "Empório do Direito", onde se discute a proposta de Lei de Informação em tramitação na Parlamento francês.

[7] Stefano Rodotà é professor emérito de Direito Civil da Università di Roma La Sapienza e foi um dos autores da Carta Européia de Direitos Fundamentais, entre outras referências acadêmicas e profissionais.

[8] BOBBIO, Norberto. *L'età dei diritti*. Torino: EINAUDI. 1990. Esta é uma obra de ampla circulação no Brasil, ao lado de outras deste mesmo autor.

livro.[9] E, a partir deste suposto inaugural, traz à tona o debate acerca desta nova ambiência dos direitos, dos "novos" direitos, dos riscos e transformações, cuja exigência – ou expectativa final, veremos na sequência – se confronta com o *riconoscimento dell'autodeterminazione informativa a una effettiva redistirbuzione del potere in rete* (p. 426), baseado no reconhecimento de que a *questione centrale può essere riassunta facendo riferimento a quello che è stato definito il passagio dalla "judicial review" ala "judicial legislation"*.[10]

De outro – não como contendores de uma luta de boxe, por óbvio –, Luciano Violante[11] e um pequeno livro de 2014, *Il dovere di avere doveri*, o qual, desde o reconhecimento da crise da democracia – como ambiente da política moderna –, confronta a mudança paradigmática sofrida no modelo de democracia confrontada com uma "política dos direitos" em sua especificidade de estreita conexão com a atividade jurisdicional, pela imediateza dos resultados e por tornar marginal a representação democrática, diante de um quadro de "luta por direitos" como o único espaço de alternativa à invasão promovida pelo(s) mercado(s) e à fraqueza das instituições políticas.[12] Preocupado com uma *judicial dictatorship,* como refere (p. XIV), este autor vai pôr em confronto esta *"lotta per i diritti"* àquela de uma *"età dei doveri"* em uma tentativa de fazer reequilibrar a 'balança' democrática entre direitos e deveres e, assim, se projetando por sobre as relações entre o ambiente da política e o da jurisdição, na sua experiência contemporânea de deslocamento de atribuições ou de sua rearticulação "em favor" desta última.

Embora operando, de regra, em perspectivas distintas e partindo de supostos diferentes, parece-me relevante, não apenas pelo confronto aparente presente nos títulos das duas obras, retomar estas discussões para pôr em pauta o futuro do Estado Democrático de Direito como expressão última de um projeto político-institucional moderno, cujos espaços (territorialidade) e mecanismos decisórios (democracia política) parecem não responder adequadamente aos influxos contemporâneos, experienciando as tais "crises"[13] de que temos tanto falado.

[9] RODOTÀ, Stefano. *Il diritto di avere diritti*. Roma-Bari: Laterza. 2012. Como diz: *Diritti senza terra vagono nel mondo globale alla ricerca di un costituzionalismo anch'esso globale Che offra loro ancoraggio e garanzia. Orfani di un território che dava loro radici e affidava alla sovranità nazionale la loro concreta tutela, sembrano ora dissolversi in un mondo senza confini dove sono all'opera poteri che appaiono non controllabili.* (p. 3)

[10] Id. Ibid., p. 64. Assim, emerge a questão da legitimidade do juiz que *non deriva da uma investitura proveniente dalla sovranità popolare, ma dal fatto che essi contribuiscono ala complessiva tenuta dell'ordine democrático.* (p. 64)

[11] Luciano Violante é professor de Direito Público na Università di Roma La Sapienza e foi parlamentar italiano, também entre outras atividades universitárias e políticas.

[12] VIOLANTE, Luciano. *Il dovere di avere doveri*. Torino: Giulio Einaudi editore. 2014. Como refere: *L'espansione tendenzialmente illimitata dei diritti, separata dalla valorizzazione dei doveri, e potenziata dalla crescente giurisdizionalizzazione, non costituiscono un rimedio, ma rappresentano le manifestazioni piú evidenti delle difficoltà della democrazia costituzionale. Si affiancano altre manifestazioni patologiche, quali la ricerca demagogica del consenso, il populismo, la spettacolarizzazione.*(p. XIV)

[13] A noção de "crise" não necessariamente carrega uma marca negativa, de fim, de destruição, de ruína. Pode, isto sim, aportar o novo, e este como momento inaugural onde tudo está "à disposição". Como

De uma banda, os direitos já não se limitam aos âmbitos do Estado Nacional. De outra, este se vê frente a uma reconfiguração conceitual – posto que seus elementos identificadores já não lhe permitem dar a conhecer com integridade[14] – que pode, como alerta L. Violante, ir de encontro mesmo à construção de uma sociedade comprometida com o bem-estar de todos, fundamento de legitimação da mesma autoridade pública, constitucionalmente expresso em muitas das Cartas Políticas contemporâneas.[15]

De qualquer sorte estes autores trazem dois universos reflexivos importantes para todos aqueles que têm esta "luta pelo(s) direito(s)"[16] como um campo aberto à promoção da igualdade e à construção de uma sociedade livre, justa e solidária (CRFB/88, art. 3º, I), além de, em alguns momentos, dialogarem sobre questões emergentes, do tipo: qual o papel dos juízes hoje – em tempos de judicialização da política? Qual o espaço decisório privilegiado: o da política ou o da jurisdição? Quais os aspectos aí presentes? Além, é claro, de ter assimilado o problema da teoria das fontes do Direito, hoje em permanente confronto com novos espaços de produção e novas expressões de autoridade decisória, "vagando" de um monismo, nunca alcançado, para um pluralismo *sconfinato*, para utilizar o termo de S. Rodotà para indicar a perda de "limites" que caracteriza a sociedade contemporânea em sua complexidade.

E, desse confronto de ideias, podem emergir outras tantas que nos ajudem a compreender o futuro do Estado Democrático de Direito em seu projeto civilizacional.

1. S. Rodotà: novos espaços para *os (novos) direitos*

A questão que emerge e que pauta esta obra deste jurista italiano poderia ser sintetizada, para os objetivos deste texto, a partir de sua preocupação de pensar uma "outra" globalização, uma cujo objeto central fossem os direitos, e não a economia – o mercado, como ressalta.[17]

---

anota Peter Pál Pelbart, ancorado em François Tosquelles: *El momento de la crisis, disse él, es aquel en el que ya nada parece posible. Pero también es el momento em que se cruzan muchas transformaciones...Es decir, la crisis es conjunción del 'nada es posible' y del 'todo es posible'...*Ver: *Uma crisis de sentido es la condición necesária para que algo nuevo aparezca.* In: FERNANDEZ-SAVATER, Amador. *Fuera de Lugar. Conversaciones entre crisis e transformación.* Madrid: Acuarela y Machado Grupo de Distribución. 2013. p. 45 e 46

[14] BOLZAN DE MORAIS, Jose Luis. *As crises do Estado e da Constituição...*, passim.

[15] Neste sentido, não é sem interesse lembrar que a Constituição brasileira de 1988 – dita "Constituição Cidadã", nas palavras do então Dep. Ulisses Guimarães – traz como fundamentos da república, erigida como Estado Democrático de Direito (art. 1º), a erradicação da pobreza e a redução das desigualdades regionais (art. 3º), entre outros.

[16] Como afirma S. Rodotà: *La lotta per i diritti è l'única, vera, rande narrazione del millennio appena iniziato.* Op. Cit., p. 94.

[17] *I diritti fondamentali in tal modo diventano il tramite di um'altra connessione possibili, e per la quale si deve politicamente lavorare, racchiusa nella formula "globalizzazione attraverso i diritti, non attraverso i mercati".* Op. cit., p. 14.

Para S. Rodotà, estamos diante de um novo momento histórico que põe em evidência, de um lado, a "revolução da igualdade" e, de outro, a "revolução da dignidade", inaugurando uma "nova antropologia" e dando origem, em consequência, a uma "revolução dos bens comuns", além de uma "revolução da internet" na qual o direito vem, sempre, profundamente implicado.[18]

Cada uma dessas "revoluções" põe em pauta aspectos inéditos que afetam inovadoramente o direito e seus atores – inclusive, dos seus *loci* de produção e origem –, tendo presente que tal se dá não pela perda do próprio direito, de sua ausência, mas da consciência em torno de sua busca constante, de sua "novidade".

Neste quadro – de uma "outra globalização possível" – chama a atenção para as transformações que se operam, sobretudo com a perda dos "confins" ou dos limites tradicionalmente reconhecidos. Fala, assim, de um "fim da geografia", o qual implica pensá-los – os direitos – *in una dimensione sconfinata*",[19] tendo presente que um e outro não se excluem, mas evidenciam sua coimplicação, neutralizando os limites excludentes dos "confins" – como limites territoriais (geográficos) ou simbólicos – próprios da estatalidade moderna.

Como expressa S. Rodotà:

Il fenomeno più appariscente è certo quello dei continui attraversamenti o della cancellazione/ridefinizione dei confini, sia per individuare la condizione dei soggetti, sai per stabilire come le continue "delocalizzazzioni" incidano sulla definizzione, la portata e la garanzia dei diritti.[20]

Desde este "reconhecimento", evidenciado, particularmente, pela "revolução da internet"[21] – que, descentralizando o mundo, transforma a linguagem da política – o autor vai enfrentar o que identifica como o "mundo novo dos direitos", tendo presente que, mesmo neste quadro referencial, não se pode perder de vista o papel do direito, ou melhor, dos direitos.[22] E tal tem seu ponto de sustentação no reconhecimento de que experienciamos/"experimentamos" uma "reinvenção" que põe em pauta aqueles que, com ela, pretendem liberar-se do "peso" dos direitos e os que pensam ser possível fazer frente a isso "fechando-se na sua antiga cidadela".

Para sair desta encruzilhada, chama atenção o autor, é preciso ter presente, desde logo, que não se pode falar de uma única "era dos direi-

---

[18] S. Rodotà, op. cit., p. 14 e 15.

[19] Id. ibid., p. 22 e 23.

[20] S. Rodotà, op. cit., p. 26

[21] Veja-se, em particular, a terceira parte deste livro (*La macchina*, p. 312 e ss) e , na segunda parte, o item VIII que trata do "direito à verdade" (p. 211-231).

[22] Como diz S. Rodotà, p. 42: *È ingenua, e per molti versi sorprendente, la tesi que vede i diritti inservibili in um mondo ormai prigionero della lógica econômica.*

tos", mas, sim, de pensá-la – pensá-las, portanto – no plural, ou seja, como "eras" dos direitos, tanto diacrônica quanto sincronicamente.[23]

Portanto, o que vivemos contemporaneamente é uma "nova" era dos direitos, na qual há que se prestar atenção aos novos fatores que condicionam as fórmulas tradicionais sem, contudo, fazê-las desaparecer. E, para um novo momento histórico, se exigem respostas compatíveis com suas circunstâncias.

Entre o fim da experiência moderna e uma nova fase, dominada pela lógica de mercado, põe-se outra possibilidade, uma nova era dos direitos. Aquela dos "diritti come "patrimonio comune dell'umanità",[24] que, ao mesmo tempo que se inaugura em uma era da pós-geografia, traz questões inéditas: novos sujeitos históricos, novas formas de dominação – entre condensação (guerra humanitária) e fragmentação ("babelização" da linguagem dos direitos). Uma era na qual ainda se vive entre identidades locais produtoras de culturas próprias e em competição, ao mesmo tempo que se lhes toma como um "terreno comum" a partir das diversidades que viabilizam *il radicamento di ciascuno nel comune del mondo*.[25]

Para S. Rodotà:

> Stiamo passando a uma situazione nella quale il riconoscimento dei diritti era unicamente affidato a costituzioni e dichiarazioni dei diritti, che tuttora mantengono un elevato valore anche saimbolico, a una nella quale quel che conta sono sempre meno le classiche "istituzioni della normazione" e sempre più le "istituzioni del rispetto e dell'attuazione". [26]

---

[23] *Sappiamo che l'invenzione dei diritti appartiene alla modernitá occidentale, che stretta è la sua connessione com Le rivendicazioni individualiste e proprietarie della borghesia vittoriosa, che l'evoluzione successiva, sul continente europeo soprattutto, invece è tutta legata all'irruzione di um altro soggetto, la classe operaia, che impone la modifica del quadro costituzionale, conduce addirittura verso uma nuova forma di Stato che, per Il ruolo assunto dai diritti sociali, si conviene de definirre "Welfare State", "Stato sociale", "Sozialstaat", "État-providence". Nella modernità, dunque, insediamento e forza dei diritti sobno parte integrante della vicenda dei "soggetti storici" della trasformazione politica, econômica, sociale, che próprio ai diritti affidano l'innovazione e Il suo consolidamento.*
Ma che cossa accade quando quei soggetti si trasformano, mutano ruolo e funzione, non sono più quelli che danno il tonno al tempo vissuto? Quando è il volto anônimo dell'economia a identificare i tratti del mondo globale, quando si insiste sul fatto che i mercati "votano" e le istituzioni finanziarie "giudicano", e quindi si appropriano di funzioni che appartengono alla democrazia e sembrano ridurre all'unica loro misura tutti i diritti? Quando la tecnologia spinge verso le frontiere del post-umano, e quindi immediatamente ci si domanda se davvero possano sopravvivere diritti non a caso definiti, anche nel linguaggio giuridico, "umani"? (Op. cit., p. 42/43)

[24] Op. cit., p. 43. Para S. Rodotà, *i beni comuni delineano l'opposto dell'individualismo – uma società nella quale sono continui gli scambi e le interazioni tra individuale e sociale, dove appunto la ricostruzione del legame sociale diviene tema centrale.* (p. 122/123). Esta questão ganha outra perspectiva na obra: HARDT, M. e NEGRI, A. *Comune. Oltre il privato e il pubblico.* Milano: Rizzoli. 2010.

[25] Id. Ibid., p. 44. Este tema pode ser evidenciado quando se enfrenta a questão da cidadania. Esta deixa de ser um elemento de exclusão do outro, passando a funcionar como meio de reconhecimento. Um exemplo desta transição pode ser percebido na tentativa do Brasil em abandonar uma legislação da época da ditadura militar, como aquela do Estatuto do Estrangeiro (Lei nº 6815/80), baseada na soberania, segurança e no interesse nacional, com a proposição de uma Lei de Migrações, cujo fundamento está na hospitalidade, no acolhimento e no reconhecimento e atribuição de direitos. Sobre isso ver a proposta de nova legislação apresentada pela Comissão de Especialistas, da qual fizemos parte, ao Ministro da Justiça do Brasil em agosto de 2014 (www.iri.usp.br).

[26] Ibidem, p. 47.

Assim, pode-se dizer, com S. Rodotà que um dos temas "preferenciais" desta "Nova Era" – afinal *ogni tempo conosce al suo interno una própria età dei diritti*[27] – diz respeito aos "novos" direitos[28] e seus *loci* de produção, realização e garantia.

E, aqui, emerge outro aspecto trazido e tratado pelo autor: as relações entre democracia e direito. Como chama a atenção, a construção de um patrimônio comum e global de direitos fundamentais parece deslocar os procedimentos da democracia representativa, concentrando-se no ambiente judiciário, nas instituições de garantia, utilizando a terminologia de L. Ferrajoli.[29]

Assim, mais uma vez vem à tona um tema caro à discussão contemporânea em torno ao processo de judicialização da política, como tem sido a perspectiva brasileira desde há algum tempo, quando o recurso à jurisdição e à decisão jurisdicional em substituição à decisão política tem ganho uma dimensão cada vez mais ampla, seja justificada pela omissão do legislador, seja na do gestor ou na insuficiência/deficiência de políticas públicas para a realização "satisfatória" de direitos sociais, em especial.

Como chama à atenção S. Rodotà:

> Non è soltanto il sistema delle fonti a essere profondamente modificato, con la perdita di peso della legislazione parlamentare, ma appare vulnerato l'equilibrio tra i poteri attraverso la "montée em puissance des juges". Ma, di nuovo, il problema è se sia possibile analizzare la realtà che abbiamo di fronte con le categorie, storicamente, costitutive e perciò ritenute irrinunciabili, di un passato dal quale non sembra possibile distaccarsi senza intaccare i fondamenti stessi dell'ordine democrático.[30]

Ou seja, transparece aqui, mais uma vez, sob referências diversas, o problema da relação entre legislação e jurisdição, pondo em pauta a dúvida quanto à substituição, nos termos do autor, do constitucionalismo pela jurisdicionalização do cotidiano.

Tomando em conta tal circunstância apresenta-se, novamente, o problema das novas condições históricas que afetam os instrumentos tradicionais da ordem político-institucional da modernidade, o que, ao mesmo tempo, põe em cena o debate acerca da repercussão deste processo de "global community of courts" nos limites tradicionais dos Estados Nacionais e mesmo nas estruturas supranacionais estruturadas organicamente.

---

[27] Ibidem, p. 103.

[28] *L'espressione "nuovi diritti", infatti, dev'essere considerata, a un tempo, accativante e ambígua. Ci seduce com la promessa di uma dimensione dei diritti sempre capace di rinnovarsi, di incontrare in ogni momento uma realtà in continuo movimento...Al tempo stesso, però, lascia intravvedere uma contrapposizione tra i diritti vecchi e diritti nuovi come si il tempo dovesse consumare quelli più lontani, lasciando poi il campo libero a un prodotto più aggiornato e scintillante, con un voluto e pricoloso travisamento sul quale già si è richiamata l'attenzione. Ma il mondo dei diritti vive pure di accumulazione, non di sostituzioni...* (S. Rodotà, op. cit., p. 71).

[29] Nesta perspectiva, ver: FERRAJOLI, Luigi. *Pricipia Iuris. Teoria del diritto e della democrazia*. Vol. II. Roma/Bari: LATERZA. 2007.

[30] Id. Ibid., p. 47.

2. L. Violante: *direitos* e *deveres* na democracia

Em *Il dovere di avere doveri*, este professor de Direito Público da Università "La Sapienza" de Roma retoma o conceito de "dever" como meio para (re)construir a ideia de democracia, a qual exige, para ele, um sentido de cidadania alicerçado na obrigação política e em uma rede de relações cívicas, e não apenas em direitos em torno dos quais se constrói uma disputa excludente.

Assim, põe em discussão, em um outro sentido, a questão da crescente demanda por direitos sem nenhum vínculo com deveres que, entre outras questões, legitima o egoísmo individual.

Para Luciano Violante:

> L'espansione tendenzialmente illimitata dei diritti, separata dalla valorizzazione dei doveri, e potenziata dalla crescente giurisdizionalizzazione, non costituiscono un rimedio, ma rappresentano le manifestazioni piú evidenti delle difficoltà della democrazia costituzionale...[31]

Diante disso, pretende demonstrar a necessidade de superar

> (...) attraverso la valorizzazione dei doveri costituzionali, la frantumazione individualistica della società e di difendere la democrazia politica da quella che è stata chiamata icasticamente 'judicial dictatorship. I diritti diventano strumenti di democrazia e di soddisfacimento di legitime pretese individuali quando possono contare sull'unità politica e sui doveri di solidarietà come valori che fondano iil processo di civilizzazione del paese e ne garantiscono lo sviluppo. Altrimenti diventano fattori di egoísmo individuale, rottura sociale e arretramento civile.[32]

A partir destes pressupostos, desenvolve seu argumento, o qual, centralmente, rediscute a *política dei diritti* como judicialização da política, quando a jurisdição oferece resultados imediatos, tornando, de regra, marginal a atividade política, sobretudo como democracia representativa, apresentando-se como alternativa seja frente à invasão da economia – do mercado, em especial –, seja em face da fragilização das instituições políticas, de sua inação ou fraqueza.

E tal discussão tem como ponto de inflexão a apropriação dos direitos e a *lotta per i diritti* como estratégia individualística e egoísta de satisfação interesses.

O texto vem estruturado em sete capítulos, nos quais, em primeiro lugar, busca demonstrar as características do que toma como a luta pelos direitos desde uma perspectiva de crise das instituições políticas e da própria sociedade e a emergência de um "governo de juízes" para, na sequência, discutir a repercussão de uma tal atitude em face da "desaplicação" da lei na base de uma interpretação constitucional em nome de direitos orientados por pretensões individuais e desvinculados de deveres. No terceiro capítulo, busca mostrar a necessária vinculação da unidade

---

[31] Ver: VIOLANTE, Luciano. *Il dovere di avere doveri*. Torino: EINAUDI. 2014. p. XIV.
[32] Idem, p. XIV e XV.

política a deveres e sua conexão a uma ética republicana que permita um equilíbrio entre direitos e deveres, o que vem tratado no quarto capítulo. Nos demais, desenvolve a tese de uma *età dei doveri* alicerçada na tradicional especialização de funções e na responsabilidade no exercício dos direitos por parte dos cidadãos.

Com isso, discutindo os riscos desta "irresponsável" e "individualista" luta por direitos, sustentada por um redesenho de atribuições públicas estatais em favor de uma judiciarização da tomada de decisões, pretende demonstrar a vinculação da cidadania a deveres.

Para L. Violante, a política "dei diritti"[33] emerge como resultado do neoconstitucionalismo,[34] uma vez que *è assunta il compito di rimediare alla stanchezza delle democrazie attraverso la valorizzazione estrema di ogni tipo di diritto e un forte impiego delle risorse della magistratura per il loro riconoscimento.*[35] Neste quadro, os juízes assumem, segundo o autor, uma nova roupagem: para além de garantidores de direitos, passam a criadores destes, contribuindo, com isso para aquilo que se passou a nomear, por alguns de seus sustentadores, como *costituzione infinita* (p. 18) e pondo em xeque a forma de governo, subtraindo as políticas públicas das maiorias parlamentares, eleitas e responsáveis e transferido-as para a tecnocracia das jurisdições.[36]

Violante faz a crítica desta *"evangelica semplicità"* (p. 23) que transforma a teoria da democracia, redefinindo as relações entre política e jurisdição, sem atentar para uma perspectiva social mais ampla, mas, ao invés disso, pretende fazê-lo por *la via breve della proclamazione di singoli diritti da parte di singoli giudici, senza la complicazione delle decisioni politiche, lunghe, defatiganti e dall'esito incerto.*[37]

---

[33] *La política dei diritti è partita dalla tutela dei diritti fondamentali, ma si estende oggi nella teoria e nella prassi a ogni tipo di diritto, da quelli tradizionali sinon ai cosidetti "nuovi diritti"...Alcuni di questi diritti fanno parte indiscutibile del patrimonio umano. Ma spingere il campo dei diritti al confine dei desideri, costituisce un tentativo di dare uma veste giuridica a opzioni individuali o a orientamenti politici, spesso legati a valori costituzionali, "ma che non possono essere assimilabili a diritti soggettivi con il rigore scientifico che occorrerebbe".* L. Violante, op. cit., p. 14.

[34] *Il neocostituzionalismo sembra non avere alcuna fidúcia nella lotta politica, nelle possibilita di cambiamento delle maggioranze, nell'impegno dei cittadini per obiettivi politici di caratere generale. Eppure la democrazia si nutre di questa tensione ed è viva con i suoi valori quando le parti del mondo politico si confrontano e si misurano sugli obbiettivi del paese e quando i cittadini dell'una o dell'altra opinione le seguono condividendo o opponendosi. Non è compito del costituzionalismo, vechio o nuovo, sollecitare il conflito politico. Ma nelle riflessioni sulla democrazia dovrebbero essere riconosciuti i limiti strutturali del diritto e della giurisdizione, la funzione democrática del conflito e gli effeti di sterilizzazione della democrazia che avrebbe uma delega illimitata ai giudici per il riconoscimento di nuovi diritti.* L. Violante, op. cit., p. 146.

[35] Id. Ibid., p. 10.

[36] Para L. Violante, a *politica dei diritti*, que se inaugura como uma preocupação pelos "destinos" da democracia, *si conclude con soluzioni ispirate a una sorta di neogoverno globale dei tecnici, questa volta giuristi eno economisti, non compatibile con i principî dela democrazia politica.* (p. 19)

[37] Ibidem, p. 24.

Há, aqui, para o autor, uma reprodução do que a globalização gera a partir do primado do econômico, agora em favor da jurisdição que, do mesmo modo daquele, atua privada de qualquer responsabilidade política.

Nesta perspectiva emerge o que indica como uma *política delle libertà individuali* que o leva a questionar acerca das condições que cercam a atuação dos Sistemas de Justiça na aplicação e/ou "desaplicação" da lei, sobretudo quando isto se faz em razão de sua consideração acerca da "qualidade" do texto legislado, a partir de critérios os mais variados, desconsiderando, seguidamente, os mecanismos de controle que o mesmo sistema estabelece.

Tais atitudes levam, muitas vezes, a uma disputa individual ou corporativa descomprometida com sua ambiência coletiva de solidariedade, própria dos Estados Constitucionais contemporâneos, reproduzindo a velha perspectiva liberal que inaugura o Estado resultante das revoluções liberais onde *i cittadini si muovono come monadi isolate e rissose, perdono l'idea di appartenere a una comunità; ciascuno agisce nel proprio esclusivo interesse avvallendosi dei propri diritti sogettivi come arma puntata contro l'altro* (p. 65).

É preciso, afirma, retomar o equilíbrio entre direitos e deveres, o que não significa um antagonismo com a política dos direitos, porém se apresenta *come complesso di scelte che integrano la prima per una visione fedele alla intera Costituzione del rapporto fra cittadini e Repubblica, fra i cittadini tra loro, e permetta la creazione di condizioni per le quali ciascuno possa realizzare il pieno sviluppo della própria personalità nell'ambito delle comunità nelle quali vive.*[38]

Nesta perspectiva, para o autor, há que se promover um "encontro" entre *rigidez constitucional* e *rigor constitucional*, significando isso a coerência entre deveres e comportamentos, seja de cidadãos, seja de instituições, a partir de uma *ética republicana* que promova uma *integração* no interior mesmo de um Estado pluralista, o que não pode estar alicerçado em uma intervenção do juiz que, favorecendo aquele que demanda, priva todos os demais que se encontram, inclusive, nas mesmas condições.

Assim, resumida, a preocupação do autor pode vir traduzida pela preocupação em torno do problema da legitimidade democrática. *Come risolvere il problema dell'assenza di uma legittimazione democrática di giudici ai quali viene riconosciuto il potere di effettuare scelte discrezionali proprie della politica?* (p. 41)

Preocupa-se, assim, com o desequilíbrio que se produz entre direitos e deveres, bem como nas relações entre as funções características da organização estatal moderna, na fórmula tripartite.

Por um lado, a perspectiva dos deveres busca superar o que o autor nomeia como *partecipazione oppositiva* que vem marcada por um "egoísmo

---
[38] L. Violante, Op. cit., p. 81.

contingente". Por outro, enfrenta o *policentrismo anarchico* onde *nessuno ha il potere de dire la parola finale, ma tutti hanno il potere de impedire che altri la dica* (p. 149).

Disso resulta uma liberdade que se fixa apenas na convivência, e não na construção de finalidades gerais, da mesma forma que reforça a perspectiva individualista em detrimento da comunidade.

Para L. Violante, é preciso ter em conta, nesta toada, *i rischi del costituzionalismo irenico, che si limita a celebrare i trionfi dei diritti fondamentali grazie alle giurisdizioni, e tornare al costituzionalismo polemico, capace di misurarsi com tutti i problemi del potere.*[39]

De certo modo esta é a questão que se apresenta para os autores. Ambos estão preocupados com o transbordamento das instituições político-jurídicas modernas. Ambos desenvolvem – com vieses próprios, evidentemente – a emergência de problemas decorrentes das circunstâncias e arranjos atuais, buscando reconhecer a necessidade de respostas novas para uma "nova" *era dos direitos* (S. Rodotà) ou justificando a necessidade de um reforço das esferas próprias de decisão, sobretudo do espaço da política como ambiente adequado para a disputa em torno àquilo que ainda não foi objeto de consenso político (L. Violante).

3. O Estado "sconfinato"

As referências tomadas emprestadas destes autores permitem, ainda, pensar novos arranjos, não ficando, como indica S. Rodotà, presos a "esquemas" clássicos que já não respondem adequadamente às circunstâncias contemporâneas. Muitos são os problemas e distintas são as características da "sociedade complexa" atual a exigir dos juristas, no particular, a construção de novas fórmulas que, ao mesmo tempo que assegurem e expandam as conquistas da tradição, estejam aptas a confrontar e dar vazão ao "novo" que se lhes apresenta.

Nesta linha, pode-se elencar, como, aliás, o fazem a sua maneira os autores aqui tratados, alguns temas que emergem, tais como os "novos(simos)" direitos que, confirmando a assertiva de N. Bobbio,[40] nascem das também inéditas condições e circunstâncias de vida atuais, conectados, para o bem e para o mal, às novas tecnologias, aos novos riscos sociais e a uma temporalidade diversa – acelerada – e que se contrapõe aos mecanismos decisórios da modernidade cujo tempo (diferido) é muito lento para a emergência que caracteriza a contemporaneidade.

Ainda reconhecer uma "nova geografia" – *sconfinata*, como diz S. Rodotà – que desconstitui a pretensão – e que nunca deixou de ser apenas

---

[39] Id., ibid., p. 154.
[40] Veja-se a respeito o seu *A Era dos Direitos*, como já referido antes.

isso – monista moderna desde uma ordem soberana única exercida territorialmente e "imposta" sobre um grupo de pessoas identificadas por uma cidadania artificial e diferenciadora definida por este mesmo poder. Há que se ter presente que se vive um ambiente de pluralismos que repercutem nos campos do direito e da política e de suas institucionalidades. Pluralismos de instâncias, de atores e, em especial, de ordens normativas que "dialogam" transversal e, muitas vezes, tensionadamente.

Tudo isso não pode passar despercebido para os juristas, impondo--lhes, na esteira de S. Rodotà, não apenas reconhecer este "novo ambiente" como ter a capacidade de, percebendo-o, reagir criativa e habilmente na construção de respostas.

É disso e muito mais que se trata nas obras postas em destaque e confronto. E, tendo isso presente, podem-se retomar, na especificidade, alguns destes temas, em particular um que nos afeta especialmente. Qual seja: o do rearranjo das relações interfuncionais do modelo organizacional dos Estados da modernidade, desde a adoção do modelo de Montesquieu.

Já Paulo Bonavides afirmava em seu texto clássico *Do Estado Liberal ao Estado Social* que:

> Chegamos, de nossa parte, a essa conclusão: a teoria da divisão de poderes foi em outros tempos arma necessária da liberdade e afirmação da personalidade humana (século XVIII e XIX). Em nossos dias é um princípio decadente na técnica do constitucionalismo. Decadente, em virtude das contradições e da incompatibilidade em que se acha perante a dilatação dos fins reconhecidos ao Estado e da posição em que se deve colocar o Estado para proteger eficazmente a liberdade do indivíduo e sua personalidade.[41]

Ou seja, desde há tempos P. Bonavides já reconhecia, em razão do "novo" Estado Social, que este princípio deveria ter sido abandonado "no museu da Teoria do Estado".[42] O que mudou desde então? Será que houve um retorno à era clássica da "separação de poderes" ou, pelo contrário, avançou-se no sentido de tornar o modelo orgânico do poder estatal e o próprio Estado, como tal, concepções destinadas a compor o acervo histórico das instituições político-jurídicas?

É preciso reconhecer, não há dúvida nisso, que os tempos são outros. Desde aqueles dias em que P. Bonavides denunciava a inutilidade deste princípio para o que se inaugurava como o "novo" Estado Social ocorreram transformações significativas. Seja porque este Estado Social entrou em crise, reconhecida desde os anos 1970, seja porque o próprio Estado – não adjetivado – viu sua centralidade ser posta em dúvida, ou mesmo, ser afastada pela emergência de novos atores (públicos, privados, semipúblicos/privados etc.), de novos ambientes (o local, o regional, o

---

[41] Ver: BONAVIDES, Paulo. *Do Estado Liberal ao Estado Social*. 4ª rd. Rio de Janeiro: Forense. 1980. p. 67.
[42] Id., ibid., p. 36.

mundial etc.), de novos arranjos (organizações internacionais, ONGs, estruturas regionais etc.).

Tudo isso, de outro lado, não pode apenas significar uma reestruturação acrítica da atuação estatal, como aquela que transparece, exemplificativamente e para o objeto pontual da análise aqui sugerida, quando da transposição do debate político para o interior do Sistema de Justiça, seja como decorrência do sucesso no sentido da ampliação do acesso à justiça, seja como resultante do *deficit* de satisfação em torno a pretensões ligadas a políticas públicas veiculadas pelo Estado Social, em crise – financeira, no particular – ou submetido a influxos decorrentes da "nova" era global e, em especial, do neoliberalismo e do neocapitalismo (capitalismo financeiro ou de cassino, como nomeia António José Avelãs Nunes[43]).

Estes novos tempos – complexos e líquidos, como caracterizado por parte da literatura contemporânea – traduzem-se em novos arranjos que relegam ao museu, como sugere P. Bonavides,[44] as fórmulas modernas, mesmo que elas ainda estejam aí, pois permanecem como instrumentos de ação político-jurídica.

O dilema que nos afeta diz, então, com o reconhecimento desta nova era – não só de direitos, mas também de deveres, numa tentativa simbiótica de S. Rotodá e de L. Violante –, a compreensão dos seus contornos, a estruturação de instrumentos que lhe sejam adequados, a compatibilização de um projeto de salvaguarda de conquistas e de construção de novas fórmulas asseguradoras de uma vida digna para a humanidade diante dos novos dilemas e dos novos dramas, bem lembrando dos *deficits* que ainda experimenta relativamente às promessas não efetivadas para todos e que, nos dias atuais, parecem em franca regressão, mesmo nos até então "países centrais" da economia capitalista.

Há que se promover este *aggiornamento* institucional, reconhecendo, ao lado dos novos conteúdos, novos papéis para velhos atores, assim como novas estruturas para atores inéditos. Tudo isso em um tempo de convivência tensionada entre o "novo" e o "velho".

Referências

AGAMBEN, Giorgio. *Profanações*. Tradução de Selvino J. Assmann. São Paulo: Boitempo, 2007. 91 p.

AVELÃS NUNES, António José. *As voltas que o mundo dá....* Reflexões a propósito das aventuras e desventuras do Estado Social. Rio de Janeiro: Lumen Juris. 2011.

BARGOS, Marcelo; CARVALHO, Maria Alice R. de; MELO, Manuel P. Cunha; BENVINDO, Juliano Zaiden. A "última palavra", o poder e a história : o Supremo Tribunal Federal e o discurso de supremacia no constitucionalismo brasileiro. *Revista de Informação Legislativa, Brasília*, v. 51, n. 201, jan./mar. 2014.

---

[43] Ver: AVELÃS NUNES, António José. *As voltas que o mundo dá....*Reflexões a propósito das aventuras e desventuras do Estado Social. Rio de Janeiro : Lumen Juris. 2011.

[44] Nesta linha, também: VERDÚ, Pablo Lucas. *Materiales para um Museo de Antigüedades y Curiosidades Constitucionales*. Madrid: Dykinson, 2011.

BOBBIO, Norberto. *L'età dei diritti*. Torino: EINAUDI. 1990.

BOLZAN DE MORAIS, Jose Luis. *As crises do estado e da constituição e a transformação espacial dos direitos humanos*. 2ª ed. Col. Estado e Constituição. N. 1. Porto Alegre: Livraria do Advogado, 2011.

——; NASCIMENTO, Valéria Ribas do. *Constitucionalismo e Cidadania*: por uma jurisdição constitucional democrática. Porto Alegre: Livraria do Advogado, 2010.

—— SALDANHA, Jânia Maria Lopes; VIEIRA, Gustavo Oliveira. O Constitucionalismo e a Internacionalização dos Direitos Humanos. In: BOLZAN DE MORAIS, Jose Luis; COPETTI NETO, Alfredo (Org). *Estado e Constituição*: a internacionalização do direito a partir dos direitos humanos. UNIJUI, 2013.

—— (Coord.). *Estudo Sobre Impacto no Sistema Processual dos Tratados Internacionais*. Brasília: Ministério da Justiça; Secretaria de Reforma do Judiciário, 2013.

——; STRECK, Lenio Luiz. *Ciência política e teoria do estado*. 8ª ed. Porto Alegre: Livraria do Advogado, 2014.

——; COPETTI NETO, Alfreto. Estado e Constituição: a internacionalização do direito a partir dos direitos humanos. Ijuí: Ed. UNIJUÌ. 2013

——; JACOB NETO, Elias. *Liberté, egalité, fraternité et ... surveillé: o leviatã contra-ataca*. Sítio "Empório do Direito". Maio de 2015.

BONAVIDES, Paulo. *Do Estado Liberal ao Estado Social*. 4ª ed. Rio de Janeiro: FORENSE. 1980.

CASTELLS, Manuel. *The power of identity*: The information age – economy, society and culture. 2ª ed. Chichester: Wiley-Blackwell, 2010.

FERNANDEZ-SAVATER, Amador. *Fuera de Lugar. Conversaciones entre crisis e transformación*. Madrid: Acuarela y Machado Grupo de Distribución. 2013.

FERRAJOLI, Luigi. *Democracia y garantismo*. Tradução de Perfecto Andrés Ibáñez. Madrid: Trotta, 2008.

——. *Principia iuris*: Teoria del diritto e della democrazia. Bari: Laterza, 2007. 3v.

HARDT, M. e NEGRI, A. Comune. Oltre il privato e il pubblico. Milano: 2010.

HIRSCHL, Ran. The Judicialization of Mega-Politics and the Rise of Political Courts. *The annual review of political science*, v. 11, p. 93-118, June 2008.

LEFORT, Claude. L'Invention Democratique. Les limite de la domination totalitaire. Paris: Fayard. 1981.

RODOTÀ, Stefano. *Il diritto di avere diritti*. Roma-Bari: Laterza. 2012.

ROSANVALLON, Pierre. *La Société des Égaux*. Paris: Seuil. 2011.

SASSEN, Saskia. *Critique de L`État: Territoire, Autorité et Droits*. De L`Époque Médiévale à nos Jours. Paris: Lê Monde Diplomatic, 2011.

TATE, Chester Neal; VALLINDER, Torbjörn (orgs). *The global expansion of Judicial Power*. New York: New York University Press, 1995.

VERDÚ, Pablo Lucas. Materiales para um Museo de Antigüedades y Curiosidades Constitucionales. Madrid: Dykinson, 2011.

VIOLANTE, Luciano. *Il dovere di avere doveri*. Torino: Giulio Einaudi editore. 2014.

— VII —

Sociedade contra o Estado – duas ondas de democratização radical no Brasil (1988 e 2013): uma interpretação à luz de Franz Neumann

JOSÉ RODRIGO RODRIGUEZ[1]

Sumário: Crise, democratização e reação; Primeira onda de democratização: a Constituição de 1988 e o peemedebismo; Segunda onda de democratização: junho de 2013 e o impulso autonomista; Fecho.

Crise, democratização e reação

A atual crise brasileira está redefinindo as fronteiras entre direito e política uma segunda vez em menos de 30 anos de forma dramática e radical. Por diferentes razões, quando a música parar afinal, é provável que a política e o direito brasileiro nunca mais sejam os mesmos. Nosso sistema de justiça aparentemente revelou o núcleo corrompido da vida pública nacional que está aberto para fazer negócios escusos ao menos desde a década de 1980. Até certo ponto, a maioria dos representantes políticos parece estar implicada nesta trama, os partidos políticos mais importantes do país e quase todas as maiores figuras políticas e empresariais do país.

Este processo pode-se mostrar uma boa oportunidade para radicalizar a democracia brasileira ou pode-se constituir em uma ameaça à sua integridade, provocando a desarticulação de nosso sistema político. Seja como for, a crise não diz respeito apenas à corrupção: ela também está relacionada, de alguma forma, com uma segunda onda de democratização em curso, nascida no seio da sociedade civil brasileira. A primeira onda de democratização ocorreu ainda sob a ditadura militar e produziu a Constituição de 1988, na sequência de uma estratégia de luta por direitos, processo que também ajudou a construir um Judiciário e um sistema de justiça fortes e influentes. De fato, parece que o sistema de justiça hoje

---

[1] CEBRAP-UNISINOS

é o único setor do estado capaz de ouvir e atender às demandas crescentes da sociedade civil brasileira.

Nos último anos, o Judiciário tem assumido um papel central na política nacional, especialmente o STF, ao julgar casos polêmicos de amplo interesse público, os quais, até pouco tempo atrás, permaneciam por anos estrategicamente esperando para entrar em pauta, por exemplo, a demarcação de terras indígenas, a possibilidade de aborto de fetos anacéfalos e a possibilidade de casamento entre pessoas do mesmo sexo.[2] Além disso, o STF julgou o caso criminal do "Mensalão", escândalo de corrupção ocorrido durante o governo Lula, por ser dotado de competência exclusiva para julgar autoridades que ocupam cargos no governo federal. Além disso, o sistema de justiça como um todo, Polícia, Ministério Público e Judiciário, têm-se voltado para combater a corrupção, nesse momento, especialmente por meio da "Operação Lava-Jato". Todo este movimento pode ser interpretado como uma reação ao modo como a política brasileira tem atuado, adotando práticas corruptas e voltando as suas costas para as demandas da sociedade civil, como veremos a seguir.

Com efeito, a implementação dos direitos constitucionais estabelecidos em 1988 foi parcialmente sabotada por uma cultura e estrutura política reacionária chamada de "peemedebismo",[3] que se organizou durante a Assembleia Constituinte brasileira (1987-1988), a fim de evitar o reconhecimento dos direitos sociais pelo texto constitucional e enfraquecer os meios destinados à sua execução e implementação. Além disso, a desregulamentação e a transnacionalização dos mercados na década de 1990 tiveram seu papel em restringir a força da luta por direitos, ao diminuir o poder do Estado de controlar e taxar o capital para financiar as políticas públicas de caráter social.

O processo social em curso neste momento, desencadeado em junho de 2013, parece ser clamante uma reação da sociedade civil ao "peemedebismo". Ainda não está claro qual será a forma específica de institucionalização a atual onda. No entanto, sua inspiração autonomista e forma anti-hierárquica de ação social[4] parece ter trazido ao centro do palco uma geração de ativistas que não está interessada em tomar parte na política tradicional ou ocupar posições de poder do Estado. Em vez disso, esses ativistas parecem estar mais preocupados em criar formas de vida auto--organizadas.

É claro que a atual onda de democratização pode vir a ser absorvida pela política tradicional e ver seu potencial inovador frustrado, ou levar

---

[2] Ferreira. S. L; Fernandes, E. B. D. (2013) "O STF nas 'cortes' Victor Nunes, Moreira Alves e Gilmar Mendes", *Revista Direito GV*, n. 9. Vol. 1, p. p. 23-46 .

[3] Nobre, M. (2013) *Imobilismo em Movimento*. São Paulo: Cia das Letras.

[4] Gohn. M. G. (2014). *Manifestações de Julho de 2013 no Brasil e nas Praças dos Indignados do Mundo*. Rio de Janeiro: Vozes.

a algumas consequências transformadoras de longo prazo. Por exemplo, ela pode eventualmente dar lugar à criação de diversas zonas autônomas, anárquicas e experimentais, livres da influência do Estado. Ou talvez ela resulte em transformações na forma de Estado, que pode ser privado de seu poder de regular diretamente a sociedade, passando a desempenhar o papel de estimular e financiar os vários campos sociais autogeridos, além de ajudá-los a lidar com os conflitos que surjam entre eles.

Caso o Estado realmente se transforme no sentido que apontamos, não teríamos mais um Estado todo-poderoso, mas uma entidade de coordenação que iria partilhar o seu poder soberano com a sociedade, ou seja, que iria devolver o poder normativo à sociedade – uma forma de poder atualmente concentrado no Parlamento – e dedicar-se principalmente à resolução de conflitos entre os diversos espaços de gestão autônoma. Ainda que não seja fácil imaginar uma possibilidade como esta se efetivar na realidade, pois a nossa imaginação política parece estar quase completamente dominada pela dualidade Estado e sociedade civil,[5] é necessário considerá-la seriamente a fim de não subsumir precocemente na gramática política tradicional o que pode haver de inovador nesta nova onda de ativismo social.

É importante ressaltar também que a atual crise política brasileira também é um resultado positivo do desenvolvimento de um sistema de justiça forte, que inclui um Poder Judiciário autônomo e muito bem pago e um igualmente poderoso e bem remunerado Ministério Público Federal e Estadual. De fato, o Ministério Público tornou-se tão poderoso e autônomo que parece razoável afirmar que ele atua hoje como um novo poder do Estado brasileiro, e não apenas como uma agência estatal entre outras.

Nos últimos dois anos, quase todas as semanas o país descobre uma nova peça chocante no que parece ser um esquema de corrupção quase universal, revelado pela "Operação Lava-Jato", dirigida pelo Ministério Público Federal com a ajuda da Polícia Federal e da Justiça Federal. É verdade que não há provas até este momento de que todos os envolvidos tenham se beneficiado pessoalmente do esquema de corrupção. Essa é uma das razões pelas quais parte do país tem ido às ruas para se opor ao *impeachment* da presidente Dilma Rousseff e para lançar dúvidas sobre como a Justiça Federal vem tratando o ex-presidente Lula, que ainda não foi formalmente acusado de nada. No entanto, neste momento, parece não haver mais dúvidas de que todos os partidos políticos e uma enorme quantidade de figuras políticas, incluindo membros do PT, recebeu dinheiro para financiar suas campanhas, despesas pessoais e despesas do partido.

---

[5] Scott, J. C. (1998) *Seein Like a State. How Certain Schemes to Improve the Human Condition Have Failed*. New Haven: Yale University Press; Graeber, D. (2004) *Fragments of an Anarchist Anthropology*. Chicago: Prickly Paradigm Press.

A "Operação Lava-Jato" parece ter atingido uma estrutura profunda e fundamental da política brasileira. É claro que existe o risco de tudo permanecer o mesmo depois que alguns bodes expiatórios sejam sacrificados nos altares da nossa sociedade do espetáculo. Mas o cenário "tudo termina em pizza", neste caso, soa menos plausível se lembramos das mudanças ocorridas no sistema de justiça brasileiro. Pois é cada vez menos plausível que policiais, juízes e membros do Ministério Público sejam manipulados pela esfera política quando seus poderes, atribuições e ganhos financeiros não dependem de negociações políticas, mas decorrem diretamente do texto da Constituição.

Primeira onda de democratização: a Constituição de 1988 e o peemedebismo

Antes de 1988, o pensamento e a ação social de esquerda nunca haviam levado o Direito a sério no Brasil e por uma boa razão: a política brasileira sempre funcionou de cima para baixo e utilizava as leis, principalmente, para legitimar decisões autárquicas. Durante o século XX, o país alternou períodos democráticos curtos com golpe de Estado e longos períodos de governos autoritários, durante os quais as leis não eram elaboradas com a participação da sociedade civil. Vivemos agora nosso período democrático mais longo: quase 30 anos.

Não espanta, portanto, que o marxismo ortodoxo e abordagens foucaultianas sobre o Direito tendam a prevalecer no campo da esquerda acadêmica brasileira,[6] pois essas teorias aparentemente descrevem nossa realidade de forma muito precisa, ao menos até 1988. Para um intelectual de esquerda no Brasil, a tarefa tem sido sempre denunciar a opressão implementada por meio das leis e não explorar suas características de "espada de dois gumes", como Franz Neumann afirma no prefácio de *O Império do Direito*.[7] Pois o Direito só adquire esse caráter dual quando é objeto de disputa pelos diversos grupos sociais, tanto no Parlamento quanto no Judiciário.

Franz Neumann ensina que, quando o proletariado começou a lutar por direitos, expôs a iniquidade do direito burguês, especialmente no campo dos contratos e do direito de propriedade.[8] A luta proletária deixou claro que os contratos não promovem uma troca justa entre trabalho e salário e que o direito de propriedade oculta o arbítrio egoísta sobre bens de

---

[6] Por exemplo: Kashiura Jr., C. N.; Akamine Jr., O.; Melo, T. (orgs.) (2015) *Para a Crítica do Direito*. São Paulo: Outras Expressões.

[7] Neumann, F. L. (1986) *The Rule of Law. Political Theory and the Legal System in Modern Society*. Leamington. Spa: Berg.

[8] For a complete analysis of these issues: Rodriguez, J. R. (2009) *Fuga do Direito. Um Estudo sobre o Direito Contemporâneo a partir de Franz Neumann*. São Paulo: Saraiva.

interesse social. Assim, para trazer algum equilíbrio à "troca" promovida pelo contrato de trabalho, a luta dos trabalhadores afirma ser necessário adicionar ao contrato várias cláusulas obrigatórias, que limitam a vontade do empregador, colocando limites à exploração do trabalho por meio da garantia de direitos sociais, universalmente, a todos os trabalhadores. Estas cláusulas obrigatórias compensam e ao mesmo tempo expõem a desigualdade da troca de trabalho por salário.

O conceito de função social da propriedade, nascido na Constituição de Weimar, impõe a regulação da propriedade privada em nome do interesse social, e não apenas em função de interesses puramente egoístas. Por exemplo, para que alguém mantenha a propriedade sobre um imóvel, deve explorá-lo de modo a satisfazer os interesses sociais, ou seja, de acordo com critérios estabelecidos pelas leis, sob pena de poder ver seu bem desapropriado para fins de interesse público.

Estas mudanças na função do direito, provocadas também por transformações na estrutura e no funcionamento dos poderes do Estado, começou a limitar o controle da burguesia sobre capital. Não é por outra razão que, de acordo com Franz Neumann, o nazismo se seguiu à efervescência democrática da República de Weimar. Pois quando o Estado de direito é posto a serviço das classes oprimidas e ameaça o controle da burguesia sobre o capital, a burguesia procura fugir do direito fornecendo apoio a formas irracionais e autárquicas de governo ou de regulação capazes de neutralizar as demandas da sociedade civil. Por exemplo, durante o nazismo ou hoje no Brasil, com o "peemedebismo" e, globalmente, com os chamados "regimes privados transnacionais", que até teóricos tradicionais como Gunther Teubner admitem possuir uma tendência autoritária.[9]

Franz Neumann generaliza os resultados de sua análise para explicar os EUA durante os anos 50 com a utilização dos conceitos de falsa legalidade e alienação política.[10] Se as instituições formais não respondem às demandas sociais, a sociedade tende a se sentir alienada da política, e este estado de coisas, combinado com fatores psíquicos e com determinadas circunstâncias legais, pode favorecer o surgimento de regimes autoritários ou formas pervertidas de direito. Uma dessas formas pervertidas é, nas palavras de Neumann, a falsa legalidade. Por exemplo, durante os anos de McCarty, funcionários públicos foram investigados e, finalmente, demitidos, simplesmente por terem siso acusados de comunismo. Embora o Estado certamente tenha o direito de demitir seus funcionários, durante este período, Neumann argumentou, esse direito foi exercido de forma discriminatória. O Estado usou a forma universal do direito para

---

[9] Teubner, G. (1996) "Global Bukowina: Legal Pluralism in the World-Society", In: *Global Law Without a State*, Gunther Teubner (ed.), London: Dartsmouth; Scheuermann, W. (2008) *Frankfurt School Perspectives on Globalization, Democracy and the Law*. New York & London: Routledge.

[10] Neumann, F. L., (1953) "The Concept of Political Freedom", 53 *Columbia Law Review*. p. 901-935.

disfarçar a discriminação contra os comunistas, desrespeitando a soberania popular com a criação de uma zona de uso arbitrário da lei.

Um direito democrático deve permitir que os conflitos sociais tenham impacto sobre o desempenho e sobre o desenho das instituições formais. Este ponto fica claro nas últimas páginas de introdução de Neumann para "O Espírito das Leis", de Montesquieu.[11] Neumann afirma que a visão clássica da separação de poderes, considerada em seu contexto social, deve ser abandonada, uma vez que constitui um obstáculo à transformação social. Ao contrário de intérpretes comuns, Neumann propôs que a separação dos poderes de Montesquieu consistia na ideia de que nenhum poder deve ser autorizado a tomar uma decisão sem revisão. Isso é tudo.

Os poderes do Estado não devem ser necessariamente dois ou três e não devem ter um conjunto prefixado de competências, pois é possível utilizar essa estrutura naturalizada para deslegitimar qualquer transformação social. Por exemplo, durante a República de Weimar, Carl Schmitt e juristas conservadores defenderam que o Parlamento e as leis não deveriam poder disciplinar os direitos de propriedade. Como resultado, para estes autores, todos os direitos sociais reconhecidos pela Constituição de Weimar não era dotados da mesma coercibilidade que as outras partes da Constituição. Eram direitos de hierarquia inferior aos direitos individuais clássicos e por isso os juízes negavam-lhes validade, decidindo como se eles não existissem.[12]

Desde 1988, a legislação brasileira tem perdido seu caráter autárquico. A Constituição brasileira de 1988 tem mais de 200 artigos e foi resultado de um processo de participação direta que ainda foi pouco estudado. A assembleia nacional constituinte durou quase dois anos e recebeu 120 emendas populares legitimadas por 12 milhões de assinaturas, além de mais de 70 mil sugestões de cidadãos e organizações. Foram realizadas mais de 180 audiências públicas que contaram com a participação da sociedade civil que compareceu para debater as partes do texto constitucional de seu interesse direto.[13]

Claro que toda esta participação não nasceu do nada. Durante os anos 70 e 80, mesmo sob uma ditadura civil-militar, a sociedade civil brasileira foi capaz de se organizar em vários movimentos sociais. O clássico livro de Eder Sader, "Quando Novos Personagens Entraram em

---

[11] Neumann, F. L., (1957) "Montesquieu", in: *The Democratic and the Authoritarian State*, ed. H. Marcuse, Glencoe, IL: Free Press, p. 96-148.

[12] Kahn-Freund, O. (1931) "The Social Ideal of the Reich Labour Court – A Critical Examination of the Practice of the Reich Labour Court", In: Kahn-Freund, O. (1978). *SelectedWritings*. London: Stevens.

[13] Pilati, A. (2008) *A Constituinte de 1987-1988. Progressistas, conservadores, ordem econômica e regras do jogo*. Rio de Janeiro: Editora PUC-Rio.

Cena",[14] conta a história da luta dos clubes de mães, do sindicato dos metalúrgicos de São Bernardo, da oposição do sindicato metalúrgico de São Paulo e do comitês de saúde da zona leste de São Paulo e ajuda a explicar como a sociedade civil brasileira pôde responder tão rapidamente às oportunidades políticas abertas pela Assembleia Nacional Constituinte. O livro também ajuda a explicar porque a reação a este impulso democratizante foi organizada de forma tão rápida e eficaz.

De fato, o aumento do controle dos movimentos sociais sobre o orçamento do Estado com a garantia de diversos direitos sociais não ficou sem reação. Ainda durante a elaboração da Constituição, um grupo de deputados federais e senadores chamados de "centrão" organizou-se para combater a incorporação de uma agenda progressista ao texto constitucional. Este grupo de representantes está nas origens da cultura política reacionária chamada de "peemedebismo", que domina a política brasileira desde então.[15]

O "peemedebismo" generalizou e universalizou as práticas do "centrão" e do PMDB (Partido do Movimento Democrático Brasileiro) para todo o sistema político. O PMDB, na origem MDB, foi um partido criado durante a ditadura brasileira como partido de oposição oficial a um governo autoritário que mantinha um bipartidarismo de fachada, cuja atuação era bastante limitada. Ele nunca foi um partido ideológico, pois foi criado para reunir todos os membros da oposição que a ditadura brasileira era capaz de tolerar. Logo após a redemocratização brasileira, o PMDB se tornou o maior partido do país, utilizando a sua expertise pragmática de incorporar novos membros e simpatizantes, sem precisar desenvolver uma ideologia coerente, para se manter permanentemente no poder. Desde então, o partido conseguiu ocupar uma posição central em todas as coalizões para as eleições nacionais no Brasil. Hoje em dia, é praticamente impossível governar o Brasil sem o apoio do PMDB, um partido cujas práticas deixaram uma marca profunda na cultura política brasileira.

O sistema político brasileiro é organizado para formar grandes coalizões que tendem a dissolver os antagonismos sociais. Na verdade, o sistema conseguiu se perpetuar buscando ignorar o conflito social e atraindo mais e mais aliados por meio da oferta de cargos no governo, os quais dão acesso ao controle de parte da despesa pública. Quanto mais o sistema é capaz de evitar a influência da esfera pública, mais ele se perpetua sem incorporar novas demandas sociais, tendo que lidar apenas com interesses individuais no controle do orçamento por políticos aliados.

---

[14] Sader, E. (1988) *Quando Novos Personagens Entraram em Cena: experiências, falas e lutas dos trabalhadores da Grande São Paulo (1970-80)*. Rio de Janeiro: Paz e Terra.

[15] Nobre. M. (2013). *Imobilismo...*

Como resultado de todo este processo de democratização e sua reação conservadora, a Constituição de 1988 garantiu toda espécie de direitos de maneira complexa e contraditória, o que torna impossível por vezes concluir, a partir do texto constitucional, qual é o conteúdo e os limites deste ou daquele direito. Além disso, a força obrigatória de muitos direitos sociais ainda depende de novas leis que nunca foram aprovadas pelo parlamento. Capítulo por capítulo, podem-se identificar na Constituição as marcas da luta social que teve lugar durante a sua elaboração, uma luta que permanece aguerrida, posto que a Constituição não teve e ainda não tem vencedores claros.

Mesmo depois de sua promulgação, os conflitos sociais continuaram a se desenrolar de forma aguda, mas agora por outros meios. A implementação de direitos por parte do Executivo e sua interpretação final pelo Judiciário, especialmente pelo Supremo Tribunal do Brasil, desempenham hoje um papel central na política brasileira. A indeterminação da Constituição, que expressa uma espécie de "clinch" político entre as forças progressistas e as forças conservadoras, abre muito espaço para interpretação. De 1988 até hoje, os brasileiros não fazem mais do que lutar pelo significado e pela efetivação de sua Constituição, principalmente por intermédio do Judiciário,[16] que tem sido acusado, não surpreendentemente, por forças reacionárias e por cientistas sociais tradicionais, de desrespeitar "a" separação de poderes, promovendo uma "judicialização da política" que estaria desrespeitando os limites "naturais" entre os poderes estatais.[17]

A onda democratizante de 88 que produziu a Constituição e o "peemedebismo" encontrou tanto o seu ponto culminante quanto a sua hora final depois de dois mandatos muito bem-sucedidos do ex-Presidente Lula. A sociedade civil organizou-se para disputar o texto da Constituição durante a sua elaboração e continuou a fazê-lo por todos os meios disponíveis desde então. Não foi necessário mudar a Constituição para implementar projetos de Lula: ele apenas implementou muitas das suas partes mais progressistas.

De outro lado, a implementação de um projeto maciço de privatizações e medidas econômicas conservadoras durante os dois mandatos de Fernando Henrique Cardoso exigiu grandes mudanças no texto constitucional.[18] De fato, os conservadores ainda afirmam que os direitos sociais

---

[16] Rodriguez, J. R. (2015). "Luta por direitos, rebeliões e democracia no século XXI: algumas tarefas para a pesquisa em direito". Em: Streck, Lenio L., Rocha, Leonel. S.; Engelmann, Wilson (orgs.). *Constituição, sistemas sociais e hermenêutica*. Porto Alegre: Livraria do Advogado.

[17] Nobre M., Rodriguez, J.R. (2011) "Judicialização da política: déficits explicativos e bloqueios normativistas". *Novos Estudos CEBRAP*, n. 91, p. 5-20.

[18] Melo, M. A. (2008) *Reformas Constitucionais no Brasil: Instituições Políticas e Processo Decisório*. Rio de Janeiro: Revan.

garantidos pela Constituição de 1988 enfraquecem a competitividade internacional brasileira e exercem enorme pressão sobre o seu orçamento, que ameaça produzir défices públicos constantes.

No final do segundo mandato de Lula, parecia que ninguém no país era contra o governo. Não houve oposição significativa nos oito anos de governo, momento em que a coalizão governamental atingiu o seu ápice. Mesmo depois de acusações de corrupção e a condenação de várias figuras-chaves do PT durante o escândalo do "Mensalão", Lula ainda era um dos presidentes mais populares da história. O ex-Presidente foi beneficiado por um "boom" internacional no preço das *commodities*, fato que trouxe uma enorme quantidade de recursos para o Brasil, o suficiente para financiar programas sociais e criar mais empregos sem acirrar o conflito social. Explico.

O impulso radical que surgiu durante a elaboração da Constituição de 1988 parecia estar finalmente esgotado e domesticado, com benefícios e contradições: a implementação de programas distributivos que reduziram a desigualdade no Brasil para níveis historicamente baixos, financiada pelo "boom" internacional de *commodities* e não por meio da reforma do sistema tributário brasileiro, regressivo e iníquo, bem como por meio da revisão da pertinência de subsídios de eficácia duvidosa que drenam enormes quantidades de dinheiro público para beneficiar empresas brasileiras. Como o chefe da coalizão governante era um partido de esquerda, parte da agenda progressista foi posta em prática, mesmo em um contexto que manteve a execução de práticas políticas tradicionais e corruptas, sem mexer nos mecanismos estruturais responsáveis por perpetuar a desigualdade social brasileira.

Segunda onda de democratização: junho de 2013 e o impulso autonomista

Inadvertidamente, algo completamente diferente aconteceu em junho de 2013, antes mesmo da crise econômica ter atingido o Brasil duramente, como está acontecendo agora. Em 2013, o país viveu a maior onda de manifestações públicas de toda a sua história, manifestações cujo estopim foi um protesto que reivindicava transporte público gratuito para todos na cidade de São Paulo, por ocasião de um aumento de 20 centavos na passagem de ônibus. A manifestação foi organizada por um grupo de inspiração anarquista chamado "Movimento Passe Livre" (MBL).

Com efeito, durante esse ano, nada aconteceu como era de se esperar.[19] O impacto do aumento de 20 centavos no orçamento dos trabalha-

[19] Figueiredo, V (org.). (2014) *Junho de 2013 – A sociedade enfrenta o Estado*. São Paulo: Summus.; Gohn, M. G. (2014). *Manifestações de Julho....*; Jedensnaider E.; Lima, L.; Pomar, M.; Ortellado, P. (2014). *Vinte Centavos: a luta contra o aumento*. São Paulo: Veneta; Borba, M.; Felizi, N.; Reys, J. P. (orgs.). (2014) *Bra-

dores urbanos, que não estavam no foco das políticas distributivas dos governos do PT, somado à insatisfação com os primeiros movimentos do segundo mandato de Dilma Rousseff, que começou a cortar despesas e investimentos públicos, fazendo exatamente o contrário do que a candidata Dilma havia prometido durante sua campanha presidencial, ainda, a extrema brutalidade da polícia do Estado de São Paulo que reprimiu com derramamento de sangue uma manifestação pacífica ocorrida na Avenida Paulista, causou revolta na população de São Paulo e atraiu mais e mais participantes para as manifestações seguintes, convocadas pelo MBL, em um processo que resultou, afinal, em uma demonstração pública enorme e desorganizada, ocorrida simultaneamente em várias cidades, grandes e médias, do país. Estas manifestações colossais, ocorridas ao final do processo, já não tinham uma identidade política clara: todos e todas pareciam protestar contra tudo e contra todos.

Quem esteve na rua nestes dias, como eu mesmo estive, teve a impressão de que algo realmente novo estava acontecendo. Trabalhadores e estudantes jovens que pareciam nunca ter estado presentes a uma demonstração pública, estavam nas ruas lutando por transporte público gratuito, juntamente com membros da classe média e mesmo das classes altas, que protestavam contra a corrupção e contra o governo. A depender de onde alguém estava situado na manifestação, podia-se ouvir e ler *slogans* diferentes e mesmo contraditórios, à esquerda e à direita. Pela primeira vez desde a ditadura brasileira, diga-se, movimentos de direita se organizaram para sair às ruas e protestar contra a corrupção e contra a hegemonia política do PT.

Na verdade, parece que todos esses grupos nunca mais saíram das ruas desde então. Em 2014 e 2015, o país assistiu a novas manifestações públicas, o que deixou claro que os acontecimentos de junho de 2013 não foram um episódio isolado. Estamos diante de um impulso democrático novo e radical, nascido da sociedade civil, à esquerda e à direita, que tem dado à luz novos antagonismos sociais, nascidos bem às costas de um sistema político corrupto e autocentrado, que parece incapaz de ouvir as demandas sociais.

E novos personagens continuam entrando em cena: em 2015, em São Paulo, os estudantes de segundo grau ocuparam 200 escolas públicas para protestar contra o plano do Governo Estadual de fechar escolas supostamente subutilizadas e realocar os alunos e alunas em outras unidades.[20] A ocupação durou quase dois meses e mesmo sob os ataques do Governo e da polícia de São Paulo, conquistou o apoio da população e

---

sil em Movimento. *Reflexões a partir dos protestos de junho*. Rio de Janeiro: Rocco.; Vários, (2014). *Cidades Rebeldes: Passe livre e as manifestações que tomaram as ruas do Brasil*. São Paulo: Boitempo.

[20] Harris, Gil. "School's not out for summer: student protests in São Paulo", http://frombrazil.blogfolha.uol.com.br/2015/12/16/schools-not-out-for-summer-student-protests-in-sao-paulo/.

derrotou, ao menos até o momento, o plano de reorganização, motivando também a demissão do Secretário de Educação. Além disso, entre 2014 e 2015, ocorreram centenas de ocupações de imóveis urbanos desocupados, promovidas articuladamente pelo MTST (Movimento dos Trabalhadores sem Teto) com a finalidade de combater a especulação imobiliária nas cidades e o aumento abusivo dos aluguéis.[21]

Ainda em 2015, a chamada "Primavera feminista", uma série de ações na internet e manifestações públicas em várias cidades do Brasil, ocorreu em resposta à aprovação de um projeto de lei conservador (n. 5.069/2013) apresentado pelo deputado Eduardo Cunha (PMDB-RJ).[22] O projeto impôs dificuldades para o acesso de mulheres estupradas à prática de aborto, um direito garantido pela legislação brasileira. Notemos que o movimento feminista tem sido extremamente ativo na internet com campanhas digitais de grande visibilidade, como as que se propagaram por meio das *hashtags* #MeuPrimeiroAssedio e #NãoPoetizeOMachismo. Também em 2015, a Marcha Nacional das Mulheres Negras organizou a sua maior manifestação da história, em Brasília, capital do Brasil, com a participação de cerca de 20 mil mulheres.[23]

Para quem acredita na força transformadora do Direito sob um regime democrático, é impossível escrever ou ler sobre estes desenvolvimentos tardios da sociedade civil brasileira sem ficar profundamente comovido e, ao mesmo tempo, sem sentir um profundo ressentimento em relação ao PT e à parte dos partidos de esquerda, que não têm feito qualquer movimento significativo na direção desta nova onda de ativismo. Por outro lado, estes novos movimentos sociais parecem não estar de fato interessados em tomar parte na política formal, ao menos não da política como tem ocorrido durante os últimos anos.

A onda de democratização de 1988 foi capaz de alterar profundamente a política e o Direito brasileiro com a criação da Constituição, a consolidação da gramática política da luta por direitos e a criação do PT, partido que elegeu o Presidente do Brasil por 4 mandatos consecutivos. De sua parte, as consequências institucionais formais da onda de 2013 ainda não estão claras. O PT ainda se comporta como líder dos partidos de esquerda e, contra todas as evidências, acusa o sistema judicial de punir apenas os membros da esquerda nos escândalos sobre corrupção, além de praticamente não levar em consideração o vendaval de ar fresco vindo da sociedade civil nos últimos anos. Como qualquer partido burocratiza-

---

[21] Kachani, M. "O boom das ocupações", Blog do Morris, *UOL*, http://blogdomorris.blogfolha.uol.com.br/2014/05/08/filosofia-lacan-e-mtst-no-campo-limpo/.

[22] El Pais, "Primavera feminista no Brasil", http://brasil.elpais.com/brasil/2015/11/13/opinion/1447369533_406426.html/

[23] Geledés, "Marcha das Mulheres Negras 2015", http://www.geledes.org.br/tag/marcha-das-mulheres-negras-2015/

do, parece insistir em permanecer na vanguarda do mesmo modelo de coalizão que o levou ao poder, apelando aos sindicatos e organizações camponesas que ainda apoiam o partido e o governo.

Por outro lado, a inspiração autonomista e anarquista dos vários novos movimentos sociais, que preferem se organizar sob a forma anti-hierárquica de coletivos, não mostra qualquer sinal de interesse nos velhos partidos políticos ou na formação de novos. Os movimentos sociais de direita, por sua vez, apesar de não apoiarem os velhos partidos políticos, parecem aprovar a atuação do Estado brasileiro, especialmente seu sistema de justiça. Ao que tudo indica, ao menos a "Operação Lava-Jato" foi capaz de efetivar uma parte de suas demandas. Partidos de esquerda mais radical, como o PSOL, também vêm a operação como uma oportunidade para transformar a política brasileira e para dar voz à sociedade civil, embora nenhum deles pareça estar em condições de oferecer uma voz política a estes novos ativistas radicais.

Fecho

De fato, ninguém sabe hoje o que vai acontecer no futuro próximo. Será que a política brasileira voltará a ser o que era antes de 2013? O país experimentará uma transformação radical da sua política, movendo-se para a direita ou para a esquerda? A esquerda irá se dividir em mil pedaços, com a eventual perda de força do PT e terá que esperar por anos até que um Bernie Sanders seja capaz de levar a sua voz de volta para o centro do sistema político? Será que os novos movimentos sociais autonomistas irão ajudar a reinventar o Estado e os partidos políticos?

Tudo que eu me sinto seguro para dizer neste momento é, parafraseando uma conhecida citação do poeta russo Vladimir Mayakovski ("É melhor morrer de vodca do que de tédio!"), que ninguém vai morrer de vodca no Brasil, pelo menos nos próximos vinte anos. Talvez de um ataque cardíaco, diante da velocidade dos acontecimentos. Neste dia 11 de abril de 2016, data em que completo este texto, aguardamos a votação do *impeachment* da Presidente Dilma Rousseff, que pode resultar na formação de um novo governo, em torno da figura de Michel Temer, vice-presidente, ou na mudança de rumos do governo atual, agora com maior influência da figura de Lula.

No âmbito da sociedade civil, uma onda de ocupações de escolas públicas, agora no Rio de Janeiro, dialoga com o movimento paulista e reivindica melhores condições para o ensino público brasileiro[24]: a efervescência nas ruas não para de mandar sinais de que a reorganização pa-

---

[24] Nitahara, A. "Reflexo da crise no RJ, ocupação de escolas vive momento de expansão", *UOL Notícias*, http://noticias.uol.com.br/ultimas-noticias/agencia-brasil/2016/04/10/ocupacao-de-escolas-e-amadurecimento-das-jornadas-de-junho-de-2013.htm.

laciana do sistema político não será suficiente para recolocar o direito e a política brasileira nos eixos. Será necessário encontrar maneiras de redesenhar as instituições formais brasileiras, sistema representativo e partidos; talvez destruir e reconstruir novamente nosso modelo de separação dos poderes, para fazer com que a sociedade se sinta novamente parte de nosso estado de direito.

Até que esta articulação encontre uma nova configuração, um novo ponto de equilíbrio, a sociedade permanecerá em tensão com o Direito e o Estado e de forma radical. Ou talvez comecemos a ver nascer uma forma de organização política que, como sugeri no começo deste texto, tenha como objetivo central evitar que o estado se torne o senhor todo-poderoso da vida e dos destinos da sociedade, mas sem recair em uma visão libertariana radical, ou seja, mantendo-se sua função de patrocinador dos espaços autorregulados e de juiz dos conflitos.

"Dois axiomas, com efeito, parecem guiar a marcha da civilização ocidental desde a sua aurora: o primeiro estabelece que a verdadeira sociedade se desenvolve sob a sombra protetora do Estado; o segundo enuncia um imperativo categórico: é necessário trabalhar", lembra-nos Pierre Clastres.[25] Para que uma organização política assim seja possível, talvez seja necessário lidar com o segundo imperativo mencionado: o trabalho. Ou seja, para conferir maior plausibilidade a esta possível renovação nas formas de organização política, seria importante analisar esta nova onda de ativismo deste ponto de vista, qual seja, sua eventual propensão a defender novas formas de vida e de trabalho para além da competição e do capitalismo, formas de vida que buscassem superar a divisão entre ricos e pobres, a qual se relaciona de perto com a divisão entre dominantes e dominados, já que parte das funções do Estado é garantir a propriedade individual contra ataques de terceiros; uma tarefa a ser realizada em outra ocasião, por estar além dos objetivos deste texto.

---

[25] Clastres, P., ob. cit.

— VIII —

O Rubicão e os quatro ovos do condor: de novo, o que é ativismo?

LENIO LUIZ STRECK[1]

O capítulo trata da questão ainda malcompreendida da relevante diferenciação entre o ativismo judicial e a judicialização. Assim, o texto vem no (contra)fluxo do texto de Luiz Werneck Vianna publicado no *site* Consultor Jurídico,[2] no qual que diz não haver limites na patologia que é a judicialização da política. O autor afirma que a decisão do Supremo Tribunal de fixar os ritos a serem obedecidos no processo de *impeachment* da presidente Dilma Rousseff, teria atravessando o Rubicão, caminhando assim, a um governo de juízes.

Destaca, ainda, que no processo de modernização das sociedades capitalistas a intervenção dos juízes é crucial e, assim, na tradição brasileira foi confiado "ao Poder Judiciário papéis de pedagogia cívica sobre a cidadania", visto a desconfiança às instituições da democracia representativa.

Nesse contexto, o Ministério Público foi redesenhado e aumentou sua atuação, a Defensoria Pública foi criada, ações civis públicas e juizados especiais instituídos. Além disso, a legislação e a jurisprudência dos tribunais também entram nesse contexto de expansão. Os tribunais julgaram casos sempre citados como positivos, da união homoafetiva, do aborto de fetos anencéfalos e a demarcação de terras indígenas. Contudo, na seara eleitoral, o tribunal agiu de forma negativa ao intrometer-se em aspectos políticos, criados no Parlamento.

Diz que o crescimento da litigação judicial se deve à perda de credibilidade dos partidos políticos, da vida social fragilizada, que procura,

---

[1] Professor Titular do Programa de Pós-Graduação em Direito da Unisinos (RS); Doutor e Pós-Doutor em Direito; Ex-Procurador de Justiça (MP/RS). Advogado parecerista. Presidente de Honra do Instituto de Hermenêutica Jurídica (IHJ).

[2] Vianna, Luiz Werneck. Não há limites para a patológica judicialização da política. *Consultor Jurídico*. 03 de jan. 2016. Disponível em: http://www.conjur.com.br/2016-jan-03/luiz-werneck-vianna-nao-limites-judicializacao-politica . Acesso em: 20 de jan. 2016.

na Justiça, seu último recurso à resolução de seus conflitos. O aumento exponencial do " Judiciário e a monumentalidade arrogante de suas sedes são a contraface, como consensualmente registra a bibliografia, da falta de República e de suas instituições".

Isso já foi muito bem referido na obra *A judicialização da política e das relações sociais no Brasil*, ainda no final da década de 90, no qual já chamava a atenção sobre o fenômeno da judicialização e foram descritos alguns motivos para esse aumento da atuação judicial:

> A invasão do direito no mundo contemporâneo não tem limitado as suas representações ao âmbito dos poderes republicanos e à esfera propriamente política [...]. Ela também vem alcançando a regularização da sociabilidade e das práticas sociais, inclusive daquelas tidas, tradicionalmente, como de natureza privada e, portanto, impermeáveis à intervenção do Estado, como são os casos, entre outros, das relações de gênero no ambiente familiar e do tratamento dispensado às crianças por seus pais ou responsáveis. Ao lado dessa crescente regularização da vida privada, também no concerne a novíssimas dimensões da experiência social, cujos exemplos poderiam ser a dramática ampliação do consumo juvenil de drogas ou, de uma perspectiva mais positiva, a universalização de uma consciência ecológica, o direito vem expandindo a sua capacidade normativa, armando institucionalmente o Judiciário de meios e modos para o exercício de uma intervenção nesse plano.
> É todo um conjunto de práticas e de novos direitos, além de um continente de personagens e temas até recentemente pouco divisável pelos sistemas jurídicos – das mulheres vitimizadas, aos pobres e ao meio ambiente, passando pelas crianças e pelos adolescentes em situação de risco, pelos dependentes de drogas e pelos consumidores inadvertidos – , os novos objetos sobre os quais se debruça os Poder Judiciário, levando a que as sociedades contemporâneas se vejam, cada vez mais, enredadas na semântica da justiça.[3]

Além disso, a judicialização da política geraria a politização do Judiciário e não poderia se argumentar que as instituições estão funcionando. Haveria, por fim, um risco para as instituições. Ademais, ressalta a possibilidade de uma convulsão social diante do exercício judicial atual.

Por fim, ressalta que essa crise que nos atormenta não estaria tão grave se o Supremo Tribunal Federal não tivesse retirado a cláusula de barreira para os partidos políticos, que havia sido instituída pelo Congresso Nacional. Ademais, o próprio sistema de saúde depende em muito das ações judiciais, para poderem funcionar, judicializando, assim, a política e a saúde. Enfatiza ao fim: "Roma dos pontífices da Renascença, Maquiavel que nos diga, jamais poderia ser uma República".

Esse é um assunto que me é caro, desse modo devem ser tecidas considerações. Venho batendo nele de há muito. De pronto, penso que Werneck Vianna mais se refere ao ativismo judicial do que propriamente à judicialização da política. E se sua crítica se limitar a essa parte específica da "política", penso que fica de fora a maior parte do problema. O problema do ativismo é muito maior do que da judicialização. Isto porque Werneck coloca ativismo e judicialização no mesmo patamar ou não faz

---
[3] Vianna, Luiz Werneck, *et al. A judicialização da política e das relações sociais no Brasil*. Rio de Janeiro: Renavan, 1999, p. 149.

diferença entre os dois. Penso que isso é um problema, como explicarei na sequência.

Há uma diferença entre esses dois fenômenos, ao menos no Brasil. O ativismo sempre é ruim para a democracia, porque decorre de comportamentos e visões pessoais de juízes e tribunais. É como se fosse possível uma linguagem privada, construída à margem da linguagem pública. Já a judicialização pode ser ruim e pode não ser. Depende dos níveis e da intensidade em que ela é verificada. Na verdade, sempre existirá algum grau de judicialização (da política) em regimes democráticos que estejam guarnecidos por uma Constituição normativa. Por isso, é possível observá-la em diversos países do mundo. Aliás, ainda recentemente viu-se isso na Alemanha e nos Estados Unidos. Por vezes, para a preservação dos direitos fundamentais, faz-se necessário que o Judiciário (ou os Tribunais Constitucionais) seja chamado a se pronunciar, toda vez que existir uma violação por parte de um dos Poderes à Constituição. Portanto, a judicialização decorre de (in)competência – por motivo de inconstitucionalidades – de poderes ou instituições.[4]

A questão da judicialização (da política), portanto, está ligada ao funcionamento (in)adequado das instituições, dentro do esquadro institucional traçado pela Constituição. Quanto maior a possibilidade de se discutir, no âmbito judicial, a adequação ou não da ação governamental *lato sensu* com relação aos ditames constitucionais, maior será o grau de judicialização a ser observado. Por isso que afirmo, como já o fiz em outras oportunidades, que a judicialização é contingencial. Ela depende de vários fatores que estão ligados ao funcionamento constitucionalmente adequado das instituições.[5]

O ativismo judicial, por outro lado, liga-se à resposta que o Judiciário oferece à questão objeto de judicialização. No caso específico da judicialização da política, o ativismo representa um tipo de decisão na qual a

---

[4] Essa diferença entre ativismo e judicialização é de fundamental importância. Não me parece que se possa fazer uma crítica adequada se confundirmos os dois conceitos. A menos que tudo seja considerado judicialização, o que diminuiria sobremodo o papel da jurisdição, mormente em países periféricos. Nesse sentido, os trabalhos de Vanice do Valle e José Ribas Vieira, além de Clarissa Tassinari. Esse problema do ativismo afeta a democracia, havendo excelentes estudos acerca dessa pauta de autores como Marcelo Cattoni, Gilberto Bercovi, Martonio Barreto Lima, Otavio Luiz Rodrigues Jr, Rafael Tomaz de Oliveira, Geroges Abboud, André Karam Trindade, Alexandre Morais da Rosa, entre outros.

[5] Clarissa Tassinari afirma sobre a judicialização: "Por tudo isso, pode-se dizer que a judicialização apresenta-se como uma *questão social*. A dimensão desse fenômeno, portanto, não depende do desejo ou da vontade do órgão judicante. Ao contrário, ele é derivado de uma série de fatores originalmente alheios à jurisdição, que possuem seu ponto inicial em um maior e mais amplo reconhecimento de direitos, passam pela ineficiência do Estado em implementá-los e deságuam no aumento da litigiosidade – característica da sociedade de massas. A diminuição da judicialização não depende, portanto, apenas de medidas realizadas pelo Poder Judiciário, mas, sim, de uma plêiade de medidas que envolvem um comprometimento de todos os poderes constituídos". Tassinari, Clarissa. *Jurisdição e Ativismo Judicial*. Porto Alegre: Livraria do Advogado, 2013.

vontade do julgador substitui o debate político (seja para realizar um pretenso "avanço", seja para manter o *status quo*).

Assim, de uma questão que sofreu judicialização pode-se ter como consequência uma resposta ativista, o que é absolutamente ruim e censurável numa perspectiva de democracia normativa. Todavia, é possível afirmar que existem casos de judicialização nos quais a resposta oferecida pelo Judiciário é adequada à Constituição, concretizadora de direitos fundamentais e/ou procedimentos guarnecedores da regra democrática e que, portanto, não pode ser epitetada de ativista. Afinal, como diz Marcelo Cattoni, em seu *Devido Processo Legislativo*,[6] há situações em que a jurisdição constitucional deve ser agressiva no sentido da garantia dos direitos fundamentais.

Esclarecido isso, apenas agrego que, lendo o texto de Werneck Vianna, tem-se a impressão – ou corre-se o risco de que alguém possa tê-la – de que a judicialização (sempre) é ruim. Neste ponto, embora o Professor tenha uma visão crítica relevante acerca da relação entre os Poderes, a crítica à judicialização – sem a distinguir do ativismo –, pode enfraquecer sobremodo a jurisdição constitucional. A menos que venhamos a aderir a uma postura mais radical, da qual Jeremy Waldron é um dos expoentes – no sentido de que questões políticas e morais polêmicas, a respeito das quais haja um *desacordo razoável* estabelecido na comunidade política, não devam, por princípio, ser resolvidas pelo Poder Judiciário.

Há uma pergunta fundamental que deve ser feita e que pode dar um indicador se a decisão é ativista: a decisão, nos moldes em que foi proferida, pode ser repetida em situações similares? Há outras perguntas que podem ser feitas, conforme explicito em *Jurisdição Constitucional e Decisão Jurídica* (4ª ed, RT). Sendo essa primeira resposta um "não", há fortes indícios de que estejamos a ingressar no perigoso terreno do ativismo. Veja, nesse sentido, acórdão da lavra do Desembargador Alexandre Freitas Câmara, do Tribunal de Justiça do Rio de Janeiro, em que essa questão é discutida.[7]

Já por muitas vezes, escrevi acerca do grau de ativismo existente no país, mormente na Suprema Corte.[8] Dizia, então, que uma decisão é ati-

---

[6] *Devido processo legislativo*: uma justificação democrática do controle jurisdicional das leis e do processo legislativo. 3ª ed. Belo Horizonte: Fórum, 2015.

[7] Trata-se de um Agravo de Instrumento nº 0033615-54.2015.8.19.0000, no qual o município de Campos dos Goytacazes recorreu da decisão do juízo de 1º grau, que deferiu liminar em ação ajuizada pelo Ministério Público, para que uma criança vítima de abuso sexual fosse incluída em programa de auxílio-moradia ou, que fosse contemplada com uma nova residência, visto que residiria próximo ao acusado do delito. Na decisão do Tribunal de Justiça, foi destacada a ausência de *fumus boni iuris*, pois não há um direito fundamental das vítimas de abuso sexual a uma nova moradia. Ainda, referem faltar ao direito pleiteado a universalidade, característica inerente ao direitos fundamentais e às decisões judiciais.

[8] Streck. Lenio Luiz. O que é isto, o ativismo judicial, em números?. *Consultor Jurídico*. 26 de out. de 2015. Disponível em: <http://www.conjur.com.br/2013-out-26/observatorio-constitucional-isto-ativismo-judicial-numeros >. Acesso em: 23 de jan. de 2016.

vista até mesmo quando, por exemplo, concede a metade da herança para a concubina-adulterina, assim como é ativista uma decisão que diz que é juízo discricionário dizer se pode haver prova antecipada no caso do artigo 366 do CPP. Também foi ativista a decisão do STF no caso das uniões homoafetivas (não gostaria de debater o mérito desse assunto, novamente – apenas cito a decisão como amostragem de ativismo, nada mais). E sobre terras indígenas. E o caso Donadon no MS 32.326. E o que dizer do Estado de Coisas Inconstitucional (ECI)? Assim, o direito à saúde pode ser concedido por decisões que concretizam adequadamente o direito... como também por decisões ativistas. Por exemplo, conceder um tratamento que consumirá um terço do orçamento do município é um caso de judicialização que acaba em ativismo. Um exemplo explícito de ativismo: foi ativista de concessão da pílula contra o câncer, que provocou uma corrida ao Judiciário. No mais, decisões *contra legem* são práticas ativistas, porque, nesse caso, o juiz se assenhora da lei e coloca os seus juízos pessoais no lugar dos do constituinte e/ou do legislador ordinário. Também é ativista decisão que confunde explicitamente os conceitos de texto e norma,[9] remetendo o direito aos cânones formalistas.

Entendam-me bem: nem toda resposta juridicamente errada é, por ser errada, ativista; aliás, a postura pode ser ativista, e a resposta jurídica, correta. A questão é que, *pelo só fato de ser ativista*, há um problema de princípio que a torna errada, na sua formulação. É uma questão de dever judicial.

Igualmente é uma confissão de ativismo quando se diz que o Supremo Tribunal é a vanguarda iluminista do país, porque ele, o Supremo, teria vocação para "empurrar a história". Decisões no plano da jurisdição constitucional objetiva costumam correr menos risco de ativismo, embora possam, sim, a pretexto de judicialização em face de contingências, ingressar nesse terreno. Por outro lado, o STF (ou outros tribunais) podem declarar a inconstitucionalidade de leis em alto índice e ainda assim, tal atitude não ser, necessariamente, ativista. Se as leis forem inconstitucionais, é bom para a democracia – ou, diria, condição de possibilidade dela – que sejam assim declaradas nulas. Ativismo ou judicialização não se capta a partir do código "constitucional-inconstitucional" e tampouco do código "ação deferida-ação indeferida". Os conceitos de ativismo e judicialização que explicito é que dão o limite do sentido e o sentido do limite da discussão. Se lermos as críticas à judicialização de modo radical como o faz Werneck Vianna, correremos o risco de criticar até mesmo decisões em ações dire-

---

[9] "Quando uma norma possui mais de uma interpretação, o fato de a corte que a analisa seguir entendimento diverso daquele defendido pela parte não significa que houve violação literal da regra. Esse tipo de abuso só ocorre quando o juízo sinaliza o contrário do que o dispositivo institui". Processo AIRR-1770-57.2013.5.03.0036, julgado pela 4ª Turma do Tribunal Superior do Trabalho. Informação disponível em: http://www.conjur.com.br/2016-jan-05/interpretacao-diversa-lei-invalida-afrontar-norma . Acesso em: 23 de jan. de 2016.

tas de inconstitucionalidade que nulificam leis que ferem a Constituição. De novo: por isso uma coisa é o ativismo; outra, a judicialização.

É nesse caldo de cultura que andei refletindo sobre esse enorme contingente de decisões cotidianas sobre as quais não há controle e das quais pouco se fica sabendo, a não ser que envolva assuntos polêmicos com autoridades em geral ou causas com apelo social, aptos a bombar em redes sociais. Os próprios textos legais, quando dão azo ao livre convencimento, livre apreciação da prova, ponderação de valores, interesses, etc., são claros incentivos a essas práticas que, de judicialização pouco têm, mas têm muito de ativismo. Neste ponto, falha a doutrina ao não criticar adequadamente estes "incentivos legislativos ao ativismo".

Numa palavra, quando um magistrado diz que julga "conforme sua consciência" ou julga "conforme o justo" ou "primeiro decide e depois vai encontrar um fundamento" ou ainda "julga conforme os clamores da sociedade", é porque está repetindo algo enraizado no imaginário jurídico. Um comportamento que se naturaliza leva muitos anos para "desnaturalizar". Transforma-se em dogmática, eliminando o tempo e as coisas (cronofobia e factumfobia). O que ocorre é que não queremos admitir que ideologizamos – para usar uma palavra suave – a aplicação da lei no país. Isso é facilmente verificável no conjunto de decisões. A "ideologia" de que falo está nas práticas puramente consequencialistas e/ou teleológicas (o que dá no mesmo no frigir dos ovos – e sobre ovos falarei mais adiante). Basta examinarmos a jurisprudência de turmas, câmaras ou tribunais como um todo: por vezes se apela à clareza da lei (até utilizando a velha metodologia de Savigny, que, cá para nós, não tinha nem um apego ao legislador e nem à lei), em outras, no mesmo dia, diz-se que a lei é só a ponta do *iceberg*, "essa lei é injusta", "os fatos sociais foram adiante da lei", "o contexto social fala mais alto" ou, ainda, simplesmente, lança-se mão de princípios fofos-líquidos-ducteis para justificar a tal primazia desse(s) princípio(s) sobre uma regra jurídica votada pelo Parlamento. Só que tudo isso é dito para cima e para baixo, isto é, os mesmos julgadores que apelam a uma pretensa literalidade, lançam mão, em outros momentos, de um arcabouço de argumentos morais para corrigir a legislação. E, assim, a moral corrige o direito (d'onde pergunto: e quem corrigirá a moral?). Por exemplo, o mesmo tribunal que considera claro um dispositivo do CPP no que tange à oitiva de testemunhas, considera que mais de um ano e meio de prisão preventiva configura apenas um pequeno atraso e isso justifica a manutenção da prisão cautelar. De outro lado, não é difícil para um tribunal sustentar que é possível usucapião em terras públicas, sob o argumento de que a União não comprovou que a área é importante para a estratégia nacional. Entretanto, o tribunal não se dá conta de que essa decisão, levada a ferro e fogo, em termos de coerência e integridade, pode colocar por terra (sem trocadilho) o próprio dispositivo constitucional que trata de terras públicas. Onde está a "clareza" ou a "obscuridade" nesses casos e outros milhares? Aliás, como já referi no caso do rito do *impeachment*, votos vencedores e vencidos invocaram a literalidade do texto constitucional. E, então?

Por exemplo, fiquei pensando em como conciliar esse enorme leque de decisões que, por vezes olhadas isoladamente, até nem parecem "tão ativistas" e, quiçá, teleologicamente corretas. Entretanto, comparando com outras sobre matéria similar, acende a luz amarela, piscando para a vermelha. Há dias li no Consultor Jurídico – sentença, aliás, festejada em todo o país – que um juiz federal absolveu um refugiado sírio por ter falsificado seu passaporte. Ele tinha recebido visto de refugiado e agora queria ir para a Inglaterra. A sentença não dá detalhes sobre algumas questões arroladas, como comprovação de que o refugiado não conseguira trabalho, sua irmã morando em Londres etc. (deve estar nos autos, mas não está na decisão). A absolvição se deu, com a aquiescência do Ministério Público Federal (MPF), sob a tese da inexigibilidade de outra conduta. Teleologicamente, a decisão pode estar correta. Mas essa pode ser uma opinião moral[10] sobre o caso. Como responder a perguntas como: "Mas não havia mesmo outra conduta ao refugiado seguir"? "Não havia outra conduta a se exigir de alguém que recebe o visto de refugiado"? "Ele tem de falsificar sua saída"? "Isso é conduta diversa"? "Em casos similares, essa decisão pode ser repetida"? "E se vale para refugiados, outras pessoas poderão falsificar passaportes"? "O problema está na pessoa do refugiado ou no tipo penal"? "O direito penal é do fato ou do autor"? Na verdade, quando nos interessa, alegamos que o direito penal é do fato... Mas por vezes, queremos que seja do autor, mesmo que esse mesmo argumento (moral), em outras circunstâncias, possa ser um tiro no pé. Vejam os leitores: Como disse, posso concordar com o resultado, mas a fundamentação não me convence. Veja-se: dias antes, o mesmo juiz condenou um estrangeiro por transportar quatro ovos de Condor, ave considerada em extinção. A pena chegou a mais de um ano por ovo, por assim dizer. Sim, sei que é crime ambiental. A questão não é saber se o resultado foi correto. A questão é saber se ambas as decisões podem ser corretas, jurídica e constitucionalmente falando.

Ao mesmo tempo, o STJ concede liminar em reclamação dizendo que o ato de entregar automóvel a terceiro é um crime de perigo abstrato. Pior: a comunidade jurídica, impregnada da síndrome de Ettiene de la Bottié (falarei no final sobre isso), não se dá conta de que, com esse tipo de

---

[10] Por exemplo, é um bom exercício buscar compatibilizar essa apreciação sobre o fato (absolvição pelo crime de falsificação de passaporte) confrontando-a com decisão sobre refugiados como a recentemente proferida pelo TRF4. Na decisão, o refugiado que já mora no Brasil ingressou na Justiça pleiteando a concessão do visto de refugiado à família que ainda não se encontra no país. Os desembargadores negaram o pedido, por entenderem que o pedido de refúgio só poderá ser estendido ao cônjuge e aos refugiados quando estes se encontrarem em solo nacional. Disponível em: <http://www.conjur.com.br/2016-jan-04/familia-nao-visto-refugiado-nao-estar-brasil>.

decisão em sede de reclamação, estabeleceu-se um sistema cassatório, por aqui, por intermédio de um instituto que não é recurso. A comunidade jurídica esquece que a reclamação surgiu para preservar a autoridade de decisões, só que acabou por se transformar – darwinianamente – em um instituo que vincula a jurisprudência. O que é um texto jurídico, afinal? Poderia também falar das inúmeras decisões reconhecendo vários pais para o mesmo filho, avós em dobro, tornozeleira para pena de 13 anos... Logo teremos o registro de tios, tias e padrinhos. Tudo em nome da felicidade e da afetividade. Sim: o utente poderá alegar que é um direito fundamental seu ter o registro de uma madrinha determinada no seu registro de nascimento. Repito a pergunta: O que é um texto jurídico, afinal?

Daí a pergunta que deve ser respondida: O Direito, ao fim e ao cabo, é o que dele se diz por aí ou, melhor, ele é o que o Judiciário diz que ele é? Mas se isso é assim, se já se "naturalizou" essa concepção, porque continuamos a estudar ou escrever sobre o Direito? Não seria melhor deixar que "quem decide é quem sabe"?

Talvez o que falte é sabermos, mesmo, de verdade, se podemos ou não falsificar passaportes, se casa de prostituição é crime (e não só nas pequenas cidades), se podemos ou não pegar ovos do falcão, se podemos ou não entregar um carro (e se se exige ou não o perigo concreto, já que o terceiro só responde concretamente, por mais paradoxal que isso possa parecer), quanto tempo alguém pode ficar preso preventivamente, o que é isto – a hipossuficiência que está claramente posta na CF... enfim, bem que gostaríamos de saber antes, pelo menos, a partir de uma certa tradição, e não ficarmos apenas discutindo "o depois", isto é, ficar discutindo restos de sentido, verbetes, ementas, súmulas... e sermos simplesmente "profetas do passado". E a doutrina se transformar em simples glosas do que os tribunais-disseram-sobre-a-lei. O que será que queremos mesmo? Etienne de la Botié nasceu em 1530 e morreu em 1563. Escreveu uma obra clássica: *O Discurso da Servidão Voluntária*. Parece ser uma obra escrita para a comunidade jurídica brasileira.

Referências

CATTONI, Marcelo. *Devido processo legislativo*: uma justificação democrática do controle jurisdicional das leis e do processo legislativo. 3ª ed. Belo Horizonte: Fórum, 2015.

STRECK, Lenio Luiz. *Jurisdição Constitucional e Decisão Jurídica*. 4. ed. São Paulo: Revista dos Tribunais, 2013.

——. *Verdade e consenso*: constituição, hermenêutica e teorias discursivas. 4. ed. São Paulo: Saraiva, 2011.

——. O que é isto, o ativismo judicial, em números?. *Consultor Jurídico*. 26 de out. de 2015. Disponível em: http://www.conjur.com.br/2013-out-26/observatorio-constitucional-isto-ativismo-judicial-numeros. Acesso em: 23 de jan. de 2016.

TASSINARI, Clarissa. *Jurisdição e Ativismo Judicial*. Porto Alegre: Livraria do Advogado, 2013.

VIANNA, Luiz Werneck. Não há limites para a patológica judicialização da política. *Consultor Jurídico*. 03 de jan. 2016. Disponível em: http://www.conjur.com.br/2016-jan-03/luiz-werneck-vianna-nao-limites-judicializacao-politica. Acesso em: 20 de jan. 2016.

——. et al. *A judicialização da política e das relações sociais no Brasil*. Rio de Janeiro: Renavan, 1999.

— IX —

Epistemologia do direito: revisitando as três matrizes jurídicas[1]

LEONEL SEVERO ROCHA[2]

Sumário: 1. Incursões preliminares; 2. Matrizes epistemológicas; 3. A filosofia analítica; 4. A hermenêutica; 5. A pragmático-sistêmica; Considerações finais; Referências.

1. Incursões Preliminares

A hipótese que se pretende esboçar é que somente uma nova Matriz Teórica poderá permitir a reconstrução da teoria jurídica contemporânea para a compreensão e transformação dos acontecimentos deste início de século. Esta proposta deve ser também encaminhada conjuntamente com a elaboração de uma nova cultura política, voltada a uma forma de sociedade democrática.

A teoria jurídica do século XX se caracterizou, como já assinalamos anteriormente no texto *Matrizes Teórico-Políticas da Teoria Jurídica Contemporânea* (ROCHA, 2003, p. 83), pela tentativa de elaboração de uma racionalidade própria para o Direito. Neste sentido, desde a *Teoria Pura do Direito*, de Hans Kelsen (1960), a *Jurisprudência*, de Hart (1983), o *Direito Responsivo* de Nonet e Selznick (2010), a *Teoria da Argumentação Jurídica*, de Alexy (1989), entre tantas tentativas, até a *Teoria Sistêmica*, de Niklas Luhmann (NIKLAS, 2005), procurou-se construir, sob diferentes pressupostos epistemológicos, um estatuto de observação para o Direito. Nos últimos tempos, a noção de ciência do Direito, baseada em critérios sintático-semânticos, tem-se alterado para critérios pragmáticos. Esta trajetória se desloca sucessivamente de uma perspectiva estrutural, ontológica, voltada aos aspectos normativos do Direito, até uma perspectiva funcionalista, responsiva (NONET; SELZNICK; 2010), dirigida às funções sociais do

---
[1] Texto publicado na *Revista RECHT*, v. 5, n. 2 (2013): Julho/Dezembro.
[2] Dr. EHESS – Paris-França e Pós-Dr. UNILECCE – Itália. Professor Titular da UNISINOS. Líder do Grupo Teoria do Direito – CNPq/UNISINOS.

Direito; indo de um ponto de vista teórico até um mais político, permitindo-se a colocação do problema da democracia.

O raciocínio jurídico tradicionalmente apresenta características cartesianas onde a racionalidade seria obtida graças à utilização de uma metodologia dedutiva baseada nas evidências, demonstrações, das relações de causalidade dos argumentos. Nesta linha de pensamento, o Direito é uma metafísica com aspectos claramente ontológicos cuja essência estaria à disposição da pré-compreensão dos juristas. Esse raciocínio foi ultrapassado pelas perspectivas sistêmicas que buscavam o sentido na estrutura (SAUSSURE, 1985) e abandonaram as visões metafísicas da verdade atomizada.

Na Europa, depois da Segunda Guerra Mundial, afirmou-se que a interpretação de um texto dependeria, principalmente, da dimensão temporal, dividida em tempo contextual e tempo teórico. O tempo contextual levaria em consideração as condições históricas de sua produção; já o tempo teórico se ocuparia da lógica interna dos argumentos. Neste momento, tem-se um duplo movimento que mudaria a Filosofia ocidental. Em um primeiro passo, entende-se que desde o Estruturalismo se poderia explicar a produção do sentido. Mas, em um segundo passo, os autores mais importantes da época chegaram à conclusão de que, indo até o fundo das possibilidades latentes das estruturas, a razão e o sujeito não existiriam mais. Assim, *Foucault, Derrida, Barthes, Deleuze,* entre os mais célebres, iniciaram um movimento que pode ser chamado, na falta de uma denominação, de desconstrutivismo. Uma consequência dramática para os juristas foi o descrédito de qualquer concepção fundada na tradição, verdade e fundamentação *a priori* do mundo.

Por tudo isso, ciente das insuficiências das análises positivistas, centradas nas normas, e das perspectivas hermenêuticas e pragmáticas, excessivamente convencionalistas, a *Teoria dos Sistemas,* de Niklas Luhmann (2007), aliada à concepção de *Democracia,* de Claude Lefort (2007), aparece como uma boa pista para uma abordagem mais sofisticada da complexidade social. Lefort aparece como decisivo, pois frente à carência da racionalidade da teoria do Direito, nada melhor, que recorrer a uma teoria da democracia. No tocante a Luhmann, como já se assinalou, sua observação de segunda ordem configura uma importante tentativa de teoria pós-ontológica.

Em suma, deste ponto de partida, pode-se articular a concepção tridimensional do Direito de Reale dominante no Brasil, revista pela análise Semiótica dos três modelos de Ferraz Jr. e Alexy, por uma teoria do Direito caracterizada por três Matrizes com predominância da Comunicação sistêmica. A diferença está na ênfase na Organização em lugar do sujeito atomizado.

2. Matrizes epistemológicas

Inicialmente, reuniram-se as principais teorias jurídicas contemporâneas conforme o *campo de racionalidade* no qual se inserem. Ou seja, segundo a *matriz epistemológica* dominante, em seus critérios de cientificidade exigidos para a construção do conhecimento jurídico. Isto caracteriza um *estilo científico próprio de racionalidade*, tendo em vista os problemas específicos a que se dirigem os saberes. A racionalidade do estilo científico assim depende também de sua articulação com as questões privilegiadas historicamente. Para tanto, utiliza-se a ideia de epistemologia de Kuhn conjuntamente com o conceito de *instituição imaginária da sociedade* de Castoriadis (1991). Isto implica igualmente uma reavaliação da filosofia, vista por nós, como o parâmetro crítico destes estilos de racionalidade. Incumbe à filosofia questionar a legitimidade teórico-política dos saberes a partir da democracia.

As categorias de *estilo científico* e de *campo de racionalidade* colocam assim a necessidade de se ligarem as teorias jurídicas, simultaneamente, com o problema de sua cientificidade propriamente dita e as implicações sociais que se sucedem na história.

Devido a todos estes fatores, propõe-se, como complementação dos pressupostos apontados em outra oportunidade, pensar o Direito como componente de uma estrutura social complexa e paradoxal.[3] Em anterior classificação das matrizes da teoria jurídica contemporânea, já se tinha salientado a existência de uma *Matriz Sistêmica*. Porém, os últimos trabalhos de Luhmann, notadamente, a partir da Sociologia das Organizações, e de conceitos como os de risco e paradoxo, permitem um passo à frente para a compreensão da hipercomplexidade da sociedade atual. Esta teoria da sociedade possibilita uma observação de segunda ordem do contato na teoria jurídica entre os aspectos externos e internos, entre a práxis e a teoria, superando as concepções dogmáticas dominantes (ROCHA, 2003, p. 83-92).

Por isto, é possível conciliar as novas posturas da teoria de Luhmann com as exigências colocadas para a constituição de uma *Matriz Pragmático-Sistêmica*. Dessa maneira, voltaríamos a ter uma classificação com três matrizes principais, sendo a terceira, ao mesmo tempo, histórica e social.

Nesta linha de ideias, com intuito meramente didático, utilizar-se-á, tendo em vista uma melhor delimitação das matrizes epistemológicas, a tradicional divisão da semiótica de Carnap (1937) em três níveis: a *sintaxe*, cujo objetivo é o estudo da estrutura formal da linguagem, através da análise lógico-linguística; a *semântica*, que visa a averiguar o sentido das

---

[3] Em texto anterior, propomos a delimitação de uma 5ª Matriz Pragmático-Formal (ROCHA, 2003).

proposições, tendo em vista as relações dos enunciados com a realidade; e a *pragmática*, voltada ao estudo do uso das preferências discursivas (WARAT, 1985). A seguir, relataremos as construções jurídicas[4] desde o nível semiótico nelas dominante, resumindo-as radicalmente, em três matrizes características: a analítica, a hermenêutica e a pragmática. A pragmática, neste caso, redefinida pela teoria sistêmica, trazendo-nos a vantagem de romper com o psicologismo da versão pragmática tradicional.

Porém, esta opção é apenas para facilitar a descrição destas matrizes, já que se entende que a partir de nosso referencial privilegiado, a Matriz Pragmático-Sistêmica, podem-se analisar simultaneamente os três níveis da semiótica, com predominância do nível pragmático e suas conexões com o social, graças a sua perspectiva sistêmica. Na verdade, este relato visa a demonstrar a superioridade desta matriz perante a semiologia numa sociedade complexa.

Assim sendo, propedeuticamente, inventariaram-se as matrizes teórico-jurídicas de acordo com a sua inserção semiótica. Deste modo, a filosofia analítica encontrou o seu desdobramento na Teoria Geral do Direito, através da análise lógico-formal das normas jurídicas. Esta visão se impõe no normativismo kelseniano, passando por Bobbio (1999) até as tentativas de elaboração de lógicas jurídicas, nas quais foram pioneiros Von Wright (1963) e Kalinowski (1965). Esta linha, na América Latina, é muito representativa na Argentina, notadamente, com os trabalhos de Alchurrón e Buligyn (1975), bem como os de Vernengo (1976), procurando formalizar uma lógica própria para o Direito. A hermenêutica, por sua vez, no nível semântico, está voltada à análise dos conteúdos de sentido das proposições, colocando o problema da interpretação de textos, típico da dogmática jurídica. Por fim, o nível da pragmática (*pragmática-sistêmica*) indaga sobre as formas de comunicação e os procedimentos utilizados nos processos de decisão jurídica.

No Brasil, no entanto, a teoria dominante durante o século passado foi a perspectiva tridimensional de Miguel Reale (1996). Para esse autor, o Direito possuiria uma especificidade ontológica fundada numa dialética de implicação e polaridade. Deste modo, para Reale, o Direito seria uma composição de um *Modelo Ontológico* entre os fatos, valores e normas. Em outras palavras, observa-se que Reale localiza-se em um patamar anterior à nossa classificação. Pois, como se salientou acima, a perspectiva semiótica permitiu um detalhamento muito mais preciso dessa tridimensionalidade. A teoria de Reale configura uma *matriz ontológica 1*.

---

[4] Para tanto, selecionamos as principais teorias existentes e divulgadas no Brasil. É evidente que algumas perspectivas tidas como importantes foram intencionalmente esquecidas.

Matriz Ontológica 1

Teoria Tridimensional
de Miguel Reale

3. A Filosofia Analítica

Do ponto de vista da predominância da *sintaxe*, a Teoria do Direito passa a ser denominada de analítica. A norma jurídica vista como um dos elementos do Direito para Reale adquire a complexidade de um sistema. A filosofia analítica (*Teoria Geral do Direito*) possui um vasto leque de aplicações. O projeto de construção de uma linguagem rigorosa para a ciência foi adaptado para o Direito, principalmente, por Hans Kelsen (1960) e por Norberto Bobbio (1990). Estes autores podem ser considerados neopositivistas, pois postulam uma ciência do Direito alicerçada em proposições normativas que descrevem sistematicamente o objeto Direito. Trata-se de uma metateoria do Direito, que, ao contrário, do positivismo legalista dominante na tradição jurídica (que confunde lei e Direito), propõe uma ciência do Direito como uma metalinguagem distinta de seu objeto.

A Teoria do Direito de Kelsen também possui influências do neokantismo, evidentes no seu ideal de *ciência pura*. Nos capítulos iniciais, de sua *Teoria Pura do Direito* (KELSEN, 1960) mantém pressupostos kantianos, que se mesclam pouco a pouco com os neopositivistas (capitulo 3º sobre *Ciência do Direito*) (KELSEN, 1960). O ideal de pureza implica separar o conhecimento jurídico, do Direito natural, da metafísica, da moral, da ideologia e da política. Por isso, Kelsen tem como uma de suas diretrizes epistemológicas basilares, o dualismo kantiano, entre *ser* e *dever ser*, que reproduz a oposição entre juízos de realidade e juízos de valor. Kelsen, fiel à tradição relativista do neokantismo de Marburgo, optaria pela construção de um sistema jurídico centrado unicamente no mundo do *dever ser*. Tal ênfase acarretou a superestimação dos aspectos lógicos constitutivos da teoria pura, em detrimento dos suportes fáticos do conhecimento (ROCHA, 2003, p. 67-82).

A dicotomia entre *sein/sollen* foi apreendida por Kant de Hume. Este último, em sua conhecida lei, conforme Vernengo, afirma: não podemos inferir um enunciado normativo de um enunciado declarativo e vice-versa. Isto é, não é uma inferência lógica aceitável, por exemplo, sustentar que caso se dê o fato "p", então "p" está permitido. Pp não é logicamente derivável de "p". Nem é possível concluir que se "p" é obrigatório, então efetivamente "p" é verdadeiro: a verdade de "p" não se infere na norma "Op" (VERNENGO, 1976).

Deste modo, a função do cientista seria a construção de um objeto analítico próprio e distinto de outras influências. A partir desta constatação é que Kelsen vai procurar, assim como Kant, depurar essa diversidade e elaborar uma *Ciência do Direito*. Ou seja, na teoria pura, uma coisa é o Direito; outra, distinta, é a ciência do direito. O Direito é a linguagem objeto, e a ciência do Direito, a metalinguagem: dois planos linguísticos diferentes.

Esta concepção metalinguística do real, criada por Bertrand Russell para superar certos paradoxos lógicos, seria utilizada por Kelsen em vários aspectos, que devem ser esclarecidos para evitar confusões. Para ilustrá-lo, explicaremos neste texto a relação entre a norma jurídica e a ciência. Isto ocorre em dois momentos distintos. O primeiro momento kelseniano da metalinguagem define a norma jurídica como um esquema de interpretação do mundo – um fato só é jurídico se for o conteúdo de uma norma – isto é, como condição de significação normativa. Trata-se assim do movimento que dá ao ser o seu sentido, através da "imputação" de uma conduta que deve ser obedecida, desenvolvendo-se no nível pragmático dos signos jurídicos, portanto, com caráter prescritivo.

O segundo momento da teoria pura seria quando se transforma a metalinguagem, descrita acima – a norma jurídica – em linguagem objeto da ciência do Direito, a qual, por sua vez, passa a ser a sua metalinguagem. Aqui, ao contrário do procedimento anterior, não existiria a intenção prescritiva – que dinamiza o Direito –, apenas se procura descrever de forma neutra a estrutura das normas jurídicas. Em breves palavras, a norma jurídica é uma metalinguagem do ser, localizada no nível pragmático da linguagem, que ao emitir imperativos de conduta não pode ser qualificada de verdadeira ou falsa, simplesmente pode ser válida ou inválida. O critério de racionalidade do sistema normativo, já que as normas não podem ser consideradas independentemente de suas interações, é dado pela hierarquia normativa (norma fundamental) na qual uma norma é válida somente se uma norma superior determina a sua integração ao sistema. A teoria jurídica dominante anterior a essa corrente neopositivista, o jusnaturalismo, via o campo normativo como somente estático, dependente da adequação a ideais metafísicos. O normativismo kelseniano foi quem introduziu a perspectiva dinâmica do Direito, explicando os processos de produção e autorreprodução das normas. Já a ciência do Direito, por sua parte, sendo uma metalinguagem das normas jurídicas, ao preocupar-se somente com a descrição do sistema normativo, situando-se ao nível semântico-sintático da estrutura linguística, poderia ser verdadeira ou falsa em relação à objetividade da descrição efetuada por meio de seus modalizadores deônticos. Neste último aspecto, Kelsen é neopositivista. Explicando melhor: Kelsen, mais do que propriamente um neopositivista, possui apenas uma teoria que pode ser estudada através da analítica.

Por isso, Bobbio (1999) foi quem de fato aplicou a metodologia da filosofia analítica, por meio do neopositivismo, às teses do normativismo de Kelsen. O paradigma do rigor seria a sua grande proposta metodológica para a ciência jurídica. O neopositivismo seria assim a metodologia a ser aplicada à teoria do Direito. Neste sentido, a discussão introdutória à problemática jurídica deveria ser precedida de uma introdução ao neopositivismo, função reservada para a epistemologia jurídica. Para Bobbio, isto implicaria uma *"teoria da reconstrução hermenêutica das regras"*, isto é, traduzir na linguagem normal dos juristas, a linguagem originária do legislador. A filosofia analítica teria dois campos de atuação a serem agilizados respectivamente pela *"Teoria do Sistema Jurídico"* e pela *"Teoria das Regras jurídicas"*. A primeira trataria da estrutura interna e das relações entre as regras, tema da *dinâmica jurídica* em Kelsen e da *Teoria do Ordenamento Jurídico* em Bobbio. A teoria das regras jurídicas (Robles) abordaria, por sua vez, a *Teoria dos Conceitos Fundamentais* (Bobbio), ou a *estática jurídica* (Kelsen).

No entanto, a analítica é uma matriz ainda bem centrada nos aspectos descritivos e estruturais do Direito, mantendo ainda, no tocante aos seus aspectos políticos, uma visão de neutralidade, por enquadrar-se no tipo de Estado liberal clássico, não interventor. Portanto, bem limitada politicamente, gerando também consequências teóricas graves, devido a sua incapacidade de pensar uma complexidade social mais ampla. Assim sendo, o normativismo configura um *modelo ontológico 2*.

Analítica: Matriz Ontológica 2

Normativismo de
Hans Kelsen

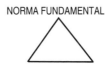

4. A Hermenêutica

A *semântica* teve como correspondente jurídico acerca da determinação do sentido referencial do mundo a perspectiva que pode ser denominada, genericamente, de hermenêutica jurídica. O aprofundamento da hermenêutica como *semântica* será analisado aqui a partir do Direito da *common law*, principalmente, na obra de Herbert Hart (1986), que discute a importância do *reconhecimento*, como já apontara Hobbes, para a legitimidade do Direito.

A Hermenêutica Jurídica é hoje uma derivação crítica da filosofia analítica, baseada nos trabalhos de Wittgenstein (1979), que redefiniu, em meados do século passado, a ênfase no rigor e na pureza linguística por abordagens que privilegiam os contextos e funções das imprecisões dos discursos. A hermenêutica, diferentemente, da pragmática, centrada nos procedimentos e práticas sociais, preocupa-se com a interpretação dos textos.

No terreno jurídico, a grande contribuição é, portanto, do positivismo de Hart (1986) e seus polemizadores como Raz (2012) e Dworkin (1986). O positivismo jurídico inglês foi delimitado por Austin e alçado até a filosofia política através do utilitarismo de Bentham (1973). Na teoria de Hart, leitor de Bentham, a dinâmica das normas somente pode ser explicitada através da análise das chamadas *regras secundárias* (adjudicação, mudança e reconhecimento), que permitem a justificação e existência do sistema jurídico. Hart preocupa-se com a questão das definições. Porém, inserindo-se na concepção pragmática da linguagem, com objetivos hermenêuticos, entende que o modo tradicional de definição por gênero e diferença específica é inapropriado para a compreensão de noções tão gerais e abstratas. Pois, tais definições necessitam de termos tão ambíguos quanto os que se deseja definir. Para Hart, Direito é uma expressão familiar que empregamos na prática jurídica sem a necessidade de nenhuma definição filosófica. Assim, a preocupação da "jurisprudência" não é a explicitação da designação pura do signo direito, como tenta fazer Bobbio, mas "explorar as relações essenciais que existem entre o direito e a moralidade, a força e a sociedade (...). Na realidade, ela consiste em explorar a natureza de uma importante instituição social" (HART, 1986).

A tese do *Direito como instituição social* significa que o Direito é um fenômeno cultural constituído pela linguagem. Por isso, é que Hart (1986), desde a linguística, pretende privilegiar o uso da linguagem normativa como o segredo para que se compreenda a normatividade do Direito. Esta atitude epistemológica tem, para Raz (2012), duas consequências: "em primeiro lugar, os termos e expressões mais gerais empregadas no discurso jurídico (...), não são especificamente jurídicos. São, geralmente, o meio corrente mediante o qual se manifesta a maior parte do discurso normativo". Em segundo lugar, com a análise da linguagem:

> A normatividade do direito é explicada conforme a maneira como afeta aqueles que se consideram a si mesmos como sujeitos de direito. Um dos temas principais tratados por Hart é o fato de que quando uma pessoa diz 'tenho o dever de...' ou 'você tem o dever de...', ela expressa o seu reconhecimento e respalda um 'standard' de conduta que é adotado como um guia de comportamento (RAZ, 2012).

Isto expressa um reconhecimento de quem formula a regra, seu desejo de ser guiado por ela, e a exigência (social) de que outros também o sejam. A normatividade é social. A necessidade do reconhecimento é que colocou a teoria de Hart no centro da hermenêutica. Nessa lógica, não é surpreendente o fato de que, para Hart, o Direito possui uma zona de *textura aberta* que permite a livre manifestação do poder discricionário do juiz para a solução dos conflitos, nos chamados *hard cases*.

Esta última postura é criticada por Ronald Dworkin (1986), que entende que o Direito sempre proporciona uma *"boa resposta"*, já que o juiz, ao julgar, escreve a continuidade de uma história. Neste sentido, Dworkin coloca a célebre metáfora do romance escrito em continuidade, como *"Narração"*. A *"boa resposta"* seria aquela que resolvesse melhor à dupla exigência que se impõe ao juiz, ou seja, fazer com que a decisão se harmonize o melhor possível com a jurisprudência anterior e ao mesmo tempo a atualize (justifique) conforme a moral política da comunidade.

Neste sentido, apesar das diferenças, Hart e Dworkin percebem que o Direito tem necessariamente contatos com as ideias de moral e a justiça. Daí o lado moralista do Direito *anglo-saxão*, sempre ligado ao liberalismo, embora na versão crítica destes autores: Hart influenciado pelo utilitarismo de Bentham, e Dworkin pelo neocontratualismo de Rawls (1980).

A concepção de Estado da Hermenêutica é, portanto, mais atual que a da filosofia analítica, voltando-se para as instituições sociais e abrindo-se já para o Estado interventor. Entretanto, num certo sentido, esta matriz, já bastante prescritiva, ainda é normativa (normativismo de 2° grau). Embora, possa-se dizer que Dworkin possui uma teoria da interpretação, capaz de avançar além do positivismo e do utilitarismo. Outro problema que permanece é o excessivo individualismo da hermenêutica do *common law*.

Do mesmo modo, foi importante a contribuição de Ferraz Junior, que perscrutou a ciência do Direito como voltada ao problema da decidibilidade dos conflitos, desde um instrumental que articula os modelos analíticos, hermenêuticos e argumentativos do Direito. Ferraz Jr. desenvolveu o seu pensamento, inicialmente, a partir de sua tese sobre a obra de Emil Lask, que foi um dos primeiros a ter uma postura "tridimensional do direito" (REALE, 1996), ao pretender superar a oposição entre o ser e o dever ser através do mundo da cultura, tendo sofrido também influência de Luhmann.

Um outro autor que realizou, na Alemanha, pesquisas no mesmo sentido, embora limitado a elaboração de uma razão prática, foi Robert Alexy, que efetuou uma releitura da *Argumentação Jurídica*, definindo as formas e as regras dos argumentos jurídicos (ALEXY, 1989). É possível estabelecer para Alexy pelo menos três perspectivas de análise para o discurso jurídico: **a)** ***Empírica:*** descreve e explica a frequência de determinados argumentos, a correlação entre determinados grupos de falantes, situações linguísticas, o uso de determinados argumentos, o efeito dos argumentos, a motivação para seu uso e as concepções de determinados grupos sobre a validade de argumentos específicos. Utilizam-se de métodos das ciências sociais. **b)** ***Analítica:*** verifica a estrutura lógica dos argumentos efetuados ou possíveis. Tem por escopo a determinação do tipo de silogismo apresentado (se apofântico/apodítico, heurístico ou entimemático); e c) *Normativa:* estabelece critérios para a racionalidade do discurso jurídico. Deste modo, surge desde a pragmática a seguinte Matriz baseada em Carnap (1937):

Matriz Semiótico-argumentativa Alexy – Ferraz Jr.			
Semiótica	Sintaxe	Semântica	Pragmática
Dogmática	Analítica	Hermenêutica	Empírica
	Norma	Resposta	Decidibilidade

A teoria dos sistemas de Luhmann tem assim proporcionado a configuração de um novo "estilo científico" mais apto à compreensão das atuais sociedades complexas que vivemos, estando no centro das discussões atuais sobre o sentido do direito e da sociedade.

A própria filosofia analítica tem-se reformulado intensamente com tendências a substituir o neopositivismo (ou complementar) pelas análises da *lógica modal* (deôntica), criada por Von Wright (1963) e desenvolvida por lógicos como Kalinowski (1965), revistas pelos trabalhos inovadores da *lógica para-consistente*, não trivial, no domínio jurídico. A informática jurídica também parece ser um campo de atuação de grande futuro.

Existem igualmente juristas, como Aulis Aarnio, da Universidade de Helsinki, que pretendem retomar a filosofia analítica, através de um viés mais interpretativo, procurando ver o *racional como razoável* (AARNIO, 1987). Para tanto, procuram "combinar especialmente três pontos de vista, isto é, chamada Nova retórica, a filosofia linguística do último Wittgenstein e o enfoque racionalista representado por Jürgen Habermas" (AARNIO, 1987). Este autor entende que a interpretação possa ser vista como uma soma de jogos de linguagem, assim como:

> A ênfase da conexão entre a linguagem e a forma de vida, a interpretação do conceito de audiência com ajuda do conceito de forma de vida, o exame das teorias da coerência e de consenso como pautas de medição das proposições interpretativas, um moderado relativismo axiológico e uma tentativa de localizar os traços racionalistas da interpretação (AARNIO, 1987).

Esta atitude interpretativa de Aarnio coloca a tradição analítica conjuntamente com a hermenêutica, neste aspecto, não podemos igualmente subestimar as críticas feitas por MacCormick a Dworkin, assim como, os seus trabalhos realizados com Ota Weinberger sobre a possibilidade de uma *teoria institucional do direito* (MACCORMICK, WEINBERGER, 1986).

Como se sabe, Dworkin, desde sua controvertida tese da *resposta correta*, conclui pela *completude do direito*. Para Dworkin, "as lacunas do direito são raras; existe quase sempre uma resposta exata a uma questão jurídica" (DWORKIN, 1989). Para MacCormick, Dworkin subestima os aspectos *institucionais* do Direito. "A lei é de fato um caso central e paradigmático de uma 'instituição de direito', e é um fato institucional (jurídico) que os Atos ou Artigos existam como direito" (MACCORMICK, WEINBERGER, 1986). Neste sentido, segundo MacCormick:

> Prefiro a ontologia da teoria institucional do direito, que autoriza a aceitação da existência das leis como textos-leis independentemente do estabelecimento de uma conclusão qualquer sobre a melhor maneira de interpretar e aplicar estes textos no processo que os torna operacionais. O direito em ação deve evidentemente ser acionado pela mediação de visões politicamente controvertidas de um Estado ideal. O direito em repouso é, entretanto, um compromisso sempre temporário entre visões opostas. Não é o ideal de ninguém. É um fato institucional (MACCORMICK, WEINBERGER, 1986).

Para Weinberger, existe uma interdependência entre a ação do indivíduo e a sociedade. Esta interdependência se realiza em instituições que são modelos de ação. Assim, influenciado por Searle e Anscombe, Weinberger volta-se para os fatos institucionais. O conhecimento é o conhecimento de indivíduos capazes de viver e agir num sistema de instituições sociais. Portanto, hipótese mais rica que a da sociologia tradicional baseada em fatos brutos. Para este autor:

> É justamente durante a análise destas relações que percebi que toda instituição compreende um núcleo normativo e outro de informações práticas. Este dado está também na base da teoria geral, de fundamento neo-institucionalista, da validade de todas as categorias de normas sociais (MACCORMICK, WEINBERGER, 1986).

Por outro lado, pode-se colocar como uma teoria que sintetiza brilhantemente toda a discussão jurídica dos anos oitenta, a perspectiva do *Direito Responsivo*, de Philippe Nonet e Philip Selznick. Para esses autores, o Direito possui uma tipologia caracterizada pelo que se poderia denominar de *Direito em uma sociedade em transição*. Para tanto, estabelecem um *Matriz Política* no qual existiriam três tipos principais de Direito: Direito Repressivo, Direito Autônomo e Direito Responsivo (NONET, SELZNICK, 2010).

	Matriz Política Nonet – Selznick Três tipos de Direito		
	Direito Repressivo	Direito Autônomo	Direito Responsivo
Finalidade do Direito	Ordem	Legitimação	Competência capacidade de resolver problemas

5. A Pragmático-sistêmica

Esta matriz realmente provoca uma mudança epistemológica na teoria jurídica. O ponto de partida são as análises de Luhmann sobre a *Teoria dos Sistemas Sociais*. Niklas Luhmann adaptaria alguns aspectos da teoria de Parsons em uma primeira fase de sua atividade intelectual. Porém, na maturidade, Luhmann voltou-se para uma perspectiva *autopoiética* (MATURANA; VARELA, 1996), acentuando a sistematicidade do Direito como organização da sociedade.

A perspectiva sistêmica autopoiética (pragmático-sistêmica) permite afirmar que por trás de todas as dimensões da semiótica, notadamente, as funções pragmáticas da linguagem nos processos de decisão jurídica, estão presentes, redefinidos no interior do sistema, a problemática do risco e do paradoxo. Nesta linha de ideias, pode-se entender porque Luhmann, indo bem além de Kelsen (analítica) e Hart (hermenêutica), define o Direito[5] como "uma estrutura de generalização congruente". Isto porque para Luhmann, na *Sociologia do Direito*, "o comportamento social em um mundo altamente complexo e contingente exige a realização de graduações que possibilitem expectativas comportamentais recíprocas e que são orientadas a partir de expectativas sobre tais expectativas" (LUHMANN, 1983). Estas reduções podem dar-se através de três dimensões: *temporal, social* e *prática*. Na dimensão temporal, "essas estruturas de expectativas podem ser estabilizadas contra frustrações através da normatização" (LUHMANN, 1983); na *dimensão social*, essas estruturas de expectativas podem ser institucionalizadas, isto é, apoiadas sobre o consenso esperado de terceiros; e na *dimensão prática*, "essas estruturas de expectativas podem ser fixadas também através da delimitação de um 'sentido' idêntico, compondo uma inter-relação de confirmações e limitações recíprocas" (LUHMANN, 1983).

Num mundo altamente complexo e contingente, o comportamento social, para Luhmann, requer, portanto, reduções que irão possibilitar expectativas comportamentais recíprocas e que são orientadas a partir das expectativas sobre tais expectativas. A consecução disso reside então em harmonizar as dimensões, através de reduções que irão se dar em cada uma delas, por intermédio de mecanismos próprios.

Isto caracteriza o que Luhmann denomina *"generalização congruente"*. Congruente significa coerência, ou seja, congruência. Importante também em Luhmann é a sua constatação de que:

> O direito não é primariamente um ordenamento coativo, mais sim um alívio para as expectativas. O alívio consiste na disponibilidade de caminhos congruentemente generalizados para as expectativas significando uma eficiente indiferença inofensiva contra outras possibilidades, que reduz consideravelmente o risco da expectativa contrafática (LUHMANN, 1983, p. 115).

Nesta ordem de ideias, a função do Direito reside na sua eficiência seletiva, na seleção de expectativas comportamentais que possam ser ge-

---
[5] Na sua obra *Sociologia do Direito* (LUHMANN, 1983) e depois na obra *Derecho de la Sociedad* (LUHMANN, 2007).

neralizadas em todas as dimensões. O Direito é assim *"a estrutura de um sistema social"* (LUHMANN, 1983, p. 115) que se baseia na generalização congruente de expectativas comportamentais normativas.

O Direito, para Luhmann, embora visto como uma estrutura, é dinâmico devido à permanente evolução provocada pela sua necessidade de constantemente agir como uma das estruturas sociais redutoras da complexidade das possibilidades do ser no mundo. Assim, esta complexidade heterogênea, causado pela chamada *dupla contingência*, é combatida pelos processos de identificação estrutural, somente possíveis com a criação de diferenciações funcionais.

A teoria sistêmica do Direito, comunicando a norma jurídica com o social e a práxis significativa, fornece um importante passo para a construção de uma nova teoria do Direito relacionada com as funções do Estado: aqui estamos claramente refletindo sobre o Direito de um Estado Interventor, numa sociedade complexa.

Percebe-se assim claramente a proposta de rever a teoria jurídica numa perspectiva sistêmica que aborde simultaneamente os seus aspectos analíticos, hermenêuticos e pragmáticos, em relação com a sociedade.

Considerações finais

A teoria dos sistemas de Luhmann procura explicar a sociedade como sistema social. Nessa matriz epistemológica é importante demonstrar que certos elementos básicos tornam possíveis distintas formas, entre infinitas possibilidades, de interação social. Isto implica uma grande complexidade, que exige cada vez mais subsistemas, como o Direito, a Economia, a Religião, etc., que por sua vez se diferenciam criando outros subsistemas e assim sucessivamente. Existem então dois problemas principais que a sociedade se coloca: a *complexidade* e a *dupla contingência* (LUHMANN, 1983, p. 115).

A sociedade como sistema social é possível graças à *"comunicação"*. Por sua vez, a comunicação depende da linguagem, das funções, da diferenciação e das estruturas. Isto torna possível a evolução social, porém decisiva é neste sentido a *"diferenciação"*. Nesta linha de ideias, a sociedade moderna possui condições de controlar as indeterminações, ao mesmo tempo que não cessa de produzi-las. Isto gera um *"paradoxo"* na comunicação. Nesta ordem de raciocínio, concordamos com Luhmann, no sentido de que a pesquisa jurídica deve ser dirigida para uma nova concepção da sociedade centrada na organização.

Por último, não poderíamos deixar de comentar, em nossa atitude epistêmica, como fica a questão democrática, em relação a esta matriz. Neste sentido, entendemos que a ideia de indeterminação autopoiética se aproxima, no sentido político, do conceito de invenção democrática de Claude Lefort (1986), que já esboçamos em outros trabalhos (ROCHA, 2003). Assim, pretendemos concluir nosso texto relembrando a nossa proposta de constituição de uma nova *cultura política* para que se permita a irrupção de uma sociedade não totalitária (ROCHA, 2003). Isto implica a necessidade de se repensar a política, o Direito e a democracia, por entendermos que a *"invenção democrática"* é fundamental para a compreensão da lei, do saber e do poder nas sociedades complexas.

Nesta ótica, podemos adiantar que não existe democracia com "verdade" (sintático-semântica), a democracia é o lugar da indeterminação e da invenção (LEFORT, 1984).

A democracia constitui-se (enquanto forma política – Lefort) num centro de articulação e autoinstituição da sociedade, onde a política não é vista como uma instância autônoma, mas como a *"mise en forme"* de sentido e encenação do social. A própria identidade da sociedade é então uma questão política. A política é que possibilita a delimitação do espaço de autoinstituição do social (CASTORIADIS, 1991).

A democracia é a possibilidade da tomada de decisões sempre diferentes, inserindo a sociedade no paradoxo comunicativo da invenção. Para tanto, propomos o seguinte quadro explicativo:

\	Três Matrizes Jurídicas Leonel Severo Rocha		
Epistemologia	Analítica	Hermenêutica	Pragmático-sistêmica
Sistema	Fechado	Aberto	Complexo
Observação	Normas	Operador	Organização-Decisão
Dimensões	Temporal	Social	Prática

Todos esses fatores nos exigem uma revolução epistemológica que, rompendo com a departamentalização dos campos de racionalidade dominantes, isoladamente trabalham a analítica, a hermenêutica e a pragmática, aponte para uma perspectiva *pragmático-sistêmica*. Isto é, permita a comunicação entre o *eixo sincrônico* e o *eixo diacrônico* da linguística (SAUSSURE, 1985), inter-relacionando a língua e a fala: o sistema jurídico e a histórica. Deste modo, trata-se de uma crítica à técnica jurídico-dogmática, voltada muito mais para um controle democrático da produção dos mecanismos procedimentais e decisórios do Direito, do que a uma pura negação *irracionalista* ou ideológica das regras do jogo. Trata-se de vislumbrar as possibilidades de uma nova perspectiva da reflexão jurídica que passa a dar maior espaço para a complexidade, organização e decisão na observação do Direito.

Referências

AARNIO, Aulis. *The Rational as Reasonable. A Treatise on Legal Justification.* Dordrecht, Holland: D. Reiderl Publisching Companhy, 1987.

ALCHOURRÓN, Carlos; BULYGIN, Eugenio. Introducción a la Metodología de las Ciencias Jurídicas y Sociales. Argentina: Astrea, 1975.

ALEXY, Robert. *Teoria de la argumentacion juridica:* La teoria del discurso racional como teoria de la fundamentacion juridica. Madrid: Centro Estud. Constitucionales, 1989.

BENTHAM, Jeremy. *Fragmento sobre el gobierno.* Madrid: Aguilar, 1973.

——. Uma introdução aos princípios da moral e da legislação. 3. ed. São Paulo: Abril Cultural, 1984.

BOBBIO, Norberto. *Ciencia del Derecho y análisis del lenguaje.* In: Contribución a la teoría del Derecho. (Org.) Alfonso Ruiz Miguel. Madrid: Editorial Debate, 1990.

——. Teoria do ordenamento jurídico. Brasília: UnB, 1999.

CARNAP, Rudolf. *The Logical Syntax of Language.* Translation by Amethe Smeaton. London: Kegan Paul Trench, Trubner & Co., 1937.

CASTORIADIS, Cornelius. *A Instituição imaginária da sociedade.* 3. ed. Rio de Janeiro: Paz e Terra, 1991.

DWORKIN, Ronald. *Law's Empire.* Fontana Press, 1986.

——. *La complétude du droit,* In: P. Amselek (ed.), Controverses autour de l'ontologie du droit. Paris: Presses Universitaires de France, 1989.

FERRAZ JÚNIOR, Tércio Sampaio. *A ciência do direito.* 2. ed. São Paulo: Atlas, 1980.

HART, H. L. A. *O conceito de direito.* Lisboa: Fundação Calouste Gulbenkian, 1986.

KALINOWSKI, George. *Introduction à Logique Juridique.* Paris: Pichon et Durand-Auzias, 1965.

KELSEN, Hans. *Teoria Pura do Direito.* Coimbra: Armenio-Amado, 1960.

LEFORT, Claude. *L´Invention democratique.* Paris: Seuil, 1984.

——. *Essais Sur Le Politique,* Paris: Seuil, 1986.

LUHMANN, Niklas. *La Sociedad de la Sociedad.* México: Herder, 2007.

——. Sociologia do Direito – I. Rio de Janeiro: Tempo Brasileiro, 1983.

MACCORMICK, Neil; WEINBERGER, Ota. *An Institutional Theory of Law:* new approaches to legal positivism. Dordrecht e Hingham: Kluwer Academic Publishers, 1986.

MATURANA, Humberto R.; VARELA, Francisco. *El arbol del conocimiento:* Las bases biologicas del conocimiento humano. Madrid: Debate, 1996.

NONET, Philippe; SELZNICK, Philip. *Direito e Sociedade:* a transição ao sistema jurídico responsivo. Rio de Janeiro: Revan, 2010.

PARSONS, Talcott. *O Sistema das Sociedades Modernas.* Tradução de Dante Moreira Leite. São Paulo: Pioneira, 1974.

RAWLS, John. *A theory of justice.* Cambridge: Harvard University Press, 1980.

RAZ, Joseph. *O sistema do Direito.* São Paulo: Martins Fontes, 2012.

REALE, Miguel. *Teoria Tridimensional do Direito.* São Paulo: Saraiva, 1968.

——. *Filosofia do direito.* 17. ed. São Paulo: Saraiva, 1996.

ROCHA, Leonel Severo. *Epistemologia Jurídica e Democracia.* 2. ed. São Leopoldo: Unisinos, 2003.

——. *A Produção Sistêmica do Sentido do Direito:* da Semiótica à Autopoiese. In: Constituição, Sistemas Sociais e Hermenêutica. Anuário do PPG em Direito da UNISINOS. Vol. 6. Porto Alegre: Livraria do Advogado, 2009.

——. *Da Epistemologia Jurídica Normativista ao Construtivismo Sistêmico.* In: ROCHA, Leonel Severo; SCHWARTZ, Germano; CLAM, Jean. Introdução à Teoria do Sistema Autopoiético do Direito. Porto Alegre: Livraria do Advogado, 2005.

——; KING, Michael; SCHWARTZ, Germano. *A Verdade sobre a Autopoiese no Direito.* Porto Alegre: Livraria do Advogado, 2009.

SAUSSURE, Ferdinand de. *Cours de linguistique générale.* Paris: Payot, 1985.

WARAT, Luis Alberto; *O Direito e sua Linguagem.* com colaboração de ROCHA, Leonel Severo.Porto Alegre: Safe, 1985.

VERNENGO, Roberto José. *Curso de Teoria General del Derecho.* Buenos Aires: Cooperadora del Derecho. 1976.

VON WRIGHT, Georg. *Norm and Action:* A logical enquiry. Londres: Routledge & Kegan Paul,1963.

WITTGENSTEIN, Ludwig. *Investigações filosóficas.* 2. ed. São Paulo: Abril Cultural, 1979.

— X —

Constituição *versus* tributação: o papel dos juristas na crise paradigmática

MARCIANO BUFFON[1]

Sumário: 1. Considerações iniciais; 2. A Constituição e o constituir da sociedade: a necessidade da "abertura da clareira" na densa floresta da tributação; 3. A *função* da tributação no Estado Democrático de Direito; 4. A crise de paradigma instalada na doutrina do denominado "direito tributário"; 5. Considerações finais; 6. Referências.

1. Considerações iniciais

Como é possível ter uma Constituição, com mais de vinte e cinco anos, e continuar a tributar-se como se ela não existisse? Dessa pergunta, parte-se para o enfrentamento das questões fundamentais do trabalho, quais sejam: a) compreender o novo constituído em 1988; b) identificar as razões pelas quais a essência deste novo, literalmente, não "colou" no modo de tributar brasileiro; e c) traçar os caminhos potencialmente úteis para a superação do paradigma anacrônico, o qual persiste alumiando o pensar e o agir no campo da tributação.

Há de reconhecer-se, previamente, que a função redistributiva – inerente à tributação – não vem sendo almejada e observada, nos termos preconizados pela Constituição brasileira. Apesar do fundamental papel que a tributação desempenha, os atores sociais responsáveis pela elaboração, institucionalização e manejo das normas fiscais mostram-se refratários às mudanças paradigmáticas operadas pela filosofia da linguagem e pelo movimento constitucional. Esse modo de ser é facilmente constatável tanto no âmbito dos Poderes constituídos, como na doutrina em matéria tributária, a qual referenda, acriticamente, as posições exaradas por aqueles Poderes.

Tendo o hermenêutico objetivo de desvelar o sentido da tributação no Brasil, no âmbito de uma Constituição compromissória e dirigente, dis-

---
[1] Doutor em Direito pela Universidade do Vale do Rio dos Sinos – UNISINOS. Professor do Programa de Pós-Graduação em Direito (Mestrado) e da graduação na UNISINOS. Advogado na área tributária.

cute-se a *função* da tributação, plasmada na carga principiológica inerente ao Estado Democrático de Direito, de modo a definir a máxima proteção e eficácia. Buscam-se analisar os pontos principais do Estado Democrático de Direito brasileiro, relativamente à tributação, a fim de possibilitar o cotejo entre o constitucionalismo e a tributação,

Definem-se, nesse intuito, as possibilidades de que a tributação seja utilizada como instrumento de concretização dos direitos por meio de redistribuição de renda, mediante uma carga tributária que seja assumida de forma justa pelos cidadãos, em respeito à solidariedade e à cidadania, e na proporção das possibilidades daqueles que possuem capacidade para contribuir, ou, ainda, que não seja imposta àqueles que não têm possibilidades de arcar com o ônus do custeio do Estado Social – princípio da capacidade contributiva.

O objetivo, enfim, é explorar alternativas para que a tributação se divorcie dos paradigmas até então vigentes, e posse servir de efetivo instrumento de redução de desigualdades, redistribuição de renda e concretização de direitos fundamentais, para que todos possam viver uma forma minimamente digna.

2. A Constituição e o constituir da sociedade: a necessidade da "abertura da clareira" na densa floresta da tributação

Passados mais de vinte e cinco anos da Constituição Cidadã, o Estado Democrático e Social de Direito por ela instituído continua na condição de simulacro. O modo de pensar, compreender e agir no plano jurídico permanece contaminado por concepções rejeitadas pela Carta, dado seu paradigmático caráter dirigente. Isso resultou que o Estado brasileiro cumpre minimamente com as promessas contidas no documento que o vincula, uma vez que sua função intervencionista continua a ser exercida, em larga medida, como se 1988 não tivesse ocorrido.

Da conjunção dos fatores descritos, tem-se um Estado que, de um lado, direciona algumas ações no sentido de adotar políticas públicas aptas a concretizar direitos fundamentais sociais e, com isso, reduzir a histórica desigualdade; de outro, exerce seu poder de tributar num sentido diametralmente oposto a tal desiderato.

Compreender o paradigma do Estado Democrático de Direito é fundamental para possibilitar a abertura hermenêutica e filosófica capaz de ultrapassar o pensamento objetificador e metodológico. Para tanto, é preciso ter em conta que Constituição há de ser compreendida como modo--de-ser-no-mundo, e a jurisdição constitucional necessita assumir o papel crucial para o acontecer democrático, na linha do magistério de Lenio Streck.

Considerando-se que o Estado Democrático de Direito elege o direito como instrumento para a concretização dos direitos sociais, mediante certo deslocamento do foco de decisão dos Poderes Executivo e Legislativo para o Judiciário, é possível afirmar que a dogmática jurídica tem obstaculizado a efetivação/realização desses direitos, notadamente por permanecer adepta, em grande parte, a posturas assentadas na filosofia da consciência e no velho objetivismo. Além disso, encontra-se resistência no paradigma do modo de produção liberal-individualista de direito, preparado apenas para os conflitos individuais.[2]

Para *des-velar* o novo, entendido como o Estado Democrático de Direito, sua principiologia e sua consequente força normativa e substancial do texto constitucional, é preciso *desconstruir/destruir* a tradição jurídica inautêntica, mergulhada na crise de paradigmas.

Portanto, não mais se sustenta, nos tempos que ora sucedem, que o Legislativo e o Executivo continuem a desprezar os influxos constitucionalistas e filosóficos que permeiam a atividade interpretativa/compreensiva. A constituição simplesmente não pode ser aquilo que o legislador e o intérprete pensam ou querem que ela seja. Urge que se permita ao texto constitucional dizer algo; é preciso que a linguagem, dentro do necessário contexto intersubjetivo, seja condição de possibilidade, e não mero instrumento entre o sujeito e o objeto.

A partir de tais constatações, há de avançar no sentido de traçar os contornos hermeneuticamente adequados para uma compreensão hermeneuticamente autêntica da *função* tributária no Brasil, em respeito à tradição do Estado Democrático de Direito.

3. A *função* da tributação no Estado Democrático de Direito

Quando se pensa em um modo autêntico de se compreender os fundamentos da tributação brasileira, labora-se no sentido de definir os contornos de uma compreensão que possa ser entendida como legítima do fenômeno tributário no Brasil, ou seja, uma compreensão que esteja ancorada na tradição que se sustenta no modelo de Estado adotado pela Constituição.

O Estado Democrático de Direito, instituído em 1988 no Brasil, constitui-se em um aprofundamento do Estado Social que agregou, em seu seio, o *plus* democrático, dando, em tese, o poder ao povo de participar das decisões, de modo indireto, via representantes escolhidos por votação. Nesse tipo de Estado, há uma evolução na busca da igualdade, na medida em que não se pretende apenas uma isonomia formal, relativa

---

[2] STRECK, Lenio Luiz. *Hermenêutica jurídica e(m) crise:* uma exploração hermenêutica da construção do direito. 11. ed., rev., atual. e ampl. Porto Alegre: Livraria do Advogado, 2014. p. 333-334.

aos direitos civis e políticos do clássico Estado Liberal burguês; mas sim a concretização da igualdade substancial, aquela que almeja, no limite de suas possibilidades, o mesmo direito à saúde, à educação e às rendas, estes, direitos-meio para consecução da efetiva liberdade – direito-fim.

O mais relevante dessa concepção de Estado é que ela não se apresenta como uma mera ideia explicativa ou descritiva, ou como uma opção de política legislativa, pois ao Estado Democrático de Direito é atribuído um valor e eficácia jurídico-constitucionais que de maneira alguma podem ser depreciados. Por isso é de particular interesse analisar os fundamentos jurídicos constitucionais dos quais se extraem tais consequências.

A Carta Magna traz, entre seus fundamentos, a busca pela efetivação da cidadania, da dignidade da pessoa humana e dos valores sociais do trabalho, em paralelo com a livre iniciativa (art. 1º). Também adota, como objetivos fundamentais, a construção de uma sociedade livre, justa e solidária, a garantia do desenvolvimento social, a erradicação da pobreza e a redução das desigualdades sociais e regionais, bem como a promoção do bem de todos (art. 3º).

Com relação aos Direitos Econômicos e Sociais, restou positivado o direito à educação, à saúde, ao trabalho, à moradia, ao lazer, à segurança, além da assistência aos desamparados, entre outros (art. 6º). Deve-se referir, ainda, que a saúde é direito de todos e dever do Estado (art. 196), assim como a educação (art. 205), a cultura (art. 215) e o desporto (art. 217). Sob a perspectiva da ordem econômica, está esculpido que a república tem por fim assegurar a todos a existência digna, de acordo com os ditames da justiça social e, entre vários princípios, a redução das desigualdades regionais e sociais, como balizamentos da livre iniciativa (art. 170).

Dentro desse contexto, o Sistema Tributário Constitucional prevê, no art. 150 da Constituição, as limitações ao poder de tributar, positivando importantes princípios relacionados à atividade da tributação, como o da legalidade, da igualdade, da anterioridade, da vedação ao confisco, à limitação ao tráfego de pessoas ou bens.[3] Além disso, o referido artigo descreve as hipóteses de imunidade, que preveem a não incidência de impostos sobre a renda, o patrimônio ou os serviços de determinadas entidades que buscam os fins perseguidos pela Constituição.

Ainda faz menção, no § 1º do art. 145 da Constituição, ao princípio da capacidade contributiva, o qual corresponde a um desdobramento da ideia de igualdade e constitui um instrumento que deve ser utilizado na busca de uma tributação adequada por meio de seus aliados: a progressividade e a seletividade. Desde já, é importante deixar consignado

---

[3] Em verdade, tais princípios já se encontram positivados na Constituição como garantias individuais e até mesmo sociais, tratando-se de uma reiteração com o condão de expressar a necessidade de máximo respeito aos direitos dos cidadãos contra eventuais arbítrios por parte do Estado.

que este princípio decorre do próprio modelo de Estado instituído pela Constituição, e, portanto, não está fundamentado no art. 145, § 1º, que se trata apenas de uma regra que faz alusão expressa ao referido princípio.

É preciso levar em conta "que os princípios são dotados de um conteúdo deontológico",[4] e devem, por isso, ser entendidos como base de sustentação do sistema normativo. Portanto, não se pode concordar com normas no âmbito do direito tributário, que estejam em desacordo com princípios como o da igualdade, da capacidade contributiva etc. Isso ocorre justamente pelo fato de que, em estando de acordo com eles, invariavelmente a tributação contribuirá, a seu modo, para a máxima proteção e eficácia das garantias constitucionais, corroborando à concretização dos objetivos fundamentais do Estado Democrático de Direito.

Nessa linha, Streck sustenta que a normatividade assumida pelos princípios possibilita um "fechamento interpretativo" próprio da blindagem hermenêutica contra discricionariedades, porque retira seu conteúdo normativo de uma convivência intersubjetiva que emana dos vínculos existentes na moralidade política da comunidade. Acresça-se, ainda, que a regra só se aplica em face do caráter antecipatório do princípio.

Se consta como fundamento do Estado instituído pela Constituição de 1988 a dignidade da pessoa humana, princípio sobreposto em autoridade; se possui a Constituição, entre os seus objetivos, a erradicação da pobreza e a redução das desigualdades sociais, o sistema tributário, instrumento de redistribuição de renda (em tese), deve estar, na terminologia de Bonavides,[5] sob as amarras dos *mandamentos da democracia e da justiça*.[6]

Os apontamentos acima demonstram a importância e o lugar central que ao tributo outorga a Constituição. O tributo constitui um pressuposto funcional do Estado Democrático de Direito, ou seja, para que possa desenvolver suas funções, está inevitavelmente chamado a retirar uma

---

[4] STRECK, Lenio Luiz. Neoconstitucionalismo, positivismo e pós-positivismo. In: FERRAJOLI, Luigi; STRECK, Lenio Luiz; TRINDADE, André Karam (Orgs.). *Garantismo, hermenêutica e (neo)constitucionalismo*: um debate com Luigi Ferrajoli. Porto Alegre: Livraria do Advogado, 2012. p. 70.

[5] BONAVIDES, Paulo. *Do estado liberal ao estado social*. 9 ed. São Paulo: Malheiros, 2009. p 11.

[6] Neste sentido, são oportunas as palavras de Carrazza: Do mesmo modo, a Constituição, ao estatuir que as pessoas políticas devem (*i*) promover "a dignidade da pessoa humana" (art. 1º, III), "o bem de todos" (art. 3º, IV), "a saúde" (arts. 6º, *caput*, e 196, *caput*), "a assistência aos desamparados" (art. 6º, *caput*) e "programas de assistência integral à saúde da criança e do adolescente" (art. 227, § 1º); (*ii*) "assegurar a todos a existência digna" (art. 170, *caput*); (*iii*) proporcionar segurança social, mediante também ações que garantam "os direitos relativos à saúde" (art. 194, *caput*); (*iv*) prestar assistência social, tendo por objetivos, dentro outros, "a habilitação e reabilitação das pessoas portadoras de deficiência e a promoção de sua integração à vida comunitária" (art. 203, IV); e (*v*) "amparar as pessoas idosas, (...) defendendo a sua dignidade bem-estar e garantindo-lhes o direito à vida", *implicitamente exige que os tributos venham ajustados a estes louváveis objetivos, que interessam à presente e às futuras gerações*. CARRAZZA, Roque Antonio. *ICMS*. 16ª ed. rev. e ampl. até a EC 67/2011, e de acordo com a Lei Complementar 87/1996, com suas ulteriores modificações. São Paulo: Malheiros, 2012. p. 509.

parte importante dos rendimentos dos cidadãos por meio dos tributos.[7] Portanto, o Estado contemporâneo tem na tributação seu principal meio de financiamento, e por isso passa a ser chamado de Estado fiscal. Sem a arrecadação de recursos, não há como realizar políticas públicas que sirvam à concretização das promessas constitucionais, nem como manter a própria estrutura estatal em funcionamento.

O Estado fiscal se constitui em vínculo indispensável de união entre o Estado de Direito e o Estado Social, porque apenas mediante a ingerência dele é possível garantir o desenvolvimento do Estado Social. Tem seu antecedente mais remoto na metade do século XIX, no *Manual da Fazenda Pública*, de Lorenz von Stein – um dos precursores do Estado Social –, que destacava a importância que a prática do imposto havia adquirido para o financiamento das despesas públicas.[8]

O Estado necessita essencialmente de receitas derivadas para cumprir os seus objetivos, notadamente para a redução das desigualdades sociais e erradicação da pobreza, as quais são obtidas via tributação. Nesse sentido, o sistema fiscal existe porque, conforme Casalta Nabais, "todos os direitos, porque não são dádiva divina nem frutos da natureza, porque não são autorrealizáveis nem podem ser realisticamente protegidos num estado ou incapacitado, implicam a cooperação social e a responsabilidade individual". Em vista disso, prossegue o autor luso, "a melhor abordagem para os direitos seja vê-los como liberdades privadas com custos públicos".[9]

Afirmar que o contemporâneo formato do Estado não prescinde da arrecadação de tributos significa reconhecer que um dos principais deveres inerentes à cidadania consiste em pagar tributos, uma vez que, com isso, o Estado assegura os recursos necessários para garantir a realização de programas e políticas direcionadas à obtenção do denominado bem comum – razão da própria existência do Estado.

Além do mais, no âmbito deste modelo de Estado, a tributação adquire nítida função redistributiva, à medida que se fundamenta na solidariedade e na capacidade contributiva. As funções de criar e cobrar tributos estão relacionadas com o Estado Social, no seio do qual, os direitos fundamentais de liberdade e a economia de mercado possibilitam e provocam desigualdades materiais. O Estado de Bem-Estar, por sua vez, exige a redução dessas desigualdades, e isso só é possível mediante a re-

---

[7] ESTEVAN, Juan Manuel Barquero. *La función del tributo en el estado social y democrático de derecho.* Madrid: Centro de estudios políticos e constitucionales, 2002. p. 37.

[8] Ibid., p. 31-33. O autor ressalta que, também Carl Schmitt fez alusão ao conceito de Estado Fiscal ao sublinhar a estreita relação entre um Estado de Bem-Estar e Assistencial e em enorme medida um Estado de impostos e taxas. Op. cit., p. 37

[9] NABAIS, José Casalta. *Por um estado fiscal suportável* – Estudos de Direito Fiscal. Coimbra: Almedina, 2011. p. 21.

distribuição, tarefa para a qual o imposto é uma ferramenta fundamental.[10]

A importância do tributo neste modelo de Estado é bastante clara, a partir de pelo menos duas perspectivas. Por um lado, por sua capacidade produtiva e flexibilidade, permitindo-lhe adaptar-se às necessidades financeiras de cada momento, e convertendo-o em um instrumento fundamental para atender às crescentes necessidades financeiras do Estado Social. Por outro lado, pela sua capacidade de produzir um efeito de redistribuição de renda, compatível com os direitos e liberdades constitucionais, permitindo retirar maiores recursos financeiros dos mais favorecidos e menores, ou inclusive nenhum, dos menos favorecidos.[11]

É certo que a redistribuição se cumpre de uma forma muito mais eficaz por meio das despesas do que por meio dos ingressos. Entretanto, de maneira alguma, a Constituição renuncia à função redistributiva pela via dos ingressos e concretamente dos tributos, não apenas de forma indireta (a servir para financiar os gastos sociais), mas também diretamente, mediante a progressividade tributária. Para que essa redistribuição seja real, e não uma mera declaração retórica, o sistema tributário há de ser progressivo não apenas na sua configuração estrutural, mas também na sua aplicação prática.[12]

Dessa forma, o tributo tem lugar central no Estado Democrático de Direito e se constitui como pressuposto funcional. Para desenvolver suas funções, o Estado precisa de recursos, que são retirados dos cidadãos pelos tributos. Assim, a tributação constitui-se em ferramenta para a concretização dos direitos fundamentais. Além do mais, por estar atrelada ao pilar da solidariedade, possui função redistributiva, através da efetivação do princípio da capacidade contributiva.

Uma compreensão autêntica da tributação, frente ao Constitucionalismo Contemporâneo e à Crítica Hermenêutica do Direito, tem como fundamento a noção de que a tributação não pode ter como sentido apenas angariar recursos para suprir despesas públicas e colaborar na promoção de políticas públicas, mas sim cumprir com o caráter solidário e redistributivo via arrecadação. Para isso, deve ser exigida de forma justa dos cidadãos, o que somente ocorre a partir da observância do princípio da capacidade contributiva.

---

[10] ESTEVAN, Juan Manuel Barquero. *La función del tributo en el estado social y democrático de derecho.* Madrid: Centro de estudios políticos e constitucionales, 2002. p. 42.
[11] Ibid., p. 54.
[12] Ibid., p. 56-58.

4. A crise de paradigma instalada na doutrina do denominado "direito tributário"

Da análise precedente, constatou-se que o modo de tributar em um Estado Democrático de Direito está comprometido com a realização dos grandes objetivos constitucionalmente traçados, sendo, portanto, um instrumento potencialmente imprescindível à concretização dos direitos fundamentais de todas as dimensões.

Não obstante isso parecer óbvio, como se justifica o fato de que este instrumento vem sendo utilizado de uma maneira diametralmente oposta à sua finalidade? Para além dessa constatação, qual a parcela de responsabilidade da doutrina e da jurisprudência neste processo?

Ao que tudo indica, este exponencial problema decorre de uma crise denunciada há anos, cujo ponto de partida reside em uma formação jurídica contaminada por um paradigma filosófico ultrapassado, em que o imaginário jurídico está mergulhado na filosofia da consciência, em que, entre outras, o juiz se torna *proprietário dos sentidos*. Como afirma Streck, a "crise de paradigmas existente, decorrente da ausência de compreensão do Estado Democrático de Direito, sustenta o modo exegético-positivista de fazer e interpretar o direito".[13]

Há diversas razões para que os juristas (constitucionalmente comprometidos) estejam preocupados com o panorama atual, em que se acredita que a *"a Constituição é aquilo que o STF diz que é"* ou que *"o direito infraconstitucional é o que o STJ diz que é"*, pois, sustentando isso está uma forma livre de atribuição de sentido que se aproxima do voluntarismo ou cognitivismo. Nesse sentido, questiona Streck: "Se é verdade que o direito é aquilo que os Tribunais dizem que é e se é verdade que os juízes possuem livre apreciação da prova (*sic*) ou 'livre convencimento' (*sic*), então para que serve a doutrina? Ela só serve para copiar ementas e reproduzir alguns *'obter dictum*?".[14]

Não obstante, parte importante da doutrina, no âmbito do indevidamente denominado "direito tributário", tornou-se refém do esquema sujeito-objeto da metafísica clássica, ou seja, o jurista acaba sendo assujeitado pelo objeto, ou ainda, permitindo a livre atribuição de sentidos aos julgadores.

---

[13] STRECK, Lenio Luiz. Uma Visão Hermenêutica do Papel da Constituição em Países Periféricos. In: CALLEGARI, André Luis. *Política criminal, estado e democracia:* homenagem aos 40 anos do Curso de Direito e aos 10 anos do Curso de Pós-Graduação em Direito da Unisinos. Rio de Janeiro: Lumen Juris, 2007. p. 132.

[14] Id. Na democracia, decisão não é escolha: os perigos do solipsismo judicial – o velho realismo e outras falas. In: STRECK, Lenio Luiz; ROCHA, Leonel Severo; ENGELMANN, Wilson (Orgs.). *Constituição, sistemas sociais e hermenêutica:* anuário do Programa de Pós-graduação em Direito da UNISINOS: mestrado e doutorado. Porto Alegre: Livraria do Advogado; São Leopoldo: UNISINOS, 2012. p. 194-196.

Isso pode ser constatado no debate que envolve um dos princípios mais caros ao constitucionalismo contemporâneo, no que tange à tributação: o da capacidade contributiva. Há tempo, alguns autores (embora minoritariamente) vêm denunciando os equívocos em restringir a aplicação do referido princípio a determinados impostos, a partir de uma análise sintático-semântica dos signos que compõem o enunciado do art. 145, § 1º, da Constituição e da classificação doutrinária que distingue impostos reais de pessoais.[15]

Conforme a classificação de Geraldo Ataliba, impostos reais seriam aqueles cujo aspecto material da hipótese de incidência descreve um fato independentemente do aspecto pessoal, desprezando-se as condições jurídicas do eventual sujeito passivo. Os pessoais, diferentemente, são aqueles em que o aspecto material da hipótese de incidência leva em consideração as qualidades do sujeito passivo, que estabelecem diferenciações de tratamento entre contribuintes.[16] Em vista disso, parte da doutrina sustenta que os impostos sobre o patrimônio (reais) não poderiam estar submetidos ao princípio da capacidade contributiva, porquanto o disposto no § 1º do art. 145 da Constituição menciona que a capacidade contributiva aplica-se apenas aos impostos de caráter pessoal, quando possível.

Não bastasse o exposto, nega-se a possibilidade de graduar, segundo a capacidade econômica do contribuinte, os demais tributos (taxas, contribuições de melhoria, contribuições especiais e empréstimos compulsórios).

É certo que, nos impostos sobre a renda, há maiores possibilidades de se aferir a capacidade contributiva do cidadão, mas isso não significa que ela não possa ser mensurada, de forma alguma, com relação, por exemplo, aos impostos sobre o consumo, até porque a aquisição de determinados produtos, considerados supérfluos, caracterizam uma presumível capacidade contributiva, na medida em que aqueles que precisam de alimentos necessários para sobreviver não irão adquiri-los.[17]

Se procedente a tese de que apenas impostos pessoais poderiam ser graduados segundo a capacidade contributiva do cidadão, chegar-se-ia à conclusão que, em uma nação que diz ser um Estado Democrático de

---

[15] Ver: BUFFON, Marciano. *Tributação e dignidade humana*: entre os direitos e deveres fundamentais. Porto Alegre: Livraria do Advogado, 2009; BUFFON, Marciano; MATOS, Mateus Bassani de. *Tributação no Brasil do século XXI*: uma abordagem hermeneuticamente crítica. Porto Alegre: Livraria do Advogado, 2015.

[16] ATALIBA, Geraldo. *Hipótese de incidência tributária*. 6. ed. São Paulo: Malheiros, 2009, p. 141-142.

[17] Neste sentido, manifestam-se Tipke e Lang: "[...]. Em nossa opinião vale o princípio da capacidade contributiva para todos os impostos, inclusive os impostos indiretos sobre o consumo, que também [...] é indício de capacidade contributiva econômica. [...]. O princípio da capacidade contributiva deve como princípio tutelar ser tornado eficaz: também impostos indiretos não devem violar o mínimo para a sobrevivência". TIPKE, Klaus; LANG, Joachim. *Direito tributário (Steuerrecht)*, Vol. I. Tradução da 18. ed. Alemã, de Luiz Dória Furquim. Porto Alegre: Sergio Antonio Fabris, 2008. p. 203.

Direito, apenas o Imposto de Renda das pessoas físicas estaria submetido a tal princípio. Justamente o imposto que, pós-1988, teve sua progressividade (meio de graduação de acordo com a capacidade contributiva) significativamente atenuada.

Vale lembrar que, quanto ao IPTU, até a Emenda Constitucional nº 29/2000, não havia previsão constitucional para a previsão da progressividade, assim o Supremo Tribunal Federal vinha declarando inconstitucionais as leis que instituíam IPTU progressivo – como se verificará a seguir. A doutrina majoritária, por sua vez, ao invés de criticar o posicionamento, concordava com base na classificação entre impostos reais e pessoais.

Tal entendimento é, sem sombra de dúvidas, equivocado e não parte do novo paradigma instituído pelo Estado Democrático de Direito. A progressividade tributária, no mais das vezes, emana do princípio da capacidade contributiva, razão pela qual tal mecanismo não necessita de expressa previsão no Texto Constitucional.

Ora, ao que parece, a Emenda Constitucional veio justamente corrigir o equívoco do Supremo Tribunal Federal, posto que, como refere Misabel Derzi, a progressividade em relação ao IPTU é aplicável, e até mesmo obrigatória.[18]

A tributação pode ser um instrumento eficaz para o desenvolvimento dos objetivos do Estado Democrático de Direito, desde que adequada à efetiva capacidade contributiva. Para tanto, é necessário superar a anacrônica e restritiva interpretação no sentido de que a previsão contida no § 1º do art. 145 da Constituição, aplica-se apenas aos impostos ditos pessoais ao alvitre do legislador, por constarem, na regra constitucional, as expressões "impostos", "pessoais" e "sempre que possível", como indevidamente sustentado por Aires Ferdinando Barreto.[19]

A utilização da progressividade aos impostos de natureza dita como real é inteiramente factível, correspondendo ao norte desenhado pelo próprio modelo de Estado vigente e por buscar a implementação do princípio da capacidade contributiva, cujo fundamentado axiológico está assentado nos demais princípios e objetivos esculpidos na Lei Maior.

---

[18] BALEEIRO, Aliomar. *Direito tributário brasileiro*. 11. ed. Atual. Misabel Abreu Machado Derzi. Rio de Janeiro: Forense, 2003. p. 254.

[19] Ver: BARRETO, Aires Ferdinando. *Imposto predial e territorial urbano – IPTU*. In: MARTINS, Ives Gandra da Silva (coord.). Curso de Direito Tributário. 8. ed. São Paulo: Saraiva, 2001. p. 719. Também: posicionamento do Supremo Tribunal Federal antes da entrada em vigor da Emenda Constitucional nº 29/2000, instituindo a progressividade em relação ao IPTU, por meio da Súmula 668: "É inconstitucional a Lei Municipal que tenha estabelecido, antes da Emenda Constitucional 29/2000, alíquotas progressivas para o IPTU, salvo se destinada a assegurar o cumprimento da função social de propriedade urbana". Fonte completa nas referências.

Quanto ao IPI, consta no inc. I do § 3º do art. 153 da Constituição Federal de 1988, que "será seletivo, em função da essencialidade do produto". Em razão de constar na Constituição a palavra "será", não há controvérsias sobre a sua aplicabilidade e o referido imposto, com relação a certos produtos, possui alíquotas baixas ou até mesmo fixadas em 0%.

Todavia, no que se refere ao ICMS, o problema surge, pois, conforme o inc. III do § 2º do art. 155 da Constituição, o referido imposto "poderá ser seletivo, em função da essencialidade das mercadorias e dos serviços". Devido à palavra "poderá", passou-se a sustentar que os Estados e o Distrito Federal não estariam obrigados a respeitar a seletividade. Tal mudança de palavras, somada com a distinção doutrinária de que há impostos pessoais e reais, e diretos e indiretos e agregada ao entendimento doutrinário de que o princípio da capacidade contributiva não pode ser aplicado aos impostos reais e indiretos, resulta em uma forma de tributação incidente sobre hipóteses que, em regra, sequer poderiam ser alcançadas pela tributação, pois destituídas de manifestação de capacidade econômica.

Contudo, a seletividade, como manifestação do princípio da capacidade contributiva, não pode ser restringida devido a uma palavra constante na regra constitucional, até porque não seria necessária a expressa possibilidade de utilização da seletividade, eis que a capacidade contributiva decorre do próprio modelo de Estado vigente no Brasil.

Portanto, as mercadorias e os serviços de primeira necessidade devem ser menos onerados pelo ICMS do que os supérfluos, uma vez que, como sustentáculo desta verdadeira seletividade tributária encontra-se a "a louvável diretriz pela qual quem, em termos econômicos, tem mais há de ser mais onerado do que quem tem menos".[20]

A conclusão de que a Constituição faculta ao legislador estadual a aplicação da seletividade ao ICMS é ilegítima, haja vista que, como ensina Misabel Derzi, "[...] nos sistemas jurídicos em que se consagra o princípio da igualdade e da capacidade econômica, a seletividade se impõe".[21]

Nos impostos indiretos, em razão do fenômeno da translação,[22] exige-se um tratamento especial, que se resolve mediante a seletividade de alíquotas ou na isenção dos gêneros de primeira necessidade. A capacidade contributiva demonstrada por quem possui aptidão para o consumo só estará disponível frente à aquisição de gêneros e produtos de necessidade supérflua, de luxo ou média. Por isso, Misabel Derzi, com

---

[20] CARRAZZA, Roque Antonio. *ICMS*. 16º ed. rev. e ampl. até a EC 67/2011, e de acordo com a Lei Complementar 87/1996, com suas ulteriores modificações. São Paulo: Malheiros, 2012. p. 508.

[21] BALEEIRO, Aliomar. *Direito tributário brasileiro*. 11. ed. Atual. Misabel Abreu Machado Derzi. Rio de Janeiro: Forense, 2003. p. 408.

[22] O que significa que o custo dos tributos será repassado ao consumidor, contribuinte de fato, ou seja, quem realmente arca com o ônus tributário.

amparo na doutrina de Francesco Moschetti, assegura que, tratando-se de mercadorias essenciais para uma existência digna como alimentos, vestuário simples, medicamentos, etc., a isenção por parte do legislador é obrigatória.[23]

Além do mais, apesar de os Estados, em sua maioria, instituírem cestas básicas e aplicarem uma base de cálculo reduzida aos produtos entendidos como essenciais, estes acabam por serem tributados pela alíquota efetiva de 7%, o que resulta inarredavelmente em diminuição das possibilidades de sustento de cidadãos de baixa renda.

Outrossim, os impostos sempre devem ser considerados como pessoais, uma vez que, em certo sentido, a amputação patrimonial acaba sendo suportada por alguém. Em razão disso, Francesco Moschetti sublinha: "[...] são, portanto, constitucionalmente ilegítimos também aqueles impostos indiretos que não discriminem a favor de consumos essenciais para a pessoa (e, por conseguinte, por nula indicação de riquezas superiores ao mínimo)".[24]

No que tange à interpretação, melhor sorte não assiste. Invariavelmente, os manuais de direito tributário tratam dos anacrônicos métodos de interpretação, limitando-se a descrever o método literal ou gramatical, histórico, sistemático e teleológico. A partir da utilização de tais métodos, seria possível encontrar "a verdade", sem que haja, por exemplo, uma norma jurídica que diga qual método deva ser utilizado em determinada circunstância. Quem define o método? Qual é o método dos métodos? Como evitar que, por exemplo, em nome de uma interpretação literal o "homem não ingresse no restaurante com um urso na coleira"?[25] Ou ainda, como interpretar algo que não seja de uma forma sistemática, uma vez que, no mínimo, a norma interpretada faz parte de um sistema e sua singela validade depende de outra norma.

Com isso, a interpretação em matéria tributária fica refém da mera retórica e do discurso, cujas posições são tão voláteis como uma gama de petições protocolizadas no fórum, e o resultado, num plano prático, é perpetuação de um modo de tributar diametralmente oposto à Constituição, ressalvada a inarredável proteção conferida pelas limitações constitucionais ao poder de tributar, em relações às quais a doutrina tem conferido especial atenção e, nesse aspecto, não há o que criticar.

---

[23] BALEEIRO, Aliomar. *Limitações constitucionais ao poder de tributar*. 7. ed. Atual. Misabel Abreu Machado Derzi. Rio de Janeiro: Forense, 1997. p. 694.

[24] MOSCHETTI, Francesco. *O princípio da capacidade contributiva*. In: FERRAZ, Roberto (Coord.). Princípios e limites da tributação 2. São Paulo: Quartier Latin, 2009. p. 319.

[25] Quando se rejeita a interpretação meramente literal, vem em mente uma "estória" constantemente repetida, segunda a qual determinado cidadão chegou a um restaurante e deparou-se com uma advertência de que era proibido o ingresso de homens acompanhados de cães. Como tal cidadão tinha na coleira um inverossímil urso, adentrou tranquilamente em tal restaurante. Moral da "estória": Mais cedo ou mais tarde, a interpretação literal resultará em absurdo.

Nessa mesma linha, chega-se próximo ao cômico quando se examinam as explicações manualescas acerca do artigo 108 do Código Tributário Nacional, o qual dispõe acerca das eventuais lacunas existentes na legislação tributária, estabelecendo, portanto, os denominados meios de integração. Da análise de tal dispositivo conclui-se que se vier a ocorrer, no inexplicável "mundo dos fatos", algo não previamente previsto pela lei, recorre-se em primeiro lugar à analogia, depois aos princípios gerais de direito tributário, para só então buscar a solução nos princípios gerais de direito público e, finalmente, pensar-se na equidade.

Dito de outra forma, ao tratar da interpretação e da integração em matéria tributária, a doutrina e a jurisprudência portam-se como se interpretar fosse possível mediante a utilização de um determinado método, como se fosse necessário preencher lacunas jurídicas com o emprego de meios preestabelecidos e como se a questão central do direito – interpretação – não fosse resolvida a partir do reconhecimento de que ao intérprete cabe construir um sentido a partir do texto, que este não se confunde com norma e que ao assim proceder o ator privilegiado não está autorizado a construir qualquer sentido, senão aquele consagrado na autoridade da tradição, na inestimável lição gadameriana.

Como adverte Streck, é impossível ser refratário à viragem ontológico-linguística, pois "embora o ceticismo de parcela considerável da comunidade jurídica, é impossível negar as consequências da viravolta ontológico-linguística para a interpretação do direito". Ou seja, nas palavras do jurista, "está-se a tratar de uma *ruptura paradigmática* que supera séculos de predomínio do esquema sujeito-objeto" razão pela qual "está-se a tratar da superação daquilo que, no direito, representou o lócus privilegiado da relação sujeito-objeto: *o positivismo*".[26]

Disso tudo decorre que, escrevem-se livros, como se simples petições estivessem sendo redigidas em defesa de um interesse para o qual o causídico foi constituído; fala-se em congressos e seminários, como faz-se uma sustentação oral diante de um tribunal. Há, pois, uma evidente confusão naquilo que se denomina "doutrina", com a simples defesa de determinado interesse. Isso ocorre, vale dizer, tanto por parte daqueles que estão na linha de frente dos contribuintes, como em relação àqueles que representam o fisco.

Salvo uma honrosa minoria, portanto, a denominada doutrina tributária, que reflete e faz refletir a jurisprudência, reduz-se a uma mera defesa de determinado interesse, conveniente àquele que o defende ou ao representado. Isso não significa que o advogado ou o procurador da Fazenda Pública ajam de uma forma ilegítima ao defender suas teses tri-

---

[26] STRECK, Lenio Luiz. *O que é isto – decido conforme minha consciência?* 2. ed., rev. e ampl. Porto Alegre: Livraria do Advogado, 2010. p. 60.

butárias. Ao assim agirem, estão conduzindo suas ações de uma maneira irretocavelmente ética e inerente à função desempenhada.

O que se está a criticar aqui, é o fato de que o advogado ou procurador da Fazenda não podem escrever um livro como se estivessem redigindo uma petição, não podem dar aula em uma universidade ou fazerem uma palestra como se estivessem a fazer uma sustentação oral em um tribunal. Podem até assim agir, mas não poderá ser legitimamente denominado doutrina tributária, especialmente quando isso significa fazer *tabula rasa* da grande conquista de 1988.

5. Considerações finais

Para romper com o modo de tributar indutor de desigualdades, como ora se constata, é preciso estabelecer bases sólidas que possibilitem a superação dos obstáculos que impedem o acontecer do constitucionalismo transformador no âmbito do Estado Democrático de Direito.

Estabelecer uma compreensão *autêntica* da tributação no Brasil significa compreendê-la a partir da tradição que se sustenta no paradigma do Estado Democrático de Direito, adotado pela Constituição, por meio da principiologia constitucional, partindo dos elementos que devem conformar a pré-compreensão do fenômeno jurídico.

O contemporâneo Estado fiscal social tem na figura dos tributos a sua principal fonte de recursos. Em vista da sua razão de ser, que é a realização da dignidade da pessoa humana, precisa servir de meio para alcançá-la. Um dos principais deveres de cidadania consiste no pagamento de tributos, para o bem comum. Entretanto, esse dever necessita ser cumprido em conformidade com a capacidade de cada um de contribuir.

Não obstante, apesar de todas suas possibilidades, a tributação não vem sendo exercida adequadamente, podendo ser constatados inúmeros pré-juízos inautênticos por parte daqueles atores que, privilegiadamente, têm o poder de fixar seus contornos. A dialética entre texto e atribuição de sentido acaba sendo afogada por pressupostos metafísicos, uma vez que o intérprete continua refém do esquema sujeito-objeto. Apenas se consegue enfrentar isso, a partir da Crítica Hermenêutica do Direito, no contexto do Constitucionalismo Contemporâneo.

A inautenticidade das contribuições ainda predominantes merece uma fundada crítica, notadamente por impedir que a Constituição produza seus óbvios e imprescindíveis efeitos, ou seja, que "constitua-a-ação". Entre os indevidamente denominados "ramos do direito" em que isso aparece, inequivocamente há de se reconhecer que o "direito tributário" ocupa um espaço de crucial destaque, pois sequer se consegue perceber que se vive em um formal Estado Democrático de Direito, com toda sua gama de irradiações.

Ao se constatar isso, e se perceber os seus malefícios, cria-se condições que possibilitam seu rechaço, especialmente por parte daqueles que hoje suportam os efeitos mais danosos. Enfim, passa-se a traçar um caminho que leve a uma tributação mais equânime e não indutora da exclusão social como a ora em prática, com vistas a transformá-la em um eficaz meio de concretização dos direitos fundamentais e cumprimento dos objetivos fundamentais da República Federativa brasileira, que, ao menos formalmente, está instituída como um Estado Democrático de Direito.

Não há mais como continuar a fazer de conta que a Constituição, em matéria tributária, se resume a estabelecer limites ao poder de tributar, como se a norma maior apenas albergasse os clássicos direitos fundamentais de defesa. Isso não significa que tais limites sejam menos importantes, apenas que eles correspondem a um dos pilares de sustentação do sistema tributário nacional. Há outros tão ou mais importantes.

É certo, pois, que existe um longo caminho a ser percorrido no sentido de concretizar o Estado Democrático de Direito. Para trilhar tal caminho, faz-se necessário romper com os conceitos anacrônicos sobre o próprio Estado e sobre os princípios que, indiscutivelmente, foram consagrados pela inovadora Constituição de 1988. Tais conceitos – concebidos dentro de uma outra realidade – não podem se perpetuar, como se o tempo fosse possível aprisionar, como se a dinâmica evolucional da humanidade fosse possível de ser travada, como se a realidade, a partir da qual foram construídos, tenha produzido uma sociedade alicerçada em justiça, enfim, como se os mesmos tivessem colaborado para edificar uma vida melhor para todos, e não apenas para alguns.

6. Referências

ATALIBA, Geraldo. *Hipótese de incidência tributária*. 6. ed. São Paulo: Malheiros, 2009.

BALEEIRO, Aliomar. *Direito tributário brasileiro*. 11. ed. Atual. Misabel Abreu Machado Derzi. Rio de Janeiro: Forense, 2003.

——. *Limitações constitucionais ao poder de tributar*. 7. ed. Atual. Misabel Abreu Machado Derzi. Rio de Janeiro: Forense, 1997.

BARRETO, Aires Ferdinando. *Imposto predial e territorial urbano – IPTU*. In: MARTINS, Ives Gandra da Silva (coord.). Curso de Direito Tributário. 8. ed. São Paulo: Saraiva, 2001.

BONAVIDES, Paulo. *Do estado liberal ao estado social*. 9 ed. São Paulo: Malheiros, 2009.

BUFFON, Marciano. *Tributação e dignidade humana*: entre os direitos e deveres fundamentais. Porto Alegre: Livraria do Advogado, 2009.

——; MATOS, Mateus Bassani de. *Tributação no Brasil do século XXI*: uma abordagem hermeneuticamente crítica. Porto Alegre: Livraria do Advogado, 2015.

CARRAZZA, Roque Antonio. *ICMS*. 16º ed. rev. e ampl. até a EC 67/2011, e de acordo com a Lei Complementar 87/1996, com suas ulteriores modificações. São Paulo: Malheiros, 2012.

ESTEVAN, Juan Manuel Barquero. *La función del tributo en el estado social y democrático de derecho*. Madrid: Centro de estudios políticos e constitucionales, 2002.

MOSCHETTI, Francesco. *O princípio da capacidade contributiva.* In: FERRAZ, Roberto (Coord.). Princípios e limites da tributação 2. São Paulo: Quartier Latin, 2009.

NABAIS, José Casalta. *Por um estado fiscal suportável* – Estudos de Direito Fiscal. Coimbra: Almedina, 2011.

STRECK, Lenio Luiz. *Hermenêutica jurídica e(m) crise:* uma exploração hermenêutica da construção do direito. 11. ed., rev., atual. e ampl. Porto Alegre: Livraria do Advogado, 2014.

——. Na democracia, decisão não é escolha: os perigos do solipsismo judicial – o velho realismo e outras falas. In: STRECK, Lenio Luiz; ROCHA, Leonel Severo; ENGELMANN, Wilson (Orgs.). *Constituição, sistemas sociais e hermenêutica:* anuário do Programa de Pós-graduação em Direito da UNISINOS: mestrado e doutorado. Porto Alegre: Livraria do Advogado; São Leopoldo: UNISINOS, 2012.

——. Neoconstitucionalismo, positivismo e pós-positivismo. In: FERRAJOLI, Luigi; STRECK, Lenio Luiz; TRINDADE, André Karam (Orgs.). *Garantismo, hermenêutica e (neo)constitucionalismo*: um debate com Luigi Ferrajoli. Porto Alegre: Livraria do Advogado, 2012.

——. *O que é isto – decido conforme minha consciência?.* 2. ed., rev. e ampl. Porto Alegre: Livraria do Advogado, 2010.

——. Uma Visão Hermenêutica do Papel da Constituição em Países Periféricos. In: CALLEGARI, André Luis. *Política criminal, estado e democracia:* homenagem aos 40 anos do Curso de Direito e aos 10 anos do Curso de Pós-Graduação em Direito da Unisinos. Rio de Janeiro: Lumen Juris, 2007.

TIPKE, Klaus; LANG, Joachim. *Direito tributário (Steuerrecht)*, Vol. I. Tradução da 18. ed. Alemã, de Luiz Dória Furquim. Porto Alegre: Sergio Antonio Fabris, 2008.

— XI —

Transexualidade e o "direito dos banheiros" no STF: uma análise do voto do Ministro Luís Roberto Barroso à luz do constitucionalismo democrático-paritário

MARIA EUGENIA BUNCHAFT[1]

Sumário: 1. Introdução; 2. A temática da transexualidade e a questão do "direito dos banheiros" por pessoas *trans* nas doutrinas brasileira e norte-americana; 3. O constitucionalismo democrático; 4. O debate *Honneth-Fraser*; 4. O voto do Ministro Luís Roberto Barroso no RE nº 845779; 5. Considerações finais; 6. Referências bibliográficas.

1. Introdução

O debate constitucional que se promove sobre o uso de banheiros públicos por transexuais femininas abarca a relevância teórica e política que contempla desde questões constitucionais e bioéticas até discussões filosóficas sobre a temática do binarismo e dos desafios da despatologização à luz da *Teoria Crítica do Gênero*. As questões relativas ao protocolo dos centros de saúde que realizam a cirurgia de redesignação e à obrigatoriedade de psicoterapia em todo processo transexualizador, por exemplo, remetem à multiplicidade de indagações concernentes a um conjunto de discursos científicos que atribuem às pessoas *trans* uma identidade marcada por desordem psíquica sem possibilidade de autodeterminação au-

---
[1] Professora do Programa de Pós-Graduação em Direito da UNISINOS. Pós-Doutora em Ética e Filosofia Política pela UFSC. Doutora e Mestre em Teoria do Estado e Direito Constitucional pela PUC-RJ. Coordenadora do Projeto de Pesquisa intitulado "Judicialização, Constitucionalismo Democrático e Direitos Fundamentais de Minorias LGBT: uma reflexão à luz dos contextos brasileiro e norte-americano." (Chamada Universal/ MCTI/ CNPq n. 14/2014).
Coordenadora de um segundo Projeto de Pesquisa aprovado pela FAPERGS/RJ, intitulado "Judicialização, Deliberação e Minorias LGBT: uma reflexão sobre os contextos brasileiro e norte-americano." (Edital Pesquisador Gaúcho 2014). Professora de Direito Constitucional II da Graduação em Direito da UNISINOS e de "Fundamentos Éticos do Direito" no Programa de Pós-Graduação em Direito da UNISINOS.
Orientadora de Mestrado e de Doutorado. Autora dos livros: *Ativismo Judicial e Grupos Estigmatizados:* Filosofia Constitucional do Reconhecimento. Curitiba: Juruá, 2014 e 2015 (2.ed ampliada) e *Patriotismo Constitucional:* Jürgen Habermas e a Reconstrução da Ideia de Nação na Filosofia Política Contemporânea. Curitiba: Juruá, 2015.

tônoma e de desenvolvimento de suas identidades de gênero através de escolhas próprias em relação a seus corpos.

Em novembro de 2015, o Ministro Luís Roberto Barroso, Relator do Recurso Extraordinário (RE) nº 845779, votou favoravelmente ao direito de uma transexual utilizar o banheiro feminino. O referido Recurso tratou da reparação de danos morais no caso de constrangimento por parte de um funcionário de um *shopping center* de Florianópolis/SC contra a transexual, ao pretender usar o banheiro feminino.

Na configuração fática que fundamentou o pedido do Recurso Extraordinário, a transexual aduziu que, após ter sido impedida de ingressar no referido recinto, terminou por fazer as necessidades fisiológicas nas próprias vestes. Dessa feita, interpôs o RE no Supremo Tribunal Federal (STF), impugnando a decisão do Tribunal de Justiça do Estado de Santa Catarina, que indeferiu o reconhecimento do direito à indenização de quinze mil reais.

O tema teve repercussão geral reconhecida pelo Plenário Virtual do STF, e a decisão atingirá, no mínimo, 778 processos semelhantes, que foram suspensos enquanto aguardavam julgamento do RE em questão. Votaram favoravelmente os Ministros Luís Roberto Barroso e Edson Fachin, pelo provimento do RE nº 845779 e pelo restabelecimento da sentença de primeiro grau que determinou a indenização de quinze mil reais a ser paga pelo *shopping* à transexual. No entanto, o Ministro Fachin, que acompanhou o voto do Ministro-Relator, propôs que a condenação da requerida fosse elevada para cinquenta mil reais.

Ao pedir vista do caso, o Ministro Luiz Fux expressou que o STF não tem representatividade para decidir sobre a temática sem consultar a sociedade, invocando argumentos de pessoas que alegaram constrangimento e vulnerabilidade psicológica. Tais considerações remetem implicitamente à fragilidade conceitual do paradigma psicológico de Axel Honneth para tratar de questões relativas a grupos vulneráveis, vinculando-se à ideia de autorrealização e liberdade social.

Neste trabalho, tenciona-se analisar os fundamentos jurídicos expressos e a argumentatividade implícita ao voto do Ministro-Relator, Luís Roberto Barroso, no RE nº 845779, à luz dos referenciais teóricos preconizados por Nancy Fraser, Axel Honneth, Robert Post e Reva Siegel e seus reflexos na interpretação e na crítica das formas de ativismo judicial que resguardam os direitos das minorias *trans*.

Post e Siegel postulam a teoria denominada como *Constitucionalismo Democrático*, a qual visa a compreender o papel do governo representativo e dos cidadãos mobilizados em fazer cumprir a Constituição, ao mesmo tempo em que afirma a função dos Tribunais em utilizar o raciocínio legal jurídico para interpretá-la.

Nesse sentido, os principais problemas enfrentados por este artigo indagam:

a) em que medida a estratégia discursiva do voto do Ministro-Relator do RE nº 845779, ao invocar o direito *à busca da felicidade*, consagra um conjunto de discursos implícitos vinculados ao paradigma da autorrealização delineado por Honneth?

b) a *Teoria Crítica do Gênero* de Nancy Fraser revelaria maior alcance teórico para legitimar filosoficamente formas de *Constitucionalismo Democrático* suscetíveis de potencializar direitos fundamentais de pessoas *trans*, desconstruindo a estrutura binária do sistema sexo-gênero e confrontando estruturas de poder normalizadoras?

Por fim, averigua-se:

c) configura papel do *Constitucionalismo Democrático* resguardar os pressupostos para a autorrealização ou desconstruir mecanismos que estabelecem a subordinação de *status* na esfera do reconhecimento, da redistribuição e da representação?

Sob essa ótica, o debate entre Honneth e Fraser se evidencia como fundamental para legitimar formas de judicialização que protegem direitos de grupos vulneráveis. Como objetivo geral, esta pesquisa pretende investigar – à luz da bioética, do *Constitucionalismo Democrático* e da *Teoria Crítica do Gênero* – os recursos conceituais que potencializam a desconstrução de concepções assimétricas de mundo, confrontando estruturas de poder regulatórias e normalizadoras atreladas ao dismorfismo heteronormativo.

No Brasil, Bento (2006) direciona sua análise não para o indivíduo, mas para as relações sociais – especificamente, em como se estrutura, em um campo de poder, um conjunto de discursos que estabelecem o que é normal e o que é patológico. O "dispositivo da transexualidade", para a autora, representa um conjunto de práticas discursivas que envolvem teorizações, critérios diagnósticos e práticas biomédicas que atribuem à transexualidade o *status* de patologia. (BENTO, 2006). Tal dispositivo atua sobre corpos e subjetividades das pessoas *trans* com vistas a comprovar a suposta normalidade da coerência entre sexo, gênero e sexualidade.

Nessa perspectiva, no presente artigo afirma-se a necessidade de recursos normativos e conceituais por meio dos quais o movimento *trans* possa criar redes de contrapúblicos subalternos que possibilitem potencializar a contraposição a regimes regulatórios responsáveis pela patologização do gênero e oportunizem a tematização discursiva de questões controversas – a saber, uso do nome, despatologização, *direito dos banheiros* –, criando assim formas renovadas de reconhecimento. Ademais, enfatiza-se como primeira hipótese que somente através da circulação de discursos alternativos em públicos subversivos, as normas disciplinares e as estruturas de poder que estabelecem a matriz binária e o dismorfismo heteronormativo podem ser confrontadas e desconstruídas.

Com efeito, tem-se como segunda hipótese para este trabalho a tese segundo a qual, a despeito da preocupação do eminente Ministro-Relator com a efetividade dos direitos de transexuais, sua argumentatividade revela-se insuscetível de desestabilizar a estrutura binária inerente às práticas normalizadoras que estabelecem padrões heteronormativos. Sustenta-se, como terceira hipótese, que decisões constitucionais ativistas, por vezes, inspiram conflito, precisamente se ameaçarem o *status* de grupos com autoridade ou de estruturas de poder que estabelecem estratégias discursivas patologizantes. Quando a controvérsia é inevitável, a efetivação de um direito pode, todavia, ser legitimada, se os valores em causa forem suficientemente relevantes.

Nesse ponto, assume-se como quarta hipótese a tese de acordo com a qual a interpretação de que a atuação ativa do Poder Judiciário representaria o único fator responsável pelo *backlash* – tal como leciona Sunstein – não corresponderia à realidade fática e poderia ser desconstruída por meio de uma investigação histórica de casos como *Roe v. Wade* (Estados Unidos, 1973). Por fim, a quinta hipótese sustenta a pertinência de um *Constitucionalismo Democrático Paritário*, defendendo a aproximação conceitual entre Post, Siegel e Fraser, associando a interpretação democrática do *backlash* (de Post e Siegel) à ideia de contrapúblicos subalternos e paridade de participação (de Fraser).

Primeiramente, pretende-se investigar alguns aspectos principais da discussão bioética e doutrinária sobre a transexualidade e o "direito dos banheiros" no Brasil e nos Estados Unidos da América (EUA). Pressupõe-se como segundo objetivo específico a estratégia de analisar o papel do *backlash* à luz do *Constitucionalismo Democrático* e seus reflexos na temática da transexualidade. Nas perspectivas de Post e Siegel (2013), o *backlash* reflete o locus em que a integridade do Estado de Direito se choca com a necessidade da ordem constitucional de legitimidade democrática.

Como terceiro objetivo, visa-se à análise dos referenciais teóricos de Honneth (2003a; 2015) e de Fraser, para que se possa elucidar como, partindo de aportes teóricos diversos, delineiam o tema do reconhecimento e quais os reflexos filosóficos na investigação da efetivação dos direitos fundamentais de minorias *trans* pelo STF, especificamente no tocante ao conteúdo do voto do Ministro Luís Roberto Barroso no RE nº 845779. Incorpora-se então como quarto objetivo específico a proposta de revelar e criticar a estratégia discursiva implícita pressuposta ao voto do Ministro Luís Roberto Barroso no RE nº 845779, com base na estrutura conceitual de Honneth e de Fraser, demonstrando como tal argumentatividade ainda mostra-se atrelada ao paradigma da autorrealização defendido pelo filósofo alemão.

O quinto objetivo específico consubstancia-se na proposta de investigar o argumento suscitado relativo ao papel contramajoritário do STF vinculado à concepção material de democracia e sua aproximação conceitual com os pressupostos do *Constitucionalismo Democrático*.

Para tanto, a pesquisa se fundamenta pelo método fenomenológico-hermenêutico, especialmente por se tratar de uma abordagem que busca aproximar o sujeito e o objeto a ser pesquisado. Como discorre Stein (1979), não se trata aqui de uma análise externa, como se o sujeito e o objeto estivessem desconectados, mas diferentemente, o sujeito está diretamente implicado, relacionando-se com o objeto de estudo, o qual interage com ele e sofre as consequências de seus resultados, e o próprio investigador se insere no mundo em que a pesquisa se desenvolve.

O método de indução analítica (método de abordagem) também assume relevância no trabalho. De acordo com Deslauriers (1997), trata-se de um procedimento lógico, que consiste em partir do concreto para chegar ao abstrato, delimitando os atributos fundamentais de um fenômeno. Pressupondo a indução analítica, a pesquisa trabalha de *baixo para cima*, iniciando-se pela análise contínua e aprofundada dos fundamentos expressos no voto do Ministro Luís Roberto Barroso em relação ao RE nº 845779 para estabelecer conceitos e proposições teóricas que se articularão ao caso estudado. As construções explicativas são desenvolvidas pela articulação entre o quadro de referência e o conteúdo do voto.

O trabalho também utiliza o método hermenêutico (estudo de caso) e histórico. Este propicia investigar fatos, processos e instituições do passado com o intuito de compreender o alcance de fenômenos sociais atuais, tais como o *backlash* contra a ampliação dos direitos das mulheres – que, como se sustenta neste trabalho, começou a se constituir em momento anterior ao julgamento histórico do caso *Roe v. Wade*. (Estados Unidos, 1973).

Por conseguinte, convém ainda mencionar que a técnica de pesquisa envolveu a documentação indireta, por meio da investigação bibliográfica assentada nos aportes teóricos de Sunstein, Post e de Siegel e na incorporação das contribuições de Fraser e de Honneth.

2. A temática da transexualidade e a questão do "direito dos banheiros" por pessoas *trans* nas doutrinas brasileira e norte-americana

O psicanalista Pierre-Henri Castel (2001) traçou uma cronologia histórica sobre o "fenômeno transexual" com o aporte do embate teórico entre as escolas psicanalíticas e endocrinológicas/sociológicas, sintetizando a existência de quatro fases. A primeira (que abrange as décadas de 1910-1920) tem como foco a descriminalização da homossexualidade, incorporando a proposta de se contrapor à concepção da homossexualidade como perversão, remontando às origens da sexologia. A segunda fase (que percorre as décadas de 1920-1930), por sua vez, acompanha o surgimento do Behaviorismo endocrinológico e opõe-se a certas teorizações da psicanálise, estabelecendo premissas teóricas que tornarão possível o fenômeno transexual. Nessa etapa, a grande estratégia para solucionar demandas de transexuais eram as intervenções hormonais e cirúrgicas.

Outrossim, a terceira fase (1945-1975), proveniente da tradição americana da sociologia empírica, converte em objeto de pesquisa a temática da socialização dos hermafroditas, dos indivíduos geneticamente anormais, dos meninos com órgãos genitais acidentalmente mutilados e dos transexuais. No entanto, Castel (2001, p. 80) diz que: "A psicanálise americana, medicalizada à força, marcada pelo culturalismo, pareceu então impotente para evitar de servir de caução à sociologia do gênero[...]".

Em suma, perdeu a batalha por não conseguir sustentar de forma coerente o caráter patológico da transexualidade. A quarte fase, que surge em meados dos anos de 1970, com a bandeira da despatologização radical do "transexualismo", supõe que a identidade sexual é em si um preconceito e que restringe a liberdade individual.

Situando-se na terceira fase da cronologia, convém destacar a contribuição fundamental de Harry Benjamim (1966) em relação às primeiras formulações de efetiva repercussão na comunidade médica internacional no que se refere à normatização do "transexualismo", difundindo as características distintivas do "verdadeiro transexual" – atributos que foram incorporados pela comunidade médica internacional. Benjamim define o transexual como o indivíduo cujo sexo cromossomático estaria em consonância com os sexos anatômico, social e jurídico, mas em dissonância com o sexo psicológico.

Harry Benjamim (1966), em *Transsexual Phenomenon*, refere que a expressão *sexo*, na língua inglesa, é imprecisa, tendo em vista a multiplicidade de sentidos e a pluralidade de interpretações que contempla. Logo, quanto mais a comunidade científica estuda o tema, mais se torna difícil precisar o significado da expressão, de forma que apenas os significados social e jurídico do termo adquirem relativa estabilidade.

Em que pesem tais dificuldades, Benjamim (1966) estabelece uma conceituação de *sexo* estruturada numa composição multifacetada, conglobando os elementos cromossomático, anatômico (que se subdivide em genital e gonádico), psicológico, social e jurídico. Além do mais, teoriza a "verdade do sexo", partindo do elemento biológico dos corpos e investiga a masculinidade e a feminilidade, pressupondo níveis de dosagens hormonais. Todavia, para Benjamim (1966), a verdade do sexo é suscetível de adaptação, haja vista a presença do sexo psicológico.

Destarte, ainda legitima o autodiagnóstico, posto que as intervenções cirúrgicas e endocrinológicas são justificáveis quando os desígnios do sexo biológico não estão em consonância com demais componentes do sexo, embora trate-se de uma composição multifacetada que ainda remete a uma estrutura binária.

Na obra *A experiência transexual*, o psiquiatra norte-americano Robert Stoller (1982) aprofunda algumas considerações sobre a configuração da masculinidade e da feminilidade que já havia analisado em *Sex and Gender*. Discorre, em suas ponderações, sobre o/a transexual, definindo-o/a como as pessoas que, na ausência de defeitos biológicos, têm pronunciado desvio em suas identidades genéricas, sentindo-se como membros do sexo oposto, o que o conduz a concluir que a concepção clássica de "transexualismo" surgiria como uma desordem mental. (STOLLER, 1982).

Inserindo-se na terceira fase da cronologia do "fenômeno transexual", John Money teorizou importantes reflexões sobre a concepção de *gênero* e a construção da *identidade sexual* do indivíduo, influenciado pela teoria dos papéis sociais de Talcott Parsons. Psicólogo, sexologista e professor do Hospital Universitário John Hopkins, salienta que o papel de gênero relaciona-se a "[...] tudo o que uma pessoa expressa ou faz para mostrar-se como detentora do *status* menino/homem ou menina/mulher, respectivamente." (MONEY, 1955, p. 254). Trata-se de um grande guarda-chuva que contempla "todos os seus componentes heterogêneos [...] legais, educacionais, vocacionais, recreativos, indumentários, cosméticos, etc. dos quais o papel genital-sexual é apenas um." (MONEY, 1985, p. 72).

Dessa maneira, o paradigma epistemológico médico-científico de sexo evoluiu para contemplar o aspecto psicossocial, transcendendo a centralidade do fator meramente biológico. Além do elemento biológico – que é aferido no momento do nascimento do bebê, para efeito de enquadramento no sexo masculino e feminino – torna-se premente verificar o papel de gênero vivenciado pelo indivíduo. A matriz da diferenciação sexual binária é mantida, mas adquire novos contornos teóricos, dado que o sexo é compreendido como resultado da adição entre sexo biológico e psicológico.

A grande contribuição de Money (1985) foi sua estratégia conceitual voltada para desconectar a masculinidade/feminilidade do determinismo relativo ao elemento exclusivamente biológico. As influências socioculturais eram interpretadas como fatores passíveis de atuar de forma relevante na formação da diferença sexual. Nesse sentido, Money (1985) introduz uma compreensão renovada sobre o fenômeno da transexualidade. Outrossim, uma vez que o elemento biológico dos corpos era insuficiente para explicar a temática da intersexualidade, e pressupondo ser fundamental a existência de uma genitália, as cirurgias corretivas assumiram relevância e eram fortemente indicadas por Money. Não obstante, eram interpretadas pelo estudioso como mecanismos essenciais para resguardar a masculinidade e a feminilidade suscetíveis ao atendimento dos padrões de normalidade e de saúde.

Em consonância com o que preconiza *The Diagnostic and Statistical Manual of Mental Disorders – Fifth Edition* (DSM-V) – ou Manual de Diagnóstico e Estatística dos Transtornos Mentais –, as "pessoas cujo sexo de nascimento é contrário ao que se identificam" recebem o diagnóstico de "disforia de gênero", e não de "transtorno de identidade de gênero" (DSM-IV), o que diminui um pouco o estigma suscitado pela expressão *transtorno*. Todavia, a transexualidade, segundo especificam a *American Psychiatric Association* e o *Sexual and Gender Identity Disorders Work Group*, permanece como condição mental sujeita a diagnóstico e a tratamento.

No que concerne à Classificação Internacional de Doenças e Problemas Relacionados à Saúde (CID-10), o "transexualismo" foi incluído no rol de transtornos mentais e comportamentais. No Brasil, as resoluções do Conselho Federal de Medicina recepcionaram referidas diretrizes internacionais, direcionando o tratamento médico do "transexualismo". Na visão difundida pela Resolução do Conselho Federal de Medicina nº 1955/2010, o transexual é "portador de desvio psicológico permanente de identidade sexual, com rejeição de fenótipo e tendência a automutilação e/ou extermínio".

Bento e Pelúcio (2012, p. 576) pontuam que "[...] essa é uma estratégia discursiva que retira a autonomia e não reconhece a condição de sujeitos das pessoas transexuais e travestis". Também em conformidade com as reflexões de Bento e Pelúcio (2012), o gênero torna-se uma categoria medicalizável sobre a qual incidem instrumentos para curar suas anomalias.

De acordo com a GATE (Ação Global pela Igualdade *Trans*) e a STP (campanha internacional *Stop Trans Pathologization*), a Organização Mundial da Saúde (OMS) apresentou uma nova proposta sobre saúde *trans* na versão da CID-11. A publicação contempla novas categorias reivindicadas pelo Grupo de Trabalho da OMS: incongruência de gênero na adolescência e na idade adulta e incongruência de gênero na infância. Ambas as categorias integram um novo capítulo da CID-11: o capítulo 6, que trata das "condições relacionadas com a saúde sexual", como um capítulo separado do capítulo que abarca os "transtornos mentais e de comportamento".[2]

---

[2] Nesse sentido, a CID-11 será votada somente na Assembleia Mundial de Saúde, no ano de 2017. A GATE e a STP recomendam a análise e o debate sobre a questão que se refere à categoria "incongruência", a qual poderia repatologizar as questões *trans* na CID-11, defendendo também que o acesso à saúde e o reconhecimento da identidade de gênero são direitos humanos cujo cumprimento não deve

De fato, a patologização e a matriz binária do sistema sexo-gênero anulam a condição dos transexuais de parceiros nas interações sociais, sendo mais pertinentes os protocolos alternativos e o pleno acesso aos banheiros femininos, que atribuem a esses grupos o papel de protagonistas capazes de participarem de maneira paritária nas interações sociais. Como ressalta Spade (2003, p. 34-35), "[...] pessoas *trans* estão lutando contra noções entrincheiradas sobre o que mentes e corpos normais e saudáveis são, e lutando para se tornarem iguais participantes com igual acesso e proteção contra preconceito e discriminação".

No momento, importa analisar brevemente três argumentos muito utilizados no direito norte-americano que fundamentam o uso do banheiro por transexuais:

a) a alegação de acomodação razoável;

b) o enquadramento jurídico do direito das pessoas portadoras de deficiência; e

c) a discriminação indireta.

A concepção de acomodação razoável surge nos EUA na aprovação do *Equal Employment Opportunity Act*, de 1972, com o objetivo de combater a discriminação no mercado de trabalho. A expressão aplicou-se originariamente no âmbito da discriminação religiosa, demandando a comprovação do empregador de que não teria habilidade para acomodar determinadas práticas religiosas dos empregados sem que houvesse ônus indevido.

Especificamente no que diz respeito ao "direito dos banheiros", em *Doe v. Bell*, a Suprema Corte de Nova Iorque decidiu que a desordem de identidade de gênero configurava deficiência e que determinada instituição de cuidados havia discriminado Doe, uma transexual feminina, à luz do artigo 15 do *New York State Human Rights Law*, posto que se recusou a acomodar razoavelmente as necessidades da transexual.

Para Schmidt (2013), há uma segunda estratégia empregada no direito norte-americano e que parte dos benefícios políticos decorrentes da utilização do direito das pessoas portadoras de deficiência como estratégia antidiscriminação usada pelas pessoas *trans*. Na percepção de alguns ativistas, isso permitiria às pessoas *trans* e às pessoas com deficiência

---

depender de categorias diagnósticas. O movimento trans tem denunciado as inconsistências e contradições das normas brasileiras que estabelecem o atendimento à saúde por transexuais. No Brasil, tal movimento tem sustentado a necessidade de substituição do termo "transgenitalismo", a diminuição do requisito da idade para a realização das cirurgias de 21 para 18 anos e a retirada da exigência de dois anos de acompanhamento prévio.

O Conselho Federal de Psicologia, na "Nota Técnica ao Processo Transexualizador", reitera que a transexualidade e travestilidade não constituem "condições psicopatológicas." Todavia, aludindo à Portaria do Ministério da Saúde n. 1707/2008, o CFM exige a obrigatoriedade da psicoterapia em todo o processo transexualizador. Portanto, o mito do índice de arrependimento ou suicídio da pessoa *trans* após cirurgia ainda restringe a liberdade em relação ao próprio corpo.

compreenderem-se reciprocamente como parte de um mesmo movimento, viabilizando a construção de uma coalizão em torno de questões pertinentes à discriminação relativa ao corpo. Todavia, na observação de muitos críticos, também poderia reforçar as concepções normalizadoras de sexo e gênero, assim como as narrativas relativas à heterossexualidade compulsória e ao diagnóstico patologizante. Schmidt avalia que a estratégia que invoca o direito das pessoas portadoras de deficiência poderia humanizar as pessoas *trans* na perspectiva das cortes. (SCHMIDT, 2013).

Ao ensejo, em relação ao enquadramento da identidade de gênero como classificação suspeita para efeito de incidência da *Equal Protection*, a doutrina norte-americana posiciona-se favoravelmente, já que trata de grupo sujeito ao preconceito e à estigmatização. (ELKIND, 2007). Na Jurisprudência, a Suprema Corte dos EUA não se manifestou, mas há decisões de Tribunais Federais e Estaduais efetivando o direito supracitado, enquanto outros indeferem o referido pedido.

Finalmente, é mister frisar um último argumento que fundamenta o "direito dos banheiros" relativa à alegação de discriminação indireta, teoria que surgiu nos EUA no início da década de 1970. Para Sarmento (2006), há duas formas de violação do princípio da isonomia que não abarcam a discriminação explícita: a discriminação de *facto* e a discriminação indireta, que se correlaciona à aplicação da teoria do impacto desproporcional. Nas reflexões de Sarmento (2006), a discriminação indireta impugna medidas públicas ou privadas com propósito aparentemente neutro, mas cuja aplicação concreta suscita o impacto prejudicial e estigmatizante a grupos vulneráveis, violando o princípio da isonomia.

Nesse ponto, a alegação de impacto desproporcional tem sido utilizada no direito norte-americano por empregados *trans*. Na perspectiva de Schmidt (2013), a proibição do uso do banheiro a transexuais sob o argumento da distinção por sexo biológico possui objetivo aparentemente neutro que produz impacto desproporcional sobre empregadas transexuais. Sublinha que estas são forçadas a usar um banheiro que não condiz com sua identidade de gênero. Entende-se que o resultado disso é a estigmatização, porquanto concepções binárias violam o valor moral de transexuais por meio da subordinação de *status*.

Nessa linha de raciocínio, Rios (2015) ensina que a proibição sanitária direcionada a transexuais femininas inspira tanto a discriminação direta como a indireta. Em suas palavras (RIOS, 2015, p. 213), a discriminação é direta "[...] porque decorrente do propósito explícito de impedir o uso de instalações abertas ao público que permitem o exercício do direito fundamental à saúde". Pondera que, ainda que se invoque a inexistência do propósito discriminatório, vislumbra-se a discriminação indireta. No fundo, a internalização da naturalidade dos padrões heteronormativos torna difícil a visualização da opressão e da subordinação de minorias transexuais.

Em relação ao uso do banheiro, direcionando-se para a análise dos fundamentos jurídicos invocados pela doutrina nacional, salienta-se a existência de uma série de princípios constitucionais envolvidos, como o princípio constitucional da dignidade da pessoa humana e sua conexão com outros direitos fundamentais, como a honra, a proibição do tratamento degradante, o direito à saúde e o respeito à vida privada.

Dentre os argumentos frequentemente invocados no direito nacional e norte-americano contra o direito sanitário pretendido, elencam-se o direito à privacidade e à segurança de determinadas usuárias do banheiro, que se sentiriam incomodadas com a presença das transexuais femininas. Em relação à segurança, inexistem evidências efetivas que demonstrem ameaças concretas ou violência às demais usuárias do banheiro, pressupondo autocompreensões assimétricas e estigmatizantes decorrentes de estruturas de poder atreladas ao dismorfismo heteronormativo que estabelecem a subordinação de *status*.

No que tange ao direito à privacidade, o argumento também não se desvela pertinente, uma vez que violaria igualmente o referido direito fundamental a proposta de compelir o/a transexual a frequentar o banheiro que não condiga com sua identidade de gênero

O não reconhecimento do direito fundamental à utilização do banheiro resulta em violação ao direito fundamental à autodeterminação, que – na tese que aqui se defende – sintetiza pressuposto para a paridade de participação. No entanto, a questão é: como pode o Constitucionalismo atuar de maneira juridicamente sensível às demandas das minorias *trans*, efetivando direitos fundamentais sem violar os pressupostos democráticos? Deve o Poder Judiciário pronunciar-se de forma estreita na efetivação de direitos de minorias sexuais?

3. O Constitucionalismo Democrático

Um dos desafios do Constitucionalismo contemporâneo é a existência de procedimentos destinados a impossibilitar que sistemas eleitorais e elites dominantes distorçam a vontade popular, ou ainda que plebiscitos produzam resultados ilegítimos que restrinjam direitos de grupos estigmatizados, descaracterizando o valor epistêmico da democracia. A tirania majoritária deve ser refutada pelos teóricos do um Constitucionalismo Democrático. Os tribunais são sensíveis às reivindicações dos movimentos sociais e influenciam os ramos do Poder Público com valores constitucionais.

Em *One Case at a Time,* Cass Sunstein (1999) assevera que o *Minimalismo Judicial* simboliza uma estratégia judicial que tem fundamento democrático, posto que os juízes que assumem tal perspectiva atribuem questões não decididas para a deliberação democrática, possibilitando que decisões relevantes para a Nação sejam tomadas por atores democraticamente responsáveis. Sunstein ainda (1999) assinala duas virtudes fundamentais para a estratégia minimalista: a estreiteza (*narrowness*) e a superficialidade (*shalowness*). Os juízes minimalistas devem então optar por uma decisão superficial – em vez da profunda – no sentido de não resgatar argumentos e teorias abstratas, abstendo-se de invocar questões fundacionais na fundamentação.

Em suma, o *Minimalismo* também demonstra especial preferência por decidir de maneira estreita, e não ampla. As decisões amplas transcendem as especificidades do caso decidido, enquanto as decisões estreitas se atêm ao caso específico, sem repercussão em outros casos concretos, evitando o surgimento de regras de cunho geral.

A superficialidade cristaliza-se mediante acordos parcialmente teorizados que consubstanciam a capacidade de estabelecer consensos em contextos de profundo dissenso. A estreiteza, por sua vez, se efetiva quando a Corte decide um caso com ênfase nas suas singularidades, deixando em aberto questões para serem decididas pelo processo democrático. Ao evitar considerações e argumentos amplos que se apliquem a outras situações futuras, garante-se o consenso em órgãos colegiados, resguardando-se de constrangimentos futuros.

Em *Constitutional Personae,* Sunstein (2015) aprofunda sua tipologia de *personas* constitucionais, estabelecida em *Radicals in Robes* (2005) e em *A Constitution of Many Minds* (2009), especificando de maneira precisa os perfis que frequentemente são incorporados pelos juízes da Suprema Corte. Sunstein (2015) elenca quatro categorias, a saber: o herói, o soldado, o minimalista e o mudo.

Os juízes heróis são aqueles que defendem um papel de vanguarda da Corte, que deve impulsionar o avanço da sociedade em meio à morosidade do processo político majoritário. Em contraposição, os soldados são juízes deferentes em relação às normas elaboradas pelos poderes democraticamente estabelecidos. A seu turno, os minimalistas burkeanos são juízes que, em regra, demonstram respeito pelos valores sociais e tradições sedimentadas, deixando para a deliberação democrática espaço para eventual revisão da tradição. Por fim, os mudos são juízes que elegem o silêncio pleno em meio a grandes questões constitucionais controvertidas, remetendo a resolução do desacordo moral para o processo político.

A grande questão é: em determinadas circunstâncias uma estratégia minimalista não pode favorecer e potencializar a subordinação de *status* de grupos vulneráveis? Como efetivar direitos de transexuais sem invocar argumentos profundos e abstratos? Deve-se respeitar o ritmo normal de amadurecimento social em questões controvertidas como o "direito dos banheiros", sendo papel da Corte se abster de reconstruir práticas socialmente sedimentadas que estabelecem narrativas heteronormativas e patologizantes? O *backlash* não teria um papel positivo e democrático?

Em uma estrutura conceitual diversa, Robert Post e Reva Siegel (2013) defendem a teoria do *Constitucionalismo Democrático*, a qual busca analisar e entender a forma como os direitos constitucionais foram instituídos em uma sociedade plural e divergente. Nesse prisma, a divergência interpretativa simboliza um pressuposto normal para a evolução do direito constitucional, não devendo ser refutada, visto que a autoridade da Constituição depende de sua legitimidade democrática.

O direito constitucional é moldado a partir de interações dialógicas que se delineiam entre diversos atores: o governo, o congresso, o tribunal, os movimentos sociais, os partidos. Sustenta-se que cada um tem a responsabilidade pelo efetivo cumprimento das normas constitucionais, contribuindo para delinear o desenvolvimento do direito constitucional. Assim, o constitucionalismo contemporâneo deve ser sensível ou receptivo a essas instâncias, porque sua legitimidade depende dessas interações discursivas.

É premente ponderar que o *Constitucionalismo Democrático* não exclui a política do âmbito do direito. Em contraste, visa equacioná-los entre uma tensão: integridade do Estado de Direito *versus* necessidade da ordem constitucional de legitimidade democrática. Post e Siegel (2007; 2013) advogam que *backlash* é a expressão do desejo de um povo livre, capaz de influenciar no conteúdo de sua Constituição, mas que também ameaça a independência da lei.

Os estudiosos sustentam um modelo fundamentado na compreensão dos esforços dos governantes para o cumprimento da Constituição em condições de controvérsia pública. Diferentemente do *Constitucionalismo Popular*, o *Constitucionalismo Democrático* não objetiva afastar a Constituição dos Tribunais, afirmando a centralidade dos direitos constitucionais aplicados judicialmente na política norte-americana. Também – e opostamente ao foco juricêntrico – o *Constitucionalismo Democrático* sublinha o papel fundamental que o envolvimento do público desempenha na orientação e na legitimação das instituições e das práticas de revisão judicial.

Os defensores do *Constitucionalismo Democrático* afirmam ser errôneo equiparar a relação entre concretização judicial constitucional e democracia como um jogo de soma zero, como se o incremento de um suscitasse necessariamente a redução do outro. Com efeito, *como* e *se* um tribunal deve concretizar o direito envolvem um julgamento específico, o que necessita verificação ao nível dos casos individuais, por meio do exercício do raciocínio jurídico. (POST; SIEGEL, 2007, p. 403).

Investigando o tema, Bunchaft (2014, p. 149-150) postula que "[...] a atuação dinâmica dos movimentos sociais suscita novas interpretações sobre a aplicação de princípios constitucionais, de forma a impulsionar transformações nos processos de interpretação constitucional". Ressaltando a centralidade dos movimentos sociais, Balkin e Siegel (2006, p. 929) revelam que "[...] quando os movimentos têm sucesso em contestar a aplicação dos princípios constitucionais, podem ajudar a mudar o sentido social de princípios constitucionais e as práticas que eles regulam." Tal passagem revela-se fundamental para a compreensão sobre como o sentido dos princípios constitucionais pode mudar a partir da interpretação dinâmica dos movimentos sociais e dos cidadãos.

Post e Siegel (2007; 2013) ponderam que algum nível de conflito pode ser efeito inevitável da reivindicação de direitos constitucionais, independentemente se tais direitos são concretizados pela legislação ou pela efetivação judicial. Para Post e Siegel (2007; 2013), o *backlash* suscitado pela tomada de decisão judicial pode até trazer benefícios para a ordem constitucional norte-americana, pois os cidadãos que se opõem às decisões judiciais são politicamente ativos e tentam se convencer mutuamente para abraçar seus entendimentos constitucionais. (POST; SIEGEL, 2007, p. 390).

A postura ativa da Suprema Corte na decisão em *Roe v. Wade* frequentemente foi interpretada por muitos doutrinadores como o único fator que teria inspirado o *backlash*, ou o realinhamento dos partidos em torno do aborto e da nacionalização do conflito. Sunstein (1999) assevera que a decisão impossibilitou a evolução da opinião pública, esvaziando as bases do engajamento democrático do movimento feminista. A história do *backlash* em torno do aborto no período anterior a *Roe* acarreta uma multiplicidade de indagações que problematizam a tese centrada no ativismo da Corte, o que torna imprescindível a investigação histórica mais profunda sobre as fontes da polarização.

Greenhouse e Siegel (2011) relatam que os partidos políticos, em momento anterior à decisão da Suprema Corte em *Roe v. Wade*, já incorporavam em suas estratégias eleitorais a retórica antiaborto, propugnando conquistar eleitores católicos que tradicionalmente votavam no Partido Democrata. Os estrategistas republicanos compreenderam que a temática do aborto poderia ser utilizada de forma útil para dividir os Democratas e captar o voto dos eleitores católicos e sociais conservadores. Na interpretação de Greenhouse e Siegel (2011), a estratégia era apresentar a imagem do candidato Richard Nixon ao eleitorado como um político associado à preservação dos papéis e dos valores tradicionais – portanto, um conservador.

Para os defensores do *Constitucionalismo Democrático*, o *backlash* desempenha um papel positivo e democrático, já que seria inerente à evolução de uma cultura constitucional na qual os cidadãos e os movimentos sociais se apropriam do discurso dos princípios constitucionais para se mobilizarem em lutas por ampliação de direitos. Com efeito, o *Constitucionalismo Democrático* revela alcance teórico para incrementar a efetivação de direitos de minorias estigmatizadas quando suas demandas são inviabilizadas pela ausência de valor epistêmico do processo político. Por esse prisma, ao focar apenas em argumentos estreitos e superficiais, o Poder Judiciário pode contribuir para a perpetuação da subordinação de *status* de minorias estigmatizadas – tão criticada pela teórica Nancy Fraser.

Com isso, é essencial complementar as breves considerações teóricas descortinadas com base nos pressupostos do *Constitucionalismo Democrático* com as contribuições de *Teoria Crítica do Gênero* de Nancy Fraser e sua crítica à essencialização identitária com vistas à necessidade de superação de padrões binários heteronormativos.

4. O debate *Honneth-Fraser*

A estratégia conceitual de Honneth (2003a; 2015) é renovar a teoria crítica através do giro teórico do reconhecimento. Pretende delinear uma nova Teoria da Justiça por meio da categoria do reconhecimento que revelaria maior alcance e pertinência às formulações da Teoria Crítica, possibilitando perceber a base motivacional das lutas sociais.

Pretendendo explicar as experiências sociais de injustiça na sociedade, resgata os escritos do jovem Hegel e sua contraposição à perspectiva estratégico-instrumental da realidade sociopolítica. Mas em contraposição a Hobbes, para Honneth (2003a), o conceito de luta social não encontra fundamento somente na luta entre interesses materiais em oposição. Diferentemente, o conceito de luta social está atrelado também aos sentimentos morais de injustiça que surgem das experiências de ausência de reconhecimento.

A experiência de não ser reconhecido inspira a vulnerabilidade de determinados indivíduos, e a injustiça pode se converter na base motivacional da luta social. Consoante Fascioli (2011, p. 56), todas as mudanças sociais (e boa parte delas) são inspiradas por "[...] lutas moralmente motivadas de grupos sociais que pretendem coletivamente obter um maior reconhecimento mutuo institucional e cultural". Contudo, para ter potencial de mobilização dos movimentos sociais, é essencial que a ofensa que atinge um indivíduo seja passível de universalização em uma linguagem comum, suscitando a efetiva mobilização política. Honneth incorpora as ideias de Dewey, para quem os sentimentos são interpretados como "[...] a repercussão afetiva do sucesso ou insucesso de nossas intenções práticas." (HONNETH, 2003a, p. 221).

Honneth (2003a), em *Luta por Reconhecimento*, elenca três formas de reconhecimento – a dedicação emotiva (o amor), o autorrespeito (o direito) e a estima social (solidariedade) – as quais revelam o poder de suscitar três formas de desrespeito, que são pressupostos para conflitos sociais.

Nos primeiros meses de vida, o bebê se percebe como parte da mãe, vislumbrando uma unidade simbiótica, mas de forma progressiva, vai aprendendo a autocompreender-se como ser independente. Quando a mãe vai progressivamente retornando às suas atividades rotineiras, o bebê rebela-se contra tal independência, dirigindo contra a genitora atos agressivos. Cristaliza-se uma luta por reconhecimento, pois " [...] só na tentativa de destruição da mãe, ou seja, na forma de uma luta, a criança vivencia o fato de que ela depende da atenção amorosa de uma pessoa, existindo independentemente dela, como um ser com pretensões próprias." (HONNETH, 2003a, p. 170).

Configura-se "[...] a medida de autoconfiança individual, que é a base indispensável para a participação autônoma na vida pública." (HONNETH, 2003a, p. 178). Segundo Bunchaft, Honneth pondera que, após a evolução nos estudos psicanalíticos sobre o desenvolvimento da personalidade humana, "[...] seria intrínseco às relações afetivas entre mãe e filho uma articulação entre autonomia e ligação, porquanto, como leciona Hegel, o amor deve ser compreendido como 'um ser-si-mesmo em um outro." (BUNCHAFT, 2014, p. 61).

Resgatando o pensamento de Winicott, Honneth (2003a) distancia-se das linhas psicanalíticas que interpretam a criança como objeto de investigação independente. Honneth, apoiando-se em pressupostos intersubjetivos, sustenta que o amor constitui uma forma de reconhecimento que floresce em razão do modo específico pelo qual o sucesso "[...] das ligações afetivas se torna dependente da capacidade, adquirida na primeira infância, para o equilíbrio entre a simbiose e a autoafirmação." (HONNETH, 2003a, p. 163).

Apenas na medida em que direitos universais são atribuídos aos membros dos grupos sociais de maneira isonômica a todos os seres humanos, independentemente de uma ordem de *status*, que se pôde alcançar a ideia de autorrespeito. A partir do reconhecimento jurídico, surgiu uma esfera marcada pela possibilidade de autocompreensão positiva em relação a si mesmo. Honneth relata a luta do movimento negro por direitos civis nas décadas de 1950 e de 1960 como reflexo do "[...] significado psíquico que o reconhecimento jurídico possui para o autorrespeito dos grupos excluídos." (HONNETH, 2003a, p. 198).

Já a estima social "[...] se aplica às propriedades particulares que caracterizam os seres humanos em suas diferenças pessoais." (HONNETH, 2003a, p. 199). A estima configura um *medium* social que remete às diferenças de atributos entre os seres humanos de maneira intersubjetivamente vinculante. A estima assim consubstancia em forma de integração social que investiga as contribuições positivas dos indivíduos para a concretização de metas sociais em uma comunidade de valores. À vista disso,

> [...] sob condições das sociedades modernas, a solidariedade está ligada ao pressuposto das relações sociais de estima simétrica entre sujeitos individualizados (e autônomos); estimar-se simetricamente nesse sentido significa considerar-se reciprocamente à luz de valores que fazem as capacidades e as propriedades do respectivo outro aparecer como significativas para a práxis comum. (HONNETH, 2003a, p. 210).

Em consonância com as ideias de Honneth (2003a), o fundamento motivacional das lutas por reconhecimento são os sentimentos morais de vergonha e de desprezo, os quais também pressupõem a esfera social na qual os indivíduos estão inseridos.

> Para chegar a uma autorrelação bem-sucedida, ele depende do reconhecimento intersubjetivo de suas capacidades e de suas realizações; se uma tal forma de assentimento social não ocorre em alguma etapa de seu desenvolvimento, abre-se na personalidade como que uma lacuna psíquica, na qual entram as reações emocionais negativas como a vergonha ou a ira. Daí a experiência do desrespeito estar sempre acompanhada de sentimentos afetivos que, em princípio, podem revelar ao indivíduo que determinadas formas de reconhecimento lhe são socialmente denegadas. (HONNETH, 2003a, p. 220).

Porém, em *Direito da Liberdade*, Honneth (2015) passou a sustentar que as três esferas de reconhecimento descritas em *Luta* são expressões da liberdade, que é hierarquicamente superior àquelas. (SOBOTTKA E SAAVEDRA, 2012). Desde *Sofrimento de Indeterminação*, Honneth (2007) passou a fundamentar-se nos *Princípios da Filosofia do Direito* de Hegel, reformulando seu posicionamento em relação às obras deste e assumindo como sua principal inspiração a filosofia hegeliana da maturidade.

Como se sabe, algumas teorias da justiça puramente normativas estabelecem princípios de justiça abstratos independentemente e de forma transcendente ao contexto. Outros teóricos, de inspiração hegeliana, procuram estabelecer a ideia de justo de forma imanente ao contexto social. Para Honneth (2015), a ideia de justiça não pode ser assumida de forma independente, transcendente ao contexto, às práticas e às instituições. Para o autor, se a própria sociedade percebe a injustiça no processo histórico, não seria possível estabelecer e identificar tal experiência de forma transcendente ao contexto. É precisamente nesse sentido que critica a teoria da justiça rawlsiana, a qual assume a possibilidade de justificar princípios normativos independentemente da história.

Fraser (2003a; 2010; 2014), por sua vez, interpreta as reivindicações por reconhecimento como reivindicações de justiça que, portanto, se integram à esfera da moralidade. Diferentemente do modelo psicológico de Honneth – em que o não reconhecimento se apresenta como depreciação de identidade – sua estratégia teórica é interpretar as reivindicações de reconhecimento por meio de uma estrutura deontológica. As injustiças provenientes da subordinação de *status* só podem ser desestabilizadas pela política de reconhecimento que conduza não à essencialização identitária, mas à sua desconstrução. (FRASER, 2003a, p. 23).

Em suma, para Fraser, o modelo de *status* "permite a cada um justificar alegações por reconhecimento como moralmente vinculantes sob condições modernas de pluralismo valorativo." (FRASER, 2003a, p. 30). Depreende que a estratégia que tenta justificar reivindicações de reconhecimento identitárias associadas a concepções de autorrealização inspira a perspectiva sectária. Nas reflexões da filósofa, "o modelo de *status* é deontológico e não sectário", pois "não apela para uma concepção de autorrealização ou bem. Diferentemente, apela para uma concepção de justiça que pode – e deve – ser aceita por aqueles com concepções divergentes de bem". (FRASER, 2003a, p. 31).

O modelo de *status* de Fraser (2003a) rompe com a abordagem psicológica inerente ao paradigma da autorrealização – delineado por Honneth – pois minimiza os padrões institucionalizados de desvalorização cultural que impedem os indivíduos de se tornarem parceiros plenos na esfera da paridade de participação. A estratégia conceitual de Fraser é desconstruir "leis matrimoniais que excluem parceiros do mesmo sexo como ilegítimos e perversos, políticas de bem-estar social que estigmatizam mães-solteiras como parasitas sexualmente irresponsáveis, e práticas policiais tais como os perfis raciais que associam pessoas racializadas à criminalidade". (FRASER, 2003a, p. 29-30).

Em *Scales of Justice*, a estrutura bidimensional é reformulada, passando a conglobar uma terceira dimensão da justiça: o *político*. Obstáculos políticos à paridade de participação têm impacto nos processos políticos decisórios que discriminam pessoas independentemente da existência de problemas de má distribuição ou de falso reconhecimento. O remédio para essa terceira forma de injustiça é a democratização. (FRASER, 2010).

A terceira dimensão da justiça também remete à proposta de explicar as injustiças no plano metapolítico/global, que se consubstanciam quando há o estabelecimento da divisão do espaço político em sociedades delimitadas territorialmente. Pergunta-se, então: como delimitar adequadamente o enquadramento de forma a garantir que a justiça seja efetivamente justa? Presenciam-se injustiças de enquadramento, que florescem quando não membros " [...] são excluídos do universo daqueles merecedores de reconhecimento dentro da entidade política no que tange a questões de distribuição, reconhecimento e representação política ordinária." (FRASER, 2009, p. 22). Com efeito, como injustiça de enquadramento, em nível transnacional, cita-se a globalização da pobreza que ultrapassa as fronteiras territoriais.

Nesse ponto, *o político* é a arena em que as lutas por redistribuição ou por reconhecimento são desenvolvidas. Tal dimensão da justiça associa-se ao procedimento e à demarcação de fronteiras no espaço político. Quando as delimitações de fronteiras no espaço político ou as regras do procedimento decisório impossibilitam que alguns indivíduos participem das interações sociais em condições de igualdade com outros indivíduos, surge a injustiça política. A dimensão do político remete à inclusão ou à exclusão da comunidade e à distribuição de legitimidade de indivíduos que poderiam ter a prerrogativa de fazer reivindicações de justiça quanto ao reconhecimento e à redistribuição.

Em um segundo nível, verifica se os processos decisórios da comunidade atribuem a todos os membros oportunidade de manifestação e justa representação nas deliberações democráticas e mecanismos de tomada de decisão. Com o enquadramento keynesiano westfaliano estabelecido, envolvidos na disputa sobre *o que* da justiça não sentiam necessidade de problematizar o *quem*, pressupondo-se que este corresponderia aos cidadãos nacionais. (FRASER, 2010). Esse enquadramento vem se revelando contrafactual a partir da globalização e do contexto político mundial Pós-Guerra Fria. Muitas vezes, decisões assumidas em um Estado produzem efeitos que transcendem as fronteiras territoriais, causando impacto na vida de indivíduos que se situam fora delas e criando formas específicas de subordinação de *status*.

É patente a centralidade das organizações internacionais e supranacionais e da opinião pública transnacional que se delineia independentemente dos limites territoriais. De fato, percebe-se que os transexuais, no mundo inteiro, mobilizam-se em campanhas de reforma das legislações internacionais que consagram categorias diagnósticas patologizantes. Como salienta Bento (2012, p. 110): "A luta pela despatologização da transexualidade e a luta para retirada do CID de todas as classificações relacionadas ao gênero (travestilidades, fetichismos, transexualidade) é uma das pautas da contemporaneidade que unificam teóricas (os) em várias partes do mundo".

Não obstante tais grupos estarem sujeitos a formas de subordinação de *status* dentro dos limites territoriais, também estão se articulando em diásporas *queer* e se engajando em contrapúblicos subalternos – situados em um enquadramento pós-westfaliano e suscetíveis à mobilização da opinião pública internacional. Como resultado desse engajamento, a

França foi o primeiro país do mundo a retirar a transexualidade da lista das patologias psiquiátricas. Ademais, há mais de 100 organizações e quatro redes internacionais na África, na Ásia, na Europa e na América do Norte e do Sul que estão mobilizadas na luta contra a retirada da transexualidade do DSM e da CID. (BENTO, 2012, p. 573).

A circulação de discursos de oposição de minorias sexuais não hegemônicas excluídas da esfera pública oficial – como transexuais e travestis – tem progressivamente desconstruído mecanismos institucionais nas esferas do reconhecimento, da redistribuição e da representação que impedem a princípio da paridade de participação de transexuais, superando o *deficit* de liderança política de tais grupos. Paulatinamente, há um maior protagonismo político das lideranças das ONGs que representam grupos transexuais e travestis. (BUNCHAFT, 2015).

Esse recente processo de amadurecimento político do movimento é viabilizado por contrapúblicos subalternos situados em uma esfera pública transnacional pós-westfaliana. A partir da práxis discursiva das identidades *trans*, em um enquadramento pós-westfaliano, o movimento tem reivindicado o *slogan* de que a identidade de gênero é uma questão de direitos humanos, o que pode ser elucidado a partir do referencial teórico de Fraser (2010). Assumindo a perspectiva de Fraser (2010), mas relacionando-a à interpretação de Bento (2006), sustenta-se que a proposta de desvincular o gênero do âmbito do saber biomédico representa um passo fundamental para reconhecer o *status* das pessoas transexuais como parceiras plenas e capazes de participarem no mesmo nível que os outros nas interações sociais.

Portanto, "não é apenas a substância da justiça, mas também o enquadramento que está em disputa. O resultado é um desafio maior para as nossas teorias sobre justiça social." (FRASER, 2009, p. 16). Estabelecendo regras de decisão, a terceira dimensão da justiça – o político – estabelece procedimentos e mecanismos decisórios por meios dos quais questões de redistribuição e de reconhecimento são resolvidas. Nas afirmativas de Fraser, "ela revela não apenas *quem* pode fazer reivindicações por redistribuição e reconhecimento, mas também *como* tais reivindicações devem ser introduzidas no debate e julgadas. " (FRASER, 2010, p. 19).

Por esse prisma, atualmente, tramitam no Congresso Nacional diversos projetos de lei que tratam dos direitos dos transexuais, como, por exemplo, os Projeto de Leis 2.976/08 (DIOGO, 2008), 1.281/11 (LIMA, 2011), 658/11 (RODRIGUES, 2011) e 4.241/12 (KOKAY, 2012).[3]

---

[3] Outrossim, a principal proposta legislativa é o Projeto de Lei nº 5.002/13 (WYLLYS; KOKAY, 2013), que tramita na Câmara dos Deputados, estabelecendo o direito à identidade de gênero, concebida como a vivência interna e individual do gênero tal como cada pessoa o sente, a qual pode corresponder ou não com o sexo atribuído após o nascimento, incluindo a vivência pessoal do corpo (art. 2º). Segundo esse projeto, o SUS e os planos de saúde estariam obrigados a custear tratamentos

Enquanto tais propostas legislativas não são aprovadas diante da morosidade dos processos político-institucionais, o Judiciário supre a lacuna legal. Sob esse aspecto, quando os mecanismos das instâncias deliberativas funcionam adequadamente, contemplando a terceira dimensão da justiça – a representação – a intervenção judicial minimiza-se; mas, quando a atuação dos órgãos políticos não atende às expectativas normativas de minorias insulares, em razão da insuficiência de representação de grupos vulneráveis, a tendência é a atuação judicial expandir-se, de forma a suprir o *deficit* inerente às suas condições de abertura e de participação.

A questão fundamental é analisar se tais formas de *Constitucionalismo Democrático* vinculam-se ao princípio da paridade de participação ou ao paradigma da autorrealização. Para tal empreendimento, importa aprofundar a reflexão sobre o debate Honneth-Fraser, que assume especial relevância na investigação do voto do Ministro Luís Roberto Barroso.

4. O voto do Ministro Luís Roberto Barroso no RE n° 845779

O Ministro Luís Roberto Barroso inicia seu voto estabelecendo a sofisticada diferenciação entre igualdade formal, igualdade material (demandas por distribuição de poder riqueza e bem-estar) e igualdade como reconhecimento – que, para o Ministro, representa "o respeito devido às minorias, suas identidades e suas diferenças sejam raciais, religiosas sexuais ou quaisquer outras." (BRASIL, 2015). Afirma que o papel do Estado e da sociedade, em uma democracia, "[...] é assegurar o máximo de igualdade possível a todas as pessoas, dentro de um regime de liberdade". Ao invocar a igualdade como reconhecimento, resgata explicitamente – embora, de forma parcial – o pensamento de Nancy Fraser (2000), quando doutrina que o remédio contra discriminação envolve uma transformação cultural capaz de criar um mundo aberto à diferença.

Diante dessa estrutura conceitual, reflete que todos os indivíduos têm direito ao igual valor moral, o qual fundamenta a igualdade como reconhecimento. Nesse ponto em particular, aparentemente assume uma perspectiva deontológica. Em um primeiro momento, aduz que a pers-

hormonais integrais e cirurgias de transgenitalização a todos os interessados maiores de 18 anos. Estes últimos não estariam obrigados a satisfazer qualquer requisito relativo a um tipo de diagnóstico, tratamento ou autorização judicial. Além disso, o projeto prevê que os maiores de 18 anos podem mudar o prenome independentemente de autorização judicial. E libera também para estes a mudança do *status* sexual nos documentos pessoais com ou sem cirurgia. Sob esse aspecto, permite a manutenção dos números dos documentos, omitindo-se os nomes originais. Nas hipóteses de tratamento hormonal, cirurgia de transgenitalização e de mudança de nome e de sexo nos documentos, se o interessado for menor de dezoito anos, é necessário requerimento dos pais ou representantes legais. Se este se opuser, o adolescente pode recorrer à defensoria pública para requerer a autorização judicial mediante procedimento sumaríssimo.
Até primeiro de janeiro de 2016, o projeto encontrava-se na comissão de Direitos Humanos e Minorias da Câmara dos Deputados, tendo sido designado como relator o Deputado Luiz Couto.

pectiva da igualdade como reconhecimento pretende "[...] combater práticas culturais enraizadas que inferiorizam e estigmatizam certos grupos sociais e que, desse modo, diminuem, ou negam, às pessoas que os integram, seu valor intrínseco como seres humanos." (BRASIL, 2015). No entanto, posteriormente irá revelar uma ambiguidade conceitual, desvinculando-se do paradigma deontológico em seguida, quando invoca o argumento teleológico da *busca da felicidade*.

Confirma-se que tal argumentatividade reflete um conjunto de discursos implícitos que essencializam a identidade *trans* e consagram a ideia de reconhecimento como autorrealização – insuscetível de superar o binarismo sexual. Nesse panorama, partindo-se da distinção entre sexo e gênero, o Ministro deslinda expressamente que os transgêneros são aquelas pessoas que "não se identificam plenamente com o gênero atribuído culturalmente ao sexo biológico." (BRASIL, 2015). Argumenta que podem sentir "por exemplo, que pertencem ao gênero oposto, a ambos ou a nenhum dos dois gêneros." (BRASIL, 2015). No caso em tela, segundo Nicholson (2000), com a terceira fase do movimento feminista, o binarismo feminino/masculino é substituído pela compreensão mais ampla, em que o sexo não pode ser independente do gênero, uma vez que deve ser algo *que possa ser subsumido pelo gênero*. (NICHOLSON, 2000). Butler (2008), nessa fase, explica que tanto sexo como gênero passam a ser concebidos como categorias construídas sócio-historicamente.

Ainda na década de 1980, com o surgimento da teoria *queer*, havia uma problematização do binarismo, o que refletiu a multiplicidade de identidades, de vivências e de expressões sexuais possíveis e existentes, questionando-se a ideia de sexualidade desviante. A teoria *queer* presume a interpretação antiessencialista de sexualidade, avaliando criticamente as políticas de identidade. A ideia é distanciar-se dos estudos de lésbicas e *gays*, direcionando seu foco para as minorias sexuais não hegemônicas, voltadas para a transformação social e a ruptura com as normas assimétricas socialmente estabelecidas de comportamento sexual, como o travestismo e a transexualidade.

Nesse quadro teórico, os estudos pós-modernos, partindo de pressupostos teóricos semelhantes aos apontados pela teoria *queer*, ponderam também que as identidades não são perfeitas, fixas, estáveis, coerentes, unificadas, definitivas. Silva (2000) descreve que as identidades são instáveis, contraditórias, fragmentadas, inacabadas, portanto, é possível delinear uma compreensão renovada que desconstrói a divisão binária dos sexos, tendo em vista a multiplicidade de expressões identitárias da sociedade contemporânea.

Fraser (2001), por sua vez, contrapondo-se aos remédios afirmativos, se opõe ao binarismo homem-mulher (ou hétero-homo), propugnando desestabilizar o sistema binário de diferenciação sexual que foi expresso, por exemplo, no discurso implícito ao voto da decisão da Ministro Barroso no RE nº 845779. O reconhecimento afirmativo, direcionado para reparar a injustiça contra homossexuais e transexuais na cultura, engloba a valorização da cultura LGBT, entretanto inspira a reificação identitária, enquanto deixa intacto o código binário homem-mulher que atribui sentido à relação. Assim, a decisão do Ministro contém argumentatividade implícita que reflete remédios afirmativos – tão criticados por Fraser.

Diante do exposto, compreende-se que a estratégia argumentativa ainda reflete a interpretação binária do sistema sexo/gênero – que é questionada também por Fraser – expressa no voto do Ministro-Relator. O binarismo de gênero – enquanto prática aparentemente neutra e sem intenção discriminatória – tem impacto diferenciado e estabelece efeitos capazes de subordinar transexuais femininas. (RIOS, 2015).

Em suma, não é coerente defender a não proibição do uso de banheiros por transexuais e, simultaneamente, invocar a fundamentação teórica atrelada à estrutura binária, a qual engloba pressupostos aparentemente neutros, mas vinculados a padrões heteronormativos – que inspiram sutilmente efeitos estigmatizantes. Com efeito, depreende-se a relevância da necessidade de desconstrução da referida estrutura binária por meio de remédios transformativos estabelecidos em contrapúblicos subalternos. É nesses públicos subversivos que os indivíduos *trans* poderiam tematizar assimetrias da esfera pública oficial que institucionalizam padrões de valores culturais responsáveis pela subordinação de *status*.

Conclui-se, com base nas ponderações de Fraser, pela necessidade de desconstrução da dicotomia hétero-homo, desestabilizando todas as identidades sexuais, o que somente se concretizaria por meio da presença de certos públicos concorrentes que potencializam a circulação de discursos de oposição de grupos excluídos da esfera pública oficial (cujos exemplos são transexuais e travestis).

Fraser (1992) pretende revelar como, em processos democráticos da esfera pública, grupos sociais com desigualdade de poder desenvolvem estilos culturais que são desigualmente valorados. A presença de segmentos do movimento feminista que não consideram mulheres transexuais como tais demonstra as desigualdades de poder nos processos discursivos da esfera pública oficial. Com efeito, as reivindicações de transexuais não se destinam exclusivamente aos Estados nacionais nem são tematizadas apenas nas esferas públicas nacionais.

De acordo com Bunchaft (2015), a multiplicidade de públicos concorrentes – especificamente no Brasil – proporcionou avanços relevantes nos debates sobre o direito à saúde de transexuais, por meio de acordos e de articulações entre o movimento social de transexuais e o Ministério da Saúde.

O Ministro invocou também o princípio da dignidade da pessoa humana, cujo conteúdo jurídico inclui:

a) o valor intrínseco de todos os seres humanos;

b) a autonomia de cada indivíduo.

O valor intrínseco de todo ser humano pressupõe o princípio do imperativo categórico de que cada pessoa é um fim em si mesmo. No plano jurídico, o valor intrínseco está na base de uma série de direitos fundamentais, dentre os quais, o direito à igualdade.

Já a dignidade como autonomia implica "no plano filosófico, o livre arbítrio das pessoas, a possibilidade legítima de fazerem suas escolhas existenciais e desenvolverem sua personalidade." (BRASIL, 2015). Em síntese, remete à possibilidade de cada indivíduo escolher sua concepção de vida boa. "Deixar de reconhecer a um indivíduo a possibilidade de viver sua identidade de gênero em todos seus desdobramentos é privá-lo de uma das dimensões que dão sentido à sua existência." (BRASIL, 2015).

Em relação ao papel contramajoritário do STF, o Ministro Luís Roberto Barroso postulou uma concepção substantiva de democracia por meio da qual a Corte deve atuar como guardiã dos direitos fundamentais de minorias contra os riscos da tirania da maioria. (BRASIL, 2015). Assinalou ser papel do STF garantir que "segmentos alijados do processo majoritário tenham seus direitos fundamentais observados." (BRASIL, 2015). Diante dessa estrutura conceitual, consagrou alguns dos pressupostos do *Constitucionalismo Democrático*, que defende determinadas virtudes ativas das Cortes, as quais devem exercer uma forma distinta e singular de autoridade, declarando e efetivando os direitos das minorias.

No que concerne à ideia de democracia constitucional, Jaramillo (2015, p. 73) informa que a tensão entre democracia e constitucionalismo "sintetiza-se no conceito de democracia constitucional, que transcende a noção puramente formal de democracia e a concepção estritamente procedimental de Constituição". Em suma, a democracia constitucional, embora afirme o autogoverno democrático, não pode ser exercida de qualquer forma, posto que deve respeitar os direitos fundamentais.

Como já salientado, em concordância com o pensamento de Post e Siegel (2007), os cidadãos esperam que os tribunais resguardem valores sociais importantes, restringindo o governo sempre que este ultrapassar as limitações constitucionais. A autoridade constitucional, para fazer cumprir a Constituição, em última análise, pressupõe a confiança dos cidadãos. Com efeito, sustenta-se, à luz do *Constitucionalismo Democrático-Paritário*, que, quando o processo deliberativo não assume seu papel efetivamente democrático, o Judiciário – diante das reivindicações dos movimentos sociais – pode demonstrar sensibilidade jurídica diante de suas gramáticas morais e lutas para alcançar a plenitude da paridade de participação, efetivando direitos de grupos vulneráveis, ainda que por meio de processos decisórios com contornos maximalistas.

No momento, assinala-se que a divergência interpretativa seria, para a corrente do *Constitucionalismo Democrático*, um pressuposto intrínseco ao desenvolvimento do direito constitucional, resguardando o papel do governo representativo e dos cidadãos mobilizados em fazer com que a Constituição seja efetivada ao mesmo tempo em que confirma o papel do Judiciário em utilizar o raciocínio jurídico profissional para a interpretação da Constituição.

No caso em análise, mesmo antes do voto do Relator, especificamente em março de 2015, Deputados Federais da Bancada Evangélica apresentaram Projetos de Decretos Legislativos pretendendo a cassação da Resolução nº 12 do Conselho Nacional de Combate à Discriminação dos Direitos de LGBT, que orienta as escolas e as universidades a adotarem os nomes sociais de transexuais e de travestis em crachás e em listas de chamada, garantindo também que a pessoa transgênero tenha a prerrogativa de eleger qual banheiro ou vestiário vai usar. Portanto, pode-se dizer que o *backlash* vem sendo desenhado há muito tempo. A interpretação de que decisões proeminentes da Corte seriam o único fator responsável pelo *backlash* não corresponde à realidade fática e pode ser desconstruída por meio de uma investigação histórica. Outrossim, diferentemente do que rege a tese de Sunstein (1999; 2015), os conflitos interpretativos em torno de significados constitucionais controversos são essenciais para garantir a potencialidade do *Constitucionalismo Democrático* em inspirar legitimidade democrática, engajamento político de minorias e articulação dos movimentos sociais em lutas por reconhecimento na esfera pública.

Em suma, a versão específica de *Constitucionalismo* que propõe este estudo para países periféricos – como o Brasil – assume a forma de um *Constitucionalismo Democrático-Paritário*, que articula os pressupostos do *Constitucionalismo Democrático* às concepções de contrapúblicos subalternos e de paridade de participação.

5. Considerações finais

Diante do exposto, compreende-se que a efetivação judicial dos valores da igualdade e a concretização de transformações sociais que reconstroem práticas vigentes podem suscitar mudanças de maneira paradoxal: se, por um lado, podem inspirar a polarização de grupos contrários ao sentido das mudanças suscitadas pela atuação proeminente do Judiciário, podem também fortalecer a capacidade de luta de minorias estigmatizadas contrariamente às práticas tradicionais conservadoras.

Ao sustentar o *Constitucionalismo Democrático-Paritário*, propugna-se que, justamente em razão de o Tribunal interpretar a Constituição – e porque os cidadãos se engajam em lutas para convencer-se mutuamente acerca do significado da Constituição – tais práticas comunicativas de interpretação constitucional inseridas em um enquadramento pós-westfaliano fortalecem a paridade de participação de minorias estigmatizadas. Se a paridade de participação contempla a noção de processo, que especifica um padrão procedimental através do qual surge a possibilidade de avaliar a legitimidade democrática das normas, então essa reflexividade também congloba processos hermenêuticos de interpretação constitucional. Esse fato singular então se cristaliza porque os movimentos sociais contribuem para mudar o ambiente normativo no qual os princípios constitucionais são interpretados, inspirando mutações constitucionais.

Outrossim, como constatou Steilen (2010), abstração é o *coração da deliberação*. O *Constitucionalismo Democrático-Paritário* pressupõe que, pelo embate de argumentos e pelo fluxo de razões consubstanciados pela norma da paridade de participação, pode-se levar o outro a rever seu posicionamento inicial. Nesse processo, é fundamental a profundidade teórica das decisões, o que se contrapõe ao argumento minimalista de Sunstein (1999). E o *Constitucionalismo Democrático-Paritário* sintetiza a seguinte indagação: como o *Minimalismo* promove a democracia se, em verdade, enfraquece a paridade de participação relativa à capacidade reflexiva dos cidadãos de desenvolverem influxos hermenêuticos-participativos de interpretação constitucional?

Quando a deliberação estiver desprovida de condições que caracterizem seu valor epistêmico, o Judiciário – enquanto vanguarda da sociedade – pode inspirar uma nova narrativa simbólica, um *Constitucionalismo Democrático-Paritário* capaz de transformar a imaginação política da sociedade, suscitando um processo sofisticado de articulação da diferença em uma cultura constitucional aberta e inclusiva. É por meio de contrapúblicos subalternos que os grupos LGBT têm criado arenas discursivas paralelas, não apenas de tematização das assimetrias da esfera pública oficial, mas também de florescimento de influxos hermenêuticos-paritários sobre a Constituição que demonstram o aspecto positivo do *backlash*.

Não obstante, o *Constitucionalismo Democrático-Paritário* incorpora como preocupação central a análise específica e atenta das estruturas de poder que perpassam os processos deliberativos. Nesse sentido, resgata a abordagem de Fraser, que confronta diretamente o poder, identificando e tematizando práticas sociais de deliberação em sociedades que estabelecem concepções assimétricas de mundo.

O conceito central de Fraser (2003a; 2010) – o princípio da paridade de participação – examina a justiça procedimental do processo dialógico, problematizando discursivamente as relações de poder inerentes à deliberação. Ademais, problematiza a justiça substantiva dos resultados do debate. No mesmo ponto de vista, o *Constitucionalismo Democrático-Paritário*, potencializando práticas comunicativas de interpretação constitucional dos movimentos sociais e sua interação com o Judiciário, mensura a injustiça procedimental e substantiva, desconstruindo assimetrias de poder e mecanismos institucionais que impedem a paridade de participação de minorias estigmatizadas.

O *Constitucionalismo Democrático-Paritário*, ao assumir a perspectiva de uma esfera transnacional dinâmica, inspira o impacto das *conversações transnacionais* em torno da efetividade dos direitos humanos. Desse modo, a efetividade de um direito fundamental pode inspirar a colisão com outro direito fundamental, destacando-se o diálogo transconstitucional, o que suscita "aprendizados recíprocos entre as ordens envolvidas." (NEVES, 2009, p. 249). Além disso, o *Constitucionalismo Democrático-Paritário* demonstra especial alcance teórico para identificar mecanismos aparentemente neutros por meios dos quais as estruturas de poder dominantes manipulam seus argumentos – como por exemplo, reconhecendo o direito sanitário ao uso dos banheiros por transexuais, mas vinculando-se à matriz binária.

Indivíduos *trans* estão se engajando e reivindicando a categoria de parceiros plenos nas interações sociais, contrapondo-se à subordinação de *status*. À vista disso, somente a desinstitucionalização de padrões de valores culturais transfóbicos – vinculados a saberes biomédicos e a concepções normalizadoras de sexo e gênero – pode validar a paridade de participação desses grupos. Disso infere a centralidade dos contrapúblicos subalternos, enquanto esferas públicas paralelas nas quais se cristalizam desde interpretações alternativas de grupos marginalizados da esfera pública oficial até impulsos hermenêuticos-interpretativos dos movimentos sociais que propugnam desconstruir práticas aparentemente neutras, mas com impacto desproporcional em relação a grupos vulneráveis.

Com isso, em arenas discursivas subalternas que se estabelecem debates a respeito de questões como, por exemplo, a possibilidade de uso dos "banheiros neutros", do ponto de vista de gênero, destinados apenas a transexuais. Essa estratégia tem se revelado como prática estigmatizante, que viola o princípio da dignidade da pessoa humana. Ademais, constitui mecanismo aparentemente neutro, porém que inspira discriminação inconstitucional e efetiva subordinação de *status*.

De um lado, tem-se então o *Constitucionalismo Democrático-Paritário*, de Bunchaft, que defende um Judiciário proeminente na efetividade dos direitos fundamentais, a fim de suprir a má representação da política ordinária quando os sistemas eleitorais são insensíveis às reivindicações de grupos LGBT em questões de redistribuição e de reconhecimento, negando-lhes paridade de participação política. De outro lado, evidencia especial preocupação com as injustiças de enquadramento, problematizando a moldura keynesiana-westfaliana.

Os movimentos sociais, resgatando o discurso dos princípios constitucionais de abertura argumentativa – mas inspirados pela opinião pública, cada vez mais transnacional – problematizam injustiças de metanível por meio da reconfiguração do *quem* da justiça. E o Judiciário responde a essas demandas de forma juridicamente sensível. Portanto, somente uma nova narrativa simbólica – um *Constitucionalismo Democrático-Paritário* – pode desmascarar assimetrias de poder decorrentes da própria esfera pública oficial e que se refletem em decisões judiciais vinculadas a concepções patologizantes e a narrativas heteronormativas.

A mudança do paradigma epistemológico biológico para o psicológico ainda não demonstrou potencial para desconstruir a matriz binária e o dismorfismo heteronormativo do sistema sexo-gênero. Os indivíduos ainda permanecem sujeitos a um processo de categorização sexual que incorpora uma estratégia discursiva decorrente de uma estrutura binária do sistema sexo-gênero. A preocupação com a descoberta da identidade sexual dos indivíduos faz parte de um conjunto de saberes científicos que, embora englobe o paradigma psicológico, ainda presume a irreversibilidade sexual.

Na medida em que surgem cidadãos politicamente ativos na interpretação da Constituição – engajados em contrapúblicos subalternos hermenêuticos – o Judiciário pode responder a essas reivindicações, reconstruindo práticas sociais vigentes e padrões heteronormativos normalizadores.

A Constituição simboliza uma construção social e aberta aos influxos hermenêuticos dos movimentos sociais, e não se pode minimizar o papel da opinião pública transnacional e da esfera pública pós-westfaliana na influência da postura ativa do STF. É através de mobilizações e de contramobilizações em contrapúblicos subalternos – inclusive, em esferas públicas transnacionais – que os movimentos sociais, as minorias e os cidadãos moldam o desenvolvimento do direito constitucional.

Fraser (2003a; 2001; 2014) possui recursos conceituais que revelam maior alcance teórico para interpretar e criticar o voto do Ministro Barroso no RE nº 845779, uma vez que defende uma teoria feminista que se opõe à essencialização identitária e ao binarismo de gênero, sem, porém, anular a autonomia do sujeito, assumindo como objetivos a descrição das desigualdades e a formulação de um projeto emancipatório, por meio de contrapúblicos subalternos. Aqui, o referencial teórico de Fraser é democraticamente informado, pressupondo uma crítica ao binarismo sexual que é, ao mesmo tempo, situada e autorreflexiva, oportunizando compreender criticamente o teor do verdadeiro sentido do voto do Ministro Barroso no RE n° 845779.

Fraser (2014) aponta o Fórum Social Mundial como expressão da atuação de movimentos antissistêmicos e de militância independente que se inserem na estratégia de construção de contrapúblicos contra-hegemônicos que oportunizam a formação discursiva da opinião e da vontade, independentemente das esferas do poder institucionalizado. A Constituição – enquanto construção social permanente – assume que a interpretação dos princípios não pode minimizar os *insights* crítico-reflexivos da opinião pública transnacional. Por esse prisma, a *Constitucionalismo Democrático-Paritário* compartilha alguns pressupostos teóricos em relação à concepção de Transconstitucionalismo, proposto por Marcelo Neves.

Nesse particular, impõe-se, cada vez mais, uma revisão de paradigmas constitucionais, possibilitando uma conversação transconstitucional mais sólida com ordens normativas entrelaçadas em torno de problemas no sistema jurídico mundial de níveis múltiplos, especialmente por parte do Suprem Tribunal Federal. Isso não deve significar, porém, arroubos ou bravatas internacionalistas, transnacionalistas ou supranacionalistas em detrimento da ordem constitucional brasileira, mas sim a afirmação dessa ordem como parceira na construção de um transnacionalismo multiangular. (NEVES, 2009, p. 249).

O *Constitucionalismo Democrático-Paritário* concebe a Constituição como uma construção social aberta aos diálogos transnacionais inspirados por uma esfera pública pós-westfaliana, de forma que as demandas mais radicais de grupos da sociedade civil nacional e global e do movimento LGBT não serão neutralizadas pelas maiorias políticas parlamentares. A ideia de contrapúblicos subalternos pode promover o autogoverno e as práticas emancipatórias de movimentos ativistas da sociedade civil global, com reflexo no desenvolvimento da cultura constitucional.

Logo, com o propósito de evitar que as instituições formais – se transnacionais ou nacionais – limitem o *imput* dos movimentos sociais, incorporando o último em um processo autopoiético, é fundamental um *Constitucionalismo Democrático-Paritário* capaz de evitar a lógica da cooptação, a qual permeia questões controvertidas como o uso dos *banheiros neutros* ou a necessidade do diagnóstico de transtorno de identidade de gênero como requisito para acesso gratuito ao Sistema Único de Saúde (SUS). Exemplificativamente, muitos ativistas receiam que, com a despatologização, possa ocorrer a perda de determinados direitos, como a garantia do acesso gratuito ao processo transexualizador do SUS (BENTO; PELÚCIO, 2012). Tais fatos demonstram que uma teoria crítica do reconhecimento deve inspirar uma reflexão sobre a seguinte questão fundamental: como evitar relações de poder político-sociais arbitrárias?

Indubitavelmente, Honneth, ao pretender sanar o *deficit* sociológico da Teoria Crítica, termina por suscitar o que Werle e Melo (2013) denominam de *deficit* político da Teoria Crítica, posto que sua teoria é desprovida de qualquer preocupação em "[...] explicitar um princípio de justificação recíproca e universal em que os próprios cidadãos pudessem decidir quais formas de reconhecimento e princípios de justiça são legítimos ou ilegítimos". (WERLE; MELO, 2013).

Em suma, concluiu-se que a capacidade crítico-reflexiva da paridade de participação, o potencial democrático do *backlash* vislumbrado pelo *Constitucionalismo Democrático-Paritário* e a atuação dinâmica dos movimentos sociais cumprem papel essencial. A tarefa do Constitucionalismo não é assegurar os pressupostos para a autorrealização, mas resguardar o poder de deliberação dos cidadãos e dos grupos vulneráveis em relação aos procedimentos e às instituições político-sociais, para que estes sejam desprovidos de assimetrias.

6. Referências bibliográficas

BALKIN, Jack; SIEGEL, Reva. Principles, Practices and Social Movements. *University of Pennsylvania Law Review*, Philadelphia, Vol. 154: 927, p. 927-950, 2006.

BRASIL, Supremo Tribunal Federal. *Recurso Extraordinário n. 845779*. Procuradoria-Geral da República. Voto do Ministro--Relator, Luís Roberto Barroso. Data de julgamento: 19 de novembro de 2015. Disponível em:< http://www.luisrobertobarroso.com.br/wp-content/uploads/2015/11/Transexuais-RE-845779-Anota%C3%A7%C3%B5es-para-o-voto.pdf>. Acesso em 20 de novembro de 2015.

BENJAMIN, Harry. The Transexual Phenomenon. Symposium Publishing, Düsseldorf, 1999. Originalmente publicado por The Julian Press Publishers, New York, 1966. Disponível em: < http://www.mut23.de/texte/Harry%20Benjamin%20%20The%20Transsexual%20Phenomenon.pdf>. Acesso em 12 de Dezembro de 2015.

BENTO, Berenice. *A Reinvenção do Corpo*: Sexualidade e Gênero na experiência transexual. Rio de Janeiro: Garamond, 2006.

——; PELÚCIO, Larissa. Despatologização do gênero: a politização das identidades abjetas. *Estudos Feministas*, 20 (2), Florianópolis, 2012, p.569-581.

BUNCHAFT, Maria Eugenia. *Ativismo Judicial e Grupos Estigmatizados*- Filosofia Constitucional do Reconhecimento. Curitiba: Juruá, 2014.

——. *Ativismo Judicial e Grupos Estigmatizados*- Filosofia Constitucional do Reconhecimento. Curitiba: Juruá, 2015.

CASTEL, Pierre-Henri. Algumas reflexões para estabelecer a cronologia do "fenômeno transexual". *Revista Brasileira de História*. São Paulo, vol, 21, n. 41, p. 77-111, 2001. Disponível em: <http://www.scielo.br/pdf/rbh/v21n41/a05v2141.pdf>.Acesso em 2 de janeiro de 2015.

DIOGO, Cida. Projeto de Lei 2976/08. Acrescenta o art. 58-A ao texto da Lei 6.015 de 31 de Dezembro de 1973, que dispõe sobre registros públicos. Disponível em: <http://www.camara.gov.br/proposicoesWeb/fichadetramitacao?idProposicao=386164>. Acesso em: 13.10.2013.

ESTADOS UNIDOS. Suprema Corte. *Petition for the Writ of Certiorari*. Roe v. Wade. 410 U.S. 113 (1973).Jane Roe, *et al.*, v. Henry Wade, District Attorney of Dallas County.Opinião Majoritária: *Justice* Harry Blackmun. Washington, Districtof Columbia. Julgado em 22 de janeiro de 1973.

FASCIOLI, Ana. Justicia Social em clave de capacidades y reconocimiento. *Areté*-Revista de Filosofia, vol. 33, n. 1, p. 53-77, 2011.

FRASER, Nancy. Da redistribuição ao reconhecimento? Dilemas da justiça na era pós-socialista. *In:* SOUZA, Jessé (org). *Democracia Hoje.* Novos desafios para a teoria democrática contemporânea. Brasília: Editora UNB, 2001.

———. Distorted Beyound all Recognition: A Rejoinder to Axel Honneth. *In:* FRASER, Nancy; HONNETH, Axel. *Redistribution or Recognition?*-A Political Philosophical Exchange. London: Verso, 2003b.

———. Justice Social in the Age of Identity Politics. *In:* FRASER, Nancy; HONNETH, Axel. *Redistribution or Recognition?*-A Political Philosophical Exchange. London: Verso, 2003a.

———. Prioritizing Justice as Participatory Parity. A reply to Kompridis and Forst. *In:* OLSON, Kevin (ed.). *Adding Insult to Injury:* Nancy Fraser debates her critics. London: Verso, 2008.

———. Reconhecimento sem ética? *In:* SOUZA, Jessé; MATTOS, Patrícia. *Teoria Crítica no Século XXI.* São Paulo: Annablume, 2007.

———. Recognition without Ethics? *Theory, Culture & Society,* vol 18, n. 2-3. London: Sage Publications, 2001.

———, Redistribution, Recognition and Participation: Toward an Integrated Conception of Justice. *World Culture Report,* 2000, Cultural Diversity, Conflict and Pluralism. UNESCO Publishing, 2000, p. 48-57.

———. Repensando a questão do reconhecimento: superar a substituição e a reificação na política cultural. *In:* BALDI, César Augusto (org). *Direitos Humanos na Sociedade Cosmopolita.* Rio de Janeiro: Renovar, 2004.

———. Rethinking the Public Sphere: a Contribution to the Critique of Actually Existing Democracy. *In:* CALHOUN, Craig. *Habermas and the Public Sphere.* Cambridge: Mit Press, 1992.

———. Reenquadrando a Justiça em um Mundo Globalizado. *Lua Nova,* São Paulo, 77, p. 11-39-2009.

———. *Scales of Justice*: Reimagining political space in a globalizing world. New York: Columbia University Press, 2010.

———. Transnationalizing the Public Sphere: on the Legitimacy and Efficacy of Public Opinion in a Post-Westphalian World. In: FRASER, Nancy. *Transnationalizing the Public Sphere.* Massachusetts: Polity Press, 2014.

———. *Unruly Practices:* Power, Discourse and Gender in Contemporary *Social Theory.* Minneapolis: University of Minnesota Press, 1989.

———. What's Critical about Critical Theory? *In:* MEEHAN, Johann (ed.). *Feminist Read Habermas:* Gendering the Subject of Discourse. New York: Routledge, 1995.

GERMANO, Idelva Maria Pires; SAMPAIO, Juliana Vieira. Políticas Públicas e Crítica Queer: algumas reflexes sobre identidade LGBT. *Psicologia e Sociedade,* 26 (2), 290-300, 2014.

GREENHOUSE, Linda; SIEGEL, Reva.Before and After Roe v. Wade: New Questions about Backlash. *Yale Law Journal,* Cambridge, v. 120, 2011. Disponível em: <http://heinonline.org/HOL/LandingPage?handle=hein.journals/ylr120&div=60&id=&page>. Acesso em: 3 fev. 2012, p. 2031.

HONNETH, Axel. Between Justice and Affection: The Family as a Field of Moral Disputes. *In: Disrespect*- The Normative Foundations of Critical Theory. Cambridge: Polity Press, 2007.

———. Between Aristotle and Kant. *In: Disrespect* – The Normative Foundations of Critical Theory. Cambridge: Polity Press, 2007.

———. Democracia como Cooperação Reflexiva. John Dewey e a Teoria Democrática hoje. *In:* SOUZA, Jessé (org.). *Democracia hoje* – Novos desafios para a teoria democrática contemporânea. Brasília: UNB, 2001.

———. *El Derecho de La Libertad.* Madrid: Katz, 2012.

———. Invisibility: on the epistemology of recognition. *In: Supplement to the Proceedings of the Aristotelian Society,* volume 75, n. 1, 2001.

———. *Luta por reconhecimento.* A gramática moral dos conflitos sociais.São Paulo: Ed. 34, 2003a.

———. *O direito da liberdade.* São Paulo: Martins Fontes, 2015.

———. Recognition or Redistribution? Changing Perspectives on the Moral Order of Society. *Theory, Culture & Society,* vol 18, n. 2-3. London: Sage Publications, 2001.

———. Redistribution as Recognition: a Response to Nancy Fraser. *In:* FRASER, Nancy; HONNETH, Axel. *Redistribution or Recognition.* Londres/New York: Verso, 2003b.

———. The Point of Recognition: A rejoinder to the rejoinder. *In*: FRASER, Nancy; HONNETH, Axel. *Redistribution or Recognition.* Londres/New York: Verso, 2003c.

———. *The Critique of Power* – Reflective Stage in a Critical Social Theory. Cambridge: MIT Press, 1991.

———. The Social Dynamics of Disrespect: On the Location of Critical theory Today. *In: Disrespect* – The Normative Foundations of Critical Theory. Cambridge: Polity Press, 2007.

JARAMILLO, Leonardo García. ¿ Cómo pensar hoy la tension entre Constitucionalismo y Democracia? Uma Perspectiva desde el Constitucionalismo Democrático. *Revista da Faculdade de Direito da UFPR.* Curitiba, vol. 60, n. 2, p. 67-95, 2015. Disponível em: < http://ojs.c3sl.ufpr.br/ojs/index.php/direito/article/view/41005>. Acesso em: 13.01.2015

KOKAY, Erica. *Projeto de Lei da Câmara 4.241/12*. Dispõe sobre o direito à identidade de gênero. Disponível em: <http://www.camara.gov.br/proposicoesWeb/fichadetramitacao?idProposicao=552237>. Acesso em: 13.10.2013.

LAKATOS, Eva Maria; MARCONI, Marina de Andrade. *Fundamentos de Metodologia Científica*. São Paulo: Saraiva, 2010.

LIMA, João Paulo. *Projeto de Lei da Câmara 1.281/11*. Dispõe sobre a mudança de prenome da pessoa transexual que realizar cirurgia para troca de sexo. Disponível em: <http://www.camara.gov.br/proposicoesWeb/fichadetramitacao?idProposicao=501425>. Acesso em: 13. 10. 2013.

MONEY, John. Gender: History, theory and usage of the term in Sexology and its Relationship to Nature. *Journal of Sex and Marital Therapy*. 11: 2, p. 71-79, 1985.

——. *Hermaphroditism, Gender and Precocity in Hyper-adrenocorticism:* Psychologic findings. Department of Psychiatry. The John Hopkins University School of Medicine. Baltimore, 1955.

NEVES, Marcelo. *Transconstitucionalismo*. São Paulo; Martins Fontes, 2009.

NICHOLSON, Linda. Interpretando o gênero. *Revista de Estudos Feministas*. Santa Catarina, v. 8, n. 2, p. 9-41, 2000.

RIOS, Roger Raupp; RESADORI, Alice Hertzog. Direitos Humanos, Transexualidade e "Direito dos banheiros". *Direito & Praxis*, vol. 6, n. 12, p. 196-227, 2015. Disponível em: < http://www.e-publicacoes.uerj.br/index.php/revistaceaju/article/view/16715>.Acesso em 1 de Janeiro de 2016.

RODRIGUES, Romero. *Projeto de Lei do Senado 658/11*. Reconhece os direitos à identidade de gênero e à troca de nome e sexo nos documentos de identidade de transexuais. Disponível em <http://www.senado.gov.br/atividade/materia/detalhes.asp?p_cod_mate=103053>. Acesso em: 13 out. 2013.

SARMENTO, Daniel. *Livres e Iguais*. Rio de Janeiro: Lumen Juris, 2006.

SCHMIDT, Daniella A. Bathroom Bias: Making the Case for Trans Rights under Disability Law. Michigan *Journal Gender & Law*, vol. 155, issue 1, 2013. Disponível em: < http://repository.law.umich.edu/cgi/viewcontent.cgi?article=1033&context=mjgl>. Acesso e 12 de Dezembro de 2015.

SOBBOTKA, Emil; SAAVEDRA, Giovani. Justificação, Reconhecimento e Justiça: tecendo Pontes entre Boltanski, Honneth e Walzer. *Civitas*. Porto Alegre, v. 12, n. 1, 2012.

STEILEN, Matthew. *Minimalism and Deliberative Democracy*: A Closer Look at the Virtues of "Shallowness". Seattle University Law Review. 2010.

STEIN, Ernildo. *Sobre a essência do fundamento*. Conferências e escritos filosóficos de Martin Heiddeger. São Paulo: Abril Cultural, 1979.

STOLLER, Robert. *A experiência transsexual*. Rio de Janeiro: Imago, 1982.

SUNSTEIN, Cass. *One Case at a Time:* Judicial Minimalism on the Supreme Court. Cambridge: Harvard University Press, 1999.

——. *Constitutional Personae*. Oxford: Oxford University Press, 2015.

POST, Robert; SIEGEL, Reva. Roe Rage: Democratic Constitutionalism and the Backlash. *Harvard Civil Rights – Civil Liberties Law Review,* Cambridge, v. 42, n. 2, p. 379. 2007. Disponível em: <http//ssrn.com/ abstract//990968>. Acesso em: 3 fev. 2009.

WERLE, Denilson; MELO, Rúrion. Um déficit político do liberalismo hegeliano?Autonomia e reconhecimento em Honneth. In: MELO, Rúrion. *A Teoria Crítica de Axel Honneth*-Reconhecimento, Liberdade e Justiça. São Paulo: Saraiva, 2011.

WYLLYS, Jean; KOKAY, Erica. *Projeto de Lei 5.002/13*. Dispõe sobre o direito à identidade de gênero e altera o art. 58 da Lei 6.015 de 31.12.1973. Disponível em: <http://www.camara.gov.br/proposicoesWeb/fichadetramitacao?idProposicao=565315>. Acesso em: 04.04.2013.

— XII —

A Constituição, eficiência e garantias nas dez propostas do MPF contra a corrupção

MIGUEL TEDESCO WEDY[1]

Sumário: Introdução; A questão da eficiência e o processo penal; Bibliografia.

Introdução

No último quarto de século, o processo penal e as garantias constitucionais sofreram uma notável reversão. A aspiração constitucional de 1988 e que varreu o entulho autoritário sofreu duros ataques, oriundos de um viés punitivista, decorrente do aumento da violência real. O processo garantista e acusatório, que poderia ser lido e deduzido da construção constitucional, não se efetivou na *praxis*. A leitura, equivocada e majoritária, é a de que as garantias são um empecilho para a afirmação do *jus puniendi*. Políticas sociais, ensino público em tempo integral, políticas de *compliance* e de premiação para bons comportamentos não foram e não são consideradas relevantes para o enfrentamento da violência. Só o direito penal, facilitado por um processo penal fraco e com garantias reduzidas, poderia fazer frente ante a violência e a corrupção.

O resultado, inexorável, foi uma explosão do sistema penitenciário, com o aumento do número de presos (na sua ampla maioria pobres) em mais de 350%, em vinte anos, enquanto a população brasileira aumentou apenas cerca de 30%.

E, assim, no entremeio de uma crise ética e de liderança sem precedentes, surgiu a proposta de setores do Ministério Público Federal para "combater a corrupção". A divulgação das chamadas "dez medidas do MPF contra a corrupção" foi acompanhada por ampla campanha de *marketing*, inclusive em estádios de futebol. Uma iniciativa louvável, se no seu âmago não estivessem algumas medidas que podem ofender a Cons-

---
[1] Doutor em Ciências Jurídico-Criminais pela FDUC (Faculdade de Direito da Universidade de Coimbra). Mestre em Ciências Criminais pela PUCRS. Professor do Programa de Pós-Graduação em Direito da Unisinos – Mestrado. Advogado.

tituição, em variados e incontestáveis pontos, ao menos em nossa opinião. Uma academia séria e empenhada na defesa da Ordem Democrática não poderia ficar inerte no enfrentamento dessa temática. É papel fundamental dos centros de investigação construir alternativas para os problemas e objetos de seus estudos, como também discutir, avaliar, criticar e criar uma produção legislativa condizente com os tempos atuais e com a Constituição cidadã de 1988.

A questão da eficiência e o processo penal

As propostas apresentadas pelo MPF possuem pontos positivos e negativos. São positivas as discussões acerca da criação de regras de *accountability* nos Tribunais, o que poderia melhorar o desempenho dos órgãos jurisdicionais, com maior presteza, a ampliação de certas penas no âmbito da corrupção, maior agilidade das ações de improbidade administrativa, responsabilização de partidos políticos e do "Caixa" 2. Tais discussões são relevantes e necessárias no atual contexto histórico.

Porém, há outras propostas que, em nossa visão, são ofensivas ante a Constituição de 1988. A brevidade do espaço não permite, por ora, uma análise mais detalhada de todos os pontos. Porém, de maneira concisa, podem-se apontar muito bem os possíveis reflexos de algumas das propostas.

Em síntese, são propostas que querem: I) criminalizar o "enriquecimento ilícito", sem um bem jurídico claro e sem a demonstração da necessidade da incriminação; II) diminuir recursos criminais como os embargos de nulidade e infringentes (recurso que pode discutir o mérito dos processos, e não apenas questões de direito), restringir *habeas corpus* e estabelecer a aplicação antecipada da pena; III) fragilizar o instituto da prescrição, como se o maior responsável pela demora dos processos não fosse o próprio Poder Público e sua incúria, como já denunciado pela Associação dos Magistrados Brasileiros (AMB); IV) aniquilar as nulidades processuais, praticamente acabando com a nulidade absoluta e introduzindo regras que tornam as garantias, trazidas pelas formas, como elementos quase irrelevantes no curso do processo; V) criar nova modalidade de prisão, sem caráter cautelar; VI) confiscar, de maneira mais alargada, bens de suspeitos e réus, com ofensa ante a presunção de inocência e o próprio direito de propriedade; VII) introduzir testes de integridade para funcionários públicos, o que poderia trazer a figura inaceitável do agente provocador, do flagrante provocado e do crime impossível etc.

Na gênese dessa visão, em nosso entender, está uma noção equivocada de eficiência. Uma ideia que vê o processo penal sob um matiz excessivamente utilitário ("o que é útil ao povo!!"). Essa ideia é incompatível com um processo de cariz acusatório.

Não se trata de não querer discutir a eficiência. Não, esse é um erro que muitos processualistas têm cometido. Desprezar a ideia de eficiência. Ou melhor, desprezar uma certa ideia de eficiência.

Pelo que se tem visto e lido, de maneira amplamente majoritária, tem-se atacado a eficiência, como um valor não aceitável no âmbito do direito, algo desprezível na nossa tão desgastada ciência prática. Isso é um grande erro, pelo qual estamos pagando caro.

Ela, a eficiência, é importante para o homem atual, para o ser-pessoa do presente. Assim, como afirmou, certa feita, Baptista Machado, parece um destino do homem essa permeabilidade da consciência a certa verdade ou valor em cada época histórica, o que se depreende como "um facto radical e irradicável".[2]

A eficiência é valorada pela sociedade, pelo povo, pelas pessoas comuns, que erigiram esse valor em algo relevante. Não é uma criação cerebrina de intelectuais da análise econômica. É algo que a sociedade atual, falo aqui no mundo ocidental, no qual vivemos e estamos inseridos, erigiu como um valor relevante. Não está lá, na Constituição Federal, no art. 37, *caput*, como princípio da administração pública? Não esteve lá, na exposição de motivos do Código de Processo Penal português, item 8, no tópico *"eficiência da administração da justiça penal"*, ressaltando que a eficiência processual não deve-se render a *"uma lógica puramente economicista de produtividade pela produtividade. A rentabilização da realização da justiça é apenas desejada em nome do significado direto da eficiência para a concretização dos fins do processo penal: realização da justiça, tutela dos bens jurídicos, estabilização das normas, paz jurídica dos cidadãos"*.

Portanto, não sejamos arrogantes, soberbos, para dizer que não tem valor aquilo que a sociedade valora de fato! É natural que as sociedades, de tempos em tempos, tragam à ribalta novos valores. Se desprezarmos isso, que ciência estaremos fazendo? Que acadêmicos seremos??

Tenhamos, assim, a humildade de reconhecer que a ideia de repelir qualquer noção de eficiência no direito penal e no processo penal está fazendo com que a academia seja atropelada pela *práxis*!! Todas as reformas que temos visto estão encharcadas de eficiência.

A questão é: que eficiência queremos em matéria de processo penal???

Nessa *epochè*, como refere Galimberti, o pensamento ocidental, já afastado daquele pensamento cósmico dos gregos, estrutura uma razão utilitarista e eficientista.[3] Um pensamento caracterizado, e aí Galimberti refere Heidegger, pela potência científica e tecnológica, que almeja, pela

---

[2] MACHADO, J. Baptista. "Antropologia, existencialismo e direito". *Revista de Direito e de Estudos Sociais*, Coimbra, ano 11, p. 62, 1960.

[3] GALIMBERTI, Umberto. *Heidegger, Jaspers e il tramonto dell'occidente*. Milano: EST, 1996. p. 47 e ss.

planificação, pelo cálculo, dominar e controlar todas as coisas.[4] Uma razão como capacidade de previsão, de cálculo prevencionista. Como refere Galimberti, "La misura della ragione è quella dell'efficienza". E, assim, modifica-se aquela pergunta metafísica de natureza essencial "Che cos'è", pela pergunta prática de tipo funcional: "A che serve".[5] E esse universal utilitarismo é que hoje quer dominar, se já não domina, o pensamento penalístico ocidental. Uma racionalidade de fins e meios que traduz os valores em fins e os fins em causas eficientes de um processo utilitário.[6] E, ao contrário de diminuírem, com tal postura, os riscos se potencializam.[7] Há como que uma exigência eficientista que perpassa o pensamento atual.[8]

Por certo que a eficiência não pode ser só aquela da análise econômica ou ainda uma eficiência meramente utilitária. Essas que estão aí e como referimos, brandidas na realidade pretoriana.

Essas "eficiências", próprias de uma visão utilitária, formam uma categoria estratégica e utilizada "para pensar a realização dos objectivos num certo complexo de realidade, num certo contexto de circunstâncias com que se tem de contar pelo seu relevo já potenciador, já desviante, já impeditivo, e que, por isso, exigirá, a definição de um 'princípio de optimização', i. é, a intenção da melhor ou da máxima realização dos objetivos naquele contexto circunstancial em referência aos efeitos aí possíveis. Se a eficácia é uma categoria comum a qualquer funcional instrumentalização, a eficiência é principalmente invocada nos domínios estratégicos, razão por que a reencontramos sobretudo no funcionalismo jurídico social-económico".[9]

Valendo-nos das palavras de Castanheira Neves, aceitá-la seria a conversão do direito, em "técnica de gestão que visa promover o desenvolvimento económico e social óptimo da cidade", tudo embasado na "ideologia tecnocrática" e na sua "legitimação pela *performance* ou a eficiência: uma coisa é boa se ela se mostra adequada ao fim prosseguido e este fim é ele próprio desejável se produz resultados que satisfaçam uma finalidade mais geral".[10]

Trata-se, portanto, de uma necessária refutação, a fim de se repelir um certo tipo de racionalidade, pois, de um lado, temos "a validade, do

---

[4] GALIMBERTI, Umberto. *Heidegger, Jaspers e il tramonto dell'occidente*. Milano: EST, 1996. p. 79.
[5] Ibid., p. 153.
[6] Ibid., p. 155.
[7] Ibid., p. 163
[8] Semelhante à ponderação de GALIMBERTI, Ibid., p. 164.
[9] NEVES, António Castanheira. "O funcionalismo jurídico: caracterização fundamental e consideração crítica no contexto actual do sentido da juridicidade." In: ——. *Digesta. Escritos acerca do pensamento jurídico, da sua metodologia e outros*. Coimbra: Coimbra Editora, 2008. v. 3, p. 232.
[10] NEVES, António Castanheira. *Metodologia jurídica, problemas fundamentais*. Coimbra: Coimbra Editora, 2003. p. 60.

outro, a oportunidade; de um lado, o fundamento, do outro, a estratégia; de um lado, a justeza, do outro a eficácia; de um lado, o juízo (a fundamentante concludência discursiva), do outro a decisão (a volitiva escolha entre possibilidades); de um lado, o direito como uma categoria ética; do outro, o direito como uma categoria técnica".[11]

Na trilha que referimos, a eficiência serviria para expandir o direito penal, fragilizar as garantias do direito ao silêncio, do *nemo tenetur*, da presunção de inocência e, fundamentalmente, tornaria o processo um luxo ou uma batalha para os valentes, que tivessem a ousadia de não aceitar as transações, as suspensões do processo e as barganhas, isto é, a aplicação antecipada de pena privativa de liberdade, sem processo!!

Mas, afinal, que eficiência queremos?

Essa ideia de eficiência que acabamos de referir está expandindo o direito penal e destruindo garantias, essa ideia pode acabar com o direito ao processo penal em nome da utilidade e, impõe-se dizer, esquece da justiça para ficar com aquilo que se chama de "eficácia para a resolução de demandas".

Olhemos, pois, para a realidade que se vê no direito americano[12] (de onde vem boa parte das propostas), decorrente do *plea bargaining*, com a expansão do Direito Penal (mais de 90% dos processos são resolvidos por acordos entre acusação e defesa, o que permite aumentar o estado penal, como se vê no número de presos, com quase 2,2 milhões de presos), coação e condenação de inocentes (há inocentes que se dizem culpados em razão do medo, das pressões ou para não gastar com processos), desigualdade das partes (imagine negociar um acordo no qual o outro lhe propõe prisão perpétua?), morte do processo e violação do devido processo (o direito ao processo vira um luxo para os ricos e para os valentes, com todos os riscos inerentes).

Por óbvio que uma visão assim se deve repelir. Trata-se de uma fortíssima e sedutora ideia que credita à eficiência a redução da criminalidade e a celeridade processual. Na verdade, a realidade demonstra que, de forma paralela e, talvez, mais forte, o que se diminui é a pletora de garantias. O que se vê, de fato, é uma explosão da intervenção penal em certas áreas, com a contínua despreocupação penal em outras áreas, tudo agravado pela utilização do processo penal como um mecanismo sem densidade valorativa, sem cerne, de forma fraca e pobre do ponto de vista das garantias fundamentais.

---

[11] NEVES, António Castanheira. *Metodologia jurídica, problemas fundamentais*. Coimbra: Coimbra Editora, 2003. p. 63.

[12] Sobre o tema a dissertação de mestrado de Vinícius Gomes de Vasconcellos. Barganha e Justiça Criminal Negocial. VASCONCELLOS, Vinícius Gomes de. São Paulo, *IBCCRIM*, 2015.

Essa ideia de processo penal acaba por gerar um conflito pontual dentro das controvérsias judiciais, expondo a ausência de densidade das discussões jurídicas, posto que não se aplica muitas vezes o conteúdo de garantias constitucionais e, tampouco, enfrenta-se com veemência as violações de normas legais e o *deficit* de aplicação do texto constitucional. Via de regra, quanto mais esse discurso está impregnado na atividade jurisdicional, mais garantias são violadas, principalmente nas instâncias iniciais de julgamento, por magistrados mais sensíveis aos apelos populares e mediáticos. Como resultado, o que se tem é um *deficit* de garantias. Um *deficit* que resulta em processos expeditos e prontos, mas que não se legitimam do ponto de vista dos princípios e da Constituição, motivo pelo qual acabam anulados ou extintos, em determinadas situações. E isso acaba por resultar num aumento da sensação de impunidade, ao menos para o *senso geral comum*, pois se tem a sensação de que os tribunais superiores julgam de forma mais tênue e fraca, quando, na verdade, estão a cumprir a sua razão de existência, de zelar pela uniformidade da jurisprudência e pelo respeito à Constituição. O papel que se lhes cabe não é o de realizar "justiçamentos" ou de atender ao clamor popular, muitas vezes os maiores inimigos da Justiça e da Eficiência. Mas, sim, o de fazer justiça dentro dos limites da Constituição. E tudo isso é deletério para a democracia, pois se passa a ver o conteúdo das garantias fundamentais como um mecanismo de impedimento da aplicação da justiça, quando o que ocorre é justamente o contrário, o conteúdo das garantias existe para dar legitimidade e eficiência à justiça e a sua aplicação.

A ideia que entendemos relevante no atual contexto histórico é uma ideia que observa a eficiência por outro prisma.

A nossa ideia é a verificação da eficiência como numa unidade de sentido, a partir de um fundamento (a relação onto-antropológica referida por Faria Costa), de uma função (a proteção subsidiária dos bens jurídicos mais importantes) e de uma finalidade (o alcançamento da justiça e da paz jurídica).[13] A partir daí, com o equilíbrio e a presença desses requisitos, poder-se-ia falar de eficiência legítima em direito penal. E, por conseguinte, poder-se-ia falar também da repercussão da eficiência em processo penal.

Mas, aqui, isso ocorreria pela ligação fundamental entre essa *hélice tríplice*, formada pelas ideias de garantia, de justiça e de eficiência. Quando em processo penal estivermos diante da conjunção desses predicados,

---

[13] Ideia desenvolvida em "*Eficiência como Critério de Otimização da Legitimidade do Direito Penal e Seus Desdobramentos em Processo Penal*". Tese de Doutoramento na Universidade de Coimbra (2013). Sobre a ideia onto-antropológica em direito penal nos estribamos em COSTA, José Francisco de Faria. *Noções fundamentais de direito penal*. Coimbra: Coimbra Editora, 2007 e COSTA, José Francisco de Faria. *O Perigo em direito penal*. Coimbra: Coimbra Editora, 1992. E também em D'AVILA, Fabio Roberto. *Ofensividade e crimes omissivos próprios*: (contributo à compreensão do crime como ofensa ao bem jurídico). Coimbra: Coimbra Editora, 2005.

que não se podem separar, sob pena da perda de legitimidade e densidade axiológicas, poder-se-á falar em maior eficiência do processo penal.

Isso em razão de que não há justiça sem garantias. Uma decisão justa sem o respeito pelas garantias perde a legitimidade. E, aqui, não falamos da legitimidade popular, o anseio do povo, a fome e a sede de Justiça. Não. Essa justiça, desprovida de forma, de ponderação e de racionalidade, não raro é a própria vingança travestida de ideário nobre. Num Estado Constitucional e Democrático de Direito, a justiça judicial não se há de fazer sem formas. A forma é garantia, a garantia é liberdade, a liberdade se confunde com o Estado de Direito. O contrário é a burla e a opressão.

Assim, para que um processo seja eficiente e justo, ele não poderá prescindir de garantias. Falamos, assim, da presunção de inocência, da ampla defesa, do contraditório, do devido processo legal, da intimidade e da privacidade e do sigilo profissional, do direito ao silêncio, da oralidade, da publicidade, garantias que uma certa ideia de eficiência viola quase sempre no paradigma americano.

Tais garantias não devem ser desprezadas sob o pretexto de alcançar a verdade e a justiça a qualquer preço. Na realidade jurisdicional, entretanto, não é raro que, sob a afirmação da "proporcionalidade", boa parte dessas garantias esteja a ser violada e diminuída concretamente. Aí se dá um contrassenso, pois justamente pela ideia de "proporcionalidade e ponderação" se está a decidir de forma não razoável e imponderada, fragilizando-se garantias em nome da comodidade da investigação, numa inversão absoluta dos valores processuais, ficando o conteúdo das garantias fundamentais em segundo plano.

A realidade que nenhum sistema é capaz de esconder é que vem sendo uma constante, em vários ordenamentos jurídicos, um certo desfalecimento dessas garantias, em razão de um incremento acentuado das prisões cautelares (especialmente no Brasil), das interceptações telefônicas, das quebras de sigilo, da introdução de meios de investigação invasivos, bem como da ideia forte de inexistência de nulidades sem o reconhecimento de prejuízos concretos.

E esses desfalecimentos vêm gerando mais e mais impunidade, em razão da insegurança jurídica decorrente da restrição desarrazoada de garantias. Estamos a tratar, pois, do ponto mais saliente e relevante dessa tríade, sem o qual justiça e eficiência não subsistem. Importa, pois, mostrar que num contexto assim, de um sistema que objetiva a justiça e a paz jurídica de forma eficiente, impõe-se como fundamental e preponderante a ideia de garantias.

A garantia dá estabilidade ao sistema. Por seu maior peso, a garantia há de ser preservada num patamar mais altaneiro, ainda que uma decisão que a preserve custe uma postergação da justiça, da verdade e da paz.

Isso em razão de que não haverá paz e justiça sem o respeito pela formalidade racional e essencial das garantias. Com isso, não estamos a propor o absolutismo de princípios constitucionais. Não. O que estamos a propor é a refutação da relativização absoluta dos princípios como se tem visto na prática judicial, o que está expresso na relativização da presunção de inocência (basta ver a quantidade de prisões em nome da ordem pública, um argumento não cautelar, bem como a proposta de execução provisória da pena e punição antecipada), da intimidade (basta ver a quantidade de interceptações e a sua dilatação no tempo, durante meses e anos), do contraditório (com provas e perícias produzidas no inquérito, de maneira inquisitorial, não repetidas em juízo), da ampla defesa (basta ver a jurisprudência absurda de que a defesa deficiente não gera nulidade, exceto se houver prejuízo, ora, se a defesa é deficiente houve prejuízo e não houve ampla defesa), do devido processo.

Na atualidade, uma certa compreensão de compensação e sopesamento dos princípios vem esgaçando o conteúdo das garantias, mormente em razão de um tremendo apelo da mídia e de uma tendência populista do legislador penal e dos muitos juízes que capitularam. As garantias, assim, passam de uma condição de estabilizadoras do sistema, para meros obstáculos. Numa perspectiva psicológica, o *superego* representado pelas garantias vem sendo esmagado pelo *id* da justiça, num desequilíbrio que vem se estabilizando no sentido da refutação e da fragilização de princípios fundamentais. Um caminho que se sabe como começa, mas não se sabe onde poderá terminar, ainda mais numa sociedade esquecida dos sacrifícios do passado para o alcançamento dessas mesmas garantias.

Mas, se tudo isso é verdade, não se pode esquecer de que o sistema penal e processual penal deverá ter uma eficiência mínima e republicana, com órgãos de investigação e acusação independentes e equidistantes, com magistrados que preservem a sua imparcialidade e distribuam a justiça num tratamento igualitário das partes.

Assim, um sistema ineficiente, que esqueça a busca da justiça e da paz jurídica, que descambe pela ausência de proteção dos bens jurídicos mais relevantes na seara penal, não é um sistema legítimo, pois não encontrará nem respaldo democrático e popular para se manter hígido e tampouco resguardo constitucional, já que a justiça é um fim fundamental de um direito democrático.

Da mesma forma, esse processo penal deverá ter sempre no seu norte a busca da justiça e da paz jurídica, sem desconsiderar das garantias, da relevância e da densidade dos bens jurídicos, da relação onto-antropológica de cuidado de perigo. Haverá, assim, eficiência nesse sistema. Ou, ao menos, uma prática que se alberga também numa eficiência legítima, com um fundamento claro, uma função específica e uma finalidade clara. Portanto, o processo também deve alcançar a justiça e a paz jurídica.

Afastando-se por completo dessa ideia, o processo passa a ser também um instrumento de proteção de determinadas parcelas da sociedade, capazes de construir uma plêiade de leis processuais penais que impossibilitem ou obstaculizem, por completo, a realização da justiça. E isso também não se pode permitir, pois então se deixa escapar a ideia de justiça e de paz jurídica, decaindo a eficiência do próprio sistema processual.

Por fim, a justiça se apresenta como um fim absolutamente necessário e legítimo do direito penal e do próprio processo penal. Mas não uma justiça a qualquer preço. Uma justiça desabrida, demagógica e esquecida da razão. Uma justiça que não é justiça, mas mero "justiçamento". Não se fará justiça, como já se referiu, sem respeito pelas garantias e tampouco será fácil alcançar a justiça sem eficiência. A justiça, aquela ideia de decisão razoável, ponderada, equilibrada, serena, construída de forma equitativa, não se realiza sem um processo com garantias, asseguradas na Lei e na prática judicial.

Por certo que, aqui e ali, a busca da justiça obrigará a restrição de garantias, mas que isso não seja uma carta branca para a generalização das restrições da liberdade antes do trânsito em julgado, para a introdução de meios invasivos de prova como regra, para a perversão absoluta da intimidade como primeiro mecanismo da investigação, muitas vezes, com base em depoimentos anônimos e muito menos para a adoção de interpretações redutoras das garantias conquistadas com sacrifícios históricos. Que a justiça se alcance num processo eficiente, respeitador das garantias, ponderado e racional.

Por tudo isso, apenas partes das medidas propugnadas pelo MPF devem ser repelidas. No fundo, são medidas que correm o risco de eleger um novo inimigo: as garantias previstas na Constituição. A Constituição Federal não legitima: 1) a criminalização de determinados fatos sem um bem jurídico preciso e determinado, como na proposta do tipo de enriquecimento ilícito; 2) a diminuição exagerada do campo de incidência do *habeas corpus*, sem a criação de um recurso que o substitua e possa atacar nulidades, trancar investigações criminais e ações penais ilegais, praticamente retirando da magistratura a possibilidade de conceder a medida, salvo em situações muito excepcionais (note-se que o juiz, segundo a proposta, pode continuar determinando a restrição da liberdade, de ofício); 3) a aplicação de penas antecipadas, com prisões não cautelares, o que agride a presunção de inocência;[14] 4) a violação do art. 5º, LV, da CF/88, o

---

[14] E enquanto escrevo essas linhas assisto o Supremo Tribunal Federal repelir o seu anterior entendimento e permitir a prisão após o segundo grau de jurisdição. A decisão é do STF e é uma decisão que contraria a Constituição. A presunção de inocência não é mais aquilo que está escrito na Constituição, mas é aquilo que um Ministro quer. Não é mais aquilo que foi escrito pelos representantes do povo,

que a proposta faz, ao tentar destruir o instituto da prescrição retroativa e também instituir uma nova regra, que prevê a não contagem da prescrição após a interposição dos recursos especial e extraordinário, o que agride o direito de defesa e os direitos e recursos a ela inerentes; 5) a violação do devido processo penal e da ampla defesa, o que se dará com a extinção da ideia de nulidade absoluta e a adoção do "princípio" da máxima utilidade dos atos, independentemente do efetivo, real e concreto direito de defesa. Estaríamos, assim, criando um novo princípio constitucional, "o princípio da defesa deficiente e não ampla, mas sem prejuízo", que teria o poder de convalidar os atos processuais; 6) a violação do direito de propriedade, sem necessidade ou utilidade pública, mediante prévia e justa indenização em dinheiro, o que poderá se dar com a nova proposta de confisco alargado e a alienação antecipada de bens. Dá-se, na verdade, uma inversão acerca da presunção. Não se parte mais da ideia de licitude do patrimônio, mas do contrário; 7) a adoção de provas ilícitas, que em nossa visão acabam sendo permitidas pelas medidas propostas, em situações de "boa-fé", procurando-se adotar uma noção "norte-americana" na realidade brasileira; 8) a introdução de agentes provocadores e a aceitabilidade do crime impossível, como nos casos de testes de integridade para funcionários públicos.

É um momento no qual a academia deve tomar posição. Ela está com a Constituição ou com essa parcela das propostas criticadas e que parecem atentar contra a Constituição? Tão simples e cristalino quanto isso.

Parece, pois, que o mais ponderado, o mais correto, o mais justo, é lutar contra a corrupção, mas não transformar as garantias em um inimigo.[15] Conforme o art. 127 da CF/1988, é papel do MP, *essa instituição permanente, essencial à função jurisdicional do Estado, defender a ordem jurídica, o regime democrático e os interesses sociais e individuais indisponíveis*. O Ministério Público é fundamental para a democracia e mostras várias têm dado disso. Talvez seja a Instituição, conjuntamente com a OAB, que mais tenha contribuído para o avanço de uma ideia republicana de Nação.

E a nós, acadêmicos, o que importa é lutar contra a corrupção, mas com a Constituição. E lutar para assegurar, um dia, de fato, aquelas garantias que estão na Constituição e que nos foram legadas, literalmente,

---

mas a vontade de um Ministro. A Constituição do Dr. Ulysses Guimarães vai morrendo nas mãos dos Tribunais, todos os dias. Ainda assim, para nós, a prisão que não é cautelar não poderia ocorrer antes do trânsito em julgado. Não há dispositivo na Constituição que autorize o cerceamento da liberdade nesses moldes.

[15] E aqui é preciso prudência. O garantismo não pode ser monofocal. Essa crítica é muito bem lançada na excelente obra (e assim o reconhecemos, mesmo que ela sustente muitas das propostas que ora guerreamos) organizada por Bruno Calabrich, Douglas Fischer e Eduardo Pelella: *Garantismo Penal Integral*, São Paulo, 3. ed. Atlas, 2015. É importante discutir o garantismo, mas também é fundamental discutir o que é a eficiência em processo penal e direito penal e quais os seus limites. Por isso a relevância desse debate.

com sangue, suor e lágrimas!!! Não deixemos que o tempo apague esse legado!!! Nós passaremos, mas vamos legar essas garantias para as futuras gerações!!!

Bibliografia

AZEVEDO, Rodrigo Ghiringhelli de. "Juizados Especiais Criminais: uma abordagem sociológica sobre a informalização da Justiça Penal Brasileira.", in *Revista Brasileira de Ciências Sociais*, Vol. 16, nº 47, out/2001, p. 97-110.

CALABRICH, Bruno, FISCHER, Douglas e PELELLA, Eduardo. *Garantismo Penal Integral*. 3ª ed. São Paulo: Atlas, 2015.

CAPUANO, Yvonne. *Garibaldi*. São Paulo: Companhia Editora Nacional, 2007.

COSTA, José Francisco de Faria. *Noções fundamentais de direito penal*. Coimbra: Coimbra Editora, 2007.

——. *O Perigo em direito penal*. Coimbra: Coimbra Editora, 1992.

D'AVILA, Fabio Roberto. *Ofensividade e crimes omissivos próprios:* (contributo à compreensão do crime como ofensa ao bem jurídico). Coimbra: Coimbra Editora, 2005.

GALIMBERTI, Umberto. Heidegger, Jaspers e il tramonto dell'occidente. Milano: EST, 1996.

MACHADO, J. Baptista. "Antropologia, existencialismo e direito." *Revista de Direito e de Estudos Sociais*, Coimbra, ano 11, p. 62, 1960.

NEVES, António Castanheira. "O funcionalismo jurídico: caracterização fundamental e consideração crítica no contexto actual do sentido da juridicidade". In: ——. *Digesta. Escritos acerca do pensamento jurídico, da sua metodologia e outros*. Coimbra: Coimbra Editora, 2008. v. 3, p. 232.

——. *Metodologia jurídica, problemas fundamentais*. Coimbra: Coimbra Editora, 2003.

PISANI, Mario. *Studi di Diritto Premiale*. Milano: Edizioni Universitarie di Lettere Economia Diritto, 2010.

VASCONCELLOS, Vinícius Gomes de. *Barganha e Justiça Criminal Negocial*. São Paulo, IBCCRIM, 2015.

WEDY, Miguel Tedesco. *Eficiência como Critério de Otimização da Legitimidade do Direito Penal e Seus Desdobramentos em Processo Penal*. Tese de Doutoramento na Universidade de Coimbra (2013).

— XIII —

A fraternidade tem lugar nos espetáculos da sociedade atual?

SANDRA REGINA MARTINI[1]

Sumário: Introdução; 1. Do conceito de fraternidade; 2. Fraternidade e espetáculo; 3. Democracia e fraternidade; Conclusão.

Introdução

> *O que quer dizer civilização do espetáculo?*
> *É a civilização de um mundo onde o primeiro lugar na tabela de valores vigente é ocupado pelo entretenimento, onde divertir-se, escapar do tédio, é a paixão universal.*[2]

O espetáculo do viver em sociedade apresenta várias complexidades, entre elas, a seguinte: o que realmente é espetáculo e o que é civilização? E quais os valores dos valores que atribuímos como valores? Estes questionamentos nos mostram que, no processo evolutivo atual, temos determinadas aquisições que devem ser repensadas, reanalisadas. Não encontraremos respostas rápidas ou, se as encontrarmos, serão superficiais, favorecendo ainda mais um espetáculo não espetacular! Um espetáculo do caos, da discórdia, da intolerância. Por isso, escapar do tédio é criar um rol de valores não valores, sem paixão universal. Parece que a paixão universal é, nos dias atuais, a superficialidade de tudo e de todas as relações. Assim, neste lugar, é importante retomar alguns "entretenimentos" esquecidos, como a fraternidade, que nunca foi tão esquecida. Por isso, a necessidade do resgate deste pressuposto como "paixão universal". Hoje, não basta mais dizer que vivemos uma crise, pois a banali-

---

[1] Professora do Programa de Pós-Graduação em Direito da Escola de Direito/Universidade do Vale do Rio dos Sinos. Doutorado em *Evoluzione dei Sistemi Giuridici e Nuovi Diritti* pela *Università Degli Studi di Lecce*, Pós-doutorado em Direito pela *Università Roma Tre* (2006) e Pós-doutorado em Políticas Públicas pela *Università di Salerno* (2010). Bolsista Produtividade CNPq e Parecerista *ad hoc* do CNPq e INEP.

[2] LLOSA, Mario Vargas. *A civilização do espetáculo*. Rio de Janeiro: Objetiva, 2013. p. 29.

dade do entendimento da palavra "crise" não consegue mais responder aos espetáculos modernos.

A espetacularização integra o cotidiano da sociedade contemporânea. Vários autores vêm refletindo sobre este tema. Neste artigo, vamos trabalhar com duas referências: Mario Vargas Llosa, que escreve um texto refletindo e criticando a "civilização" do espetáculo, e Guy Debord, que trata de uma profunda análise sociológica sobre a "sociedade" do espetáculo, este foi o texto clássico que inspirou e segue inspirando as reflexões sobre as superficialidades espetaculares da sociedade contemporânea. O espetáculo apresentado por Debord[3] pode ser observado em diversos locais e espaços, tanto no contexto midiático, como no político. Há, na sociedade atual, uma espécie de fetichismo do espetáculo. Aliás, para Debord "o expectador é suposto ignorante de tudo, não merecedor de nada. Quem fica sempre olhando, para saber o que vem depois, nunca age: assim deve ser o bom espectador".[4]

E como é possível pensar na fraternidade neste contexto? Esta é a pergunta fundamental do artigo. Para tal, trabalharemos com a Metateoria do Direito Fraterno. Perguntamo-nos: no atual contexto global, é possível, ainda, existir espaço para a fraternidade? Para tentar responder a esse questionamento, é necessário retomarmos o conceito de fraternidade de Resta.[5] A partir deste conceito, antigo e esquecido, o autor propõe uma nova abordagem para os fenômenos sociojurídicos. É uma teoria livre de preconceitos e conceitos de outras áreas que não a científica. Assim, Eligio Resta busca no conceito originário ideias do compartilhar, do pactuar, da lei da amizade, do universalismo, da inclusão sem limites; estes indicativos mostram que é necessário ver o outro como um OUTRO-EU, em que o EU-OUTRO e o OUTRO-EU operam constantemente na proposta de transformação social, pois o Direito Fraterno é a relação entre vida e direito, a vida em comunidade é o sujeito e objeto da experiência jurídica.

Com estas observações sobre o que e como trabalhar a fraternidade numa sociedade do espetáculo é que vamos discutir o conceito de fraternidade, a relação da fraternidade com o espetáculo e as possibilidades de reflexão de democracia a partir dos pressupostos da Metateoria do Direito Fraterno. Para a discussão desses tópicos, utilizaremos vários autores que trabalham com os conceitos centrais aqui expostos, mesmo sabendo que alguns destes autores buscam suas fontes não somente no sistema da ciência, mas em outros sistemas sociais. Serão trazidos porque muitas reflexões apresentadas por eles são oportunas para nossa discussão da possibilidade de um novo espetáculo (verdadeiramente espetáculo) centrado

---

[3] DEBORD, Guy. *Sociedade do espetáculo*. Rio de Janeiro: Contraponto, 2007.
[4] Idem, p.183.
[5] RESTA, Eligio. *O Direito Fraterno*. Tradução e coordenação de Sandra Regina Martini. Santa Cruz do Sul: EDUNISC, 2004.

nos pressupostos científicos da fraternidade. Para isso, diz Eligio Resta, precisamos "spogliar" a fraternidade de qualquer outro conceito ou de qualquer outra referência. Justamente por isso que o conceito de fraternidade que utilizamos não guarda relação com a ideia de irmandade maçônica ou religiosa. A proposta do presente artigo é analisar cientificamente a possibilidade da fraternidade na sociedade,[6] notadamente pela complexidade e espetaculização que a marca na atualidade. Ao final do artigo, destacaremos o quanto a fraternidade é importante para a consolidação da democracia, considerada a partir dos pressupostos luhmannianos.

1. Do conceito de fraternidade

(...) un insieme di condizioni e di esperienze intese a designare apparte-nenza, condivisione, identità comuni[7]

Partícula do *slogan* da famosa divisa que identifica a Revolução Francesa: eis a forma como é comumente lembrada a fraternidade. Embora tenha ganhado publicidade, sua aceitação enfrentou dificuldades em ser incorporada aos diplomas jurídicos. O reaparecimento se dá sem brilho, já que as dificuldades de incorporação aos discursos jurídico e político está localizado no que este pressuposto representa: condições e experiência compartilhadas, um participar ativo, uma identidade comum. A dificuldade em operar com o conceito da fraternidade se apresenta porque ela evidencia paradoxos e contradições que desvelam os "espetáculos/não espetáculos" que vivemos nos dias atuais, em que muitas vezes nos "escondemos" na igualdade ou na liberdade, pois estes pressupostos podem ser quantificados, enquanto a fraternidade nos remete à ideia de ver o outro como um outro-eu!

Percebe-se a vinculação entre fraternidade[8] e outros conceitos, dentre os quais dois se destacam: solidariedade e hospitalidade. Isso ocorre porque falar em fraternidade implica o resgate de várias dimensões da vida que retornam hoje, exatamente porque a perspectiva da *codivisão* é a alternativa que temos para superar outras dificuldades atuais, como, por exemplo, o fim das delimitações geográficas e políticas do Estado-Nação. Aqui, a fraternidade apresenta-se como um desafio cosmopolítico, revelando, assim, suas paradoxalidades. Mas não só isso: apresenta-se também como

---

[6] Pela CAPES, destacamos os pós-doutoramentos titulados pela Università di Roma Tre, de Sandra Regina Martini (2005-2006), de Flaviane de Magalhães Barros (2006-2007) e de Marcelo Andrade Cattoni de Oliveira (2007-2008), bem como o período sanduíche de João Porto Silvério Júnior (2010-2013), todos orientados por Eligio Resta.

[7] Resta (2007, p. 588) "um conjunto de condições e de experiências destinadas a designar um fazer parte, compartilhamento, identidades comuns".

[8] Ver o estudo realizado por Antoni Domènech sobre o tema. DOMÈNECH, Antoni. *El eclipse de la fraternidad*. Barcelona: Crítica, 2014.

paradoxo, pois mostra, ao mesmo tempo, sua falácia e suas possibilidades. Por exemplo: ou os direitos são de fato inclusivos ou não existem.

A fraternidade vincula as ciências. No caso do presente artigo, em especial, as áreas do Direito, da Filosofia e da Sociologia, o que mostra sua possibilidade/necessidade de ser transdisciplinar, já que apresenta um âmbito biopolítico entre vida e direito. Dizer "fraternidade" significa enunciar formas normativas de regrar a vida, e é por isso que a fraternidade retorna na contemporaneidade, pois ela é a dimensão da vida que produz o sentido do participar em conjunto da vida em comum; uma vida que não apenas torna todos iguais e livres, mas uma vida *codividida*. Uma vida na qual os bens comuns e os direitos fundamentais são inclusivos e, portanto, fraternos, ou não existem. É por isso que sendo "um conjunto de condições e de experiências destinadas a designar um fazer parte, compartilhamento, identidades comuns" a fraternidade também abarca o conceito de hospitalidade e solidariedade. Agregamos o conceito de hospitalidade de Daniel Innerarity, pois:

> La categoría de la hospitalidad puede servir para articular una teoría moral en virtud de su universalidad cultural y la riqueza de sus significados. Como categoría, permite interpretar la situación general del hombre en el mundo. La categoría de la hospitalidad recoge el empeño de hacerse interpretativamente con la rica extrañeza de la vida, de los otros, de la cultura en que vivimos, a veces demasiado opaca hasta rozar lo incomprensible u hostil, pero está en el origen de ese aprendizaje de lo nuevo, el contacto con lo distinto y la armonización de lo dispar en que nuestra vida consiste.[9]

Assim como a fraternidade, a hospitalidade diz respeito à vida em comum, como o sentido primeiro da vida dos seres humanos, esta vida permanentemente ligada a experiências éticas fundamentais que permitem um novo espetáculo: o contato com o distinto, ou seja, o contato com o "outro" como um outro eu. Innerarity vê na hospitalidade a possibilidade de defender a sociedade e não defender o indivíduo da sociedade, pois esta é o *locus* de uma identidade comum. Refere ainda o autor que somos hóspedes uns dos outros, o que significa que nossa vida em sociedade tem sentido se construirmos um direito num espaço político mais aberto, livre de obsessões de uma identidade que deve legitimá-lo, um direito inclusivo, pactuado. Como afirma Eligio Resta, é necessário construir um mundo sem a preponderância de Estados e de vontades dos mais fortes, mas uma sociedade de mundo apta a, através da fraternidade, hospitalidade e solidariedade, construir um novo futuro. A fraternidade se apresenta como ponte de ligação entre os saberes, entre as novas formas de mediar; é a nova forma de *sermos humanos*, e não apenas termos humanidade. Por

---

[9] "A categoria da hospitalidade pode servir para articular uma teoria moral em virtude da sua universalidade cultural e a riqueza de seus significados. Como categoria, permite interpretar a situação geral do homem no mundo. A categoria da hospitalidade recolhe o esforço de fazer-se interpretativamente com a rica estranheza da vida, dos outros, da cultura em que vivemos, às vezes muito opaca até beirar o incompreensível ou hostil, mas está na origem dessa aprendizagem do novo, o contato com o distinto e a harmonização do díspar em que nossa vida consiste". Tradução livre. INNERARITY, Daniel. *Ética de la hospitalidad*. Barcelona: Península, 2008. p.17.

isso, a fraternidade pode ser entendida como uma aposta que engloba também o conceito de solidariedade proposto por Stefano Rodotà:

> Parole che sembravano perdute tornano nel discorso pubblico, e gli imprimono nuova forza. "Solidarietà" è tra queste e, pur immerse nel presente, non è immemore del passato e impone di contemplare il future.[10]

Assim como a fraternidade se apresenta de modo anacrônico, o mesmo ocorre com a solidariedade, a qual pode ser revisitada como sinal de não agressão entre os indivíduos. Aqui, mais aspectos importantes que podemos relacionar com a Metateoria do Direito Fraterno: é a não violência e a lei da amizade. Também com o conceito de solidariedade temos de resgatar o sentido paradoxal que historicamente apresenta:

> La crise "effettuale" della solidarietà non esonera dall'obbligo di misurarsi con i temi che essa ha posto, divenuti socialmente più bruciante e che, proprio per questa ragione, esigono una reflessione che tenga viva la consapevolezza della necessità di considerare la solidarietà come una categoria che può essere fattualmente negata, ma che tuttavia permane come riferimento forte, e obbligante, per un diverso agire politico e istituzionale.[11]

Assim, vemos que os momentos de dificuldade em resgatar velhos pressupostos não ocorrem por acaso, pois estes implicam um desvelar contínuo de paradoxos, de limites e de possibilidades. A solidariedade, para Rodotà, apresenta-se como um princípio fundativo. Por isso, retomar princípios também revela um anacronismo, pois estes fizeram parte das grandes narrações e revoluções iluministas que, na atualidade, muitas vezes, aparecem canceladas, eliminadas e esquecidas. Contudo, exatamente neste momento de crises econômicas e financeiras mundiais, estes princípios podem reaparecer. Aqui está o desafio e/ou a aposta num novo espetáculo de viver em sociedade.

Neste mesmo texto, Rodotà dedica um capítulo para distinguir/aproximar os conceitos de solidariedade e de fraternidade. O autor trabalha na perspectiva da solidariedade, porém não descarta a importância da fraternidade.

> Bisogna muoversi, allora, alla ricerca della solidarierà. Questa compare in tempi diversi, non conosce traggiti lineari, ma rivela una capacità permanente di forzare le barriere entro le quali si cerca di chuiderla. E si converte così in una potente forza positive, assume anche le sembianze della fraternità (di cui sovente è presentata come sinonimo) e così, insieme a libertà ed eguaglianza, comunque sta lì, nel pantheon rivoluzionario, come evocazione di una solidarietà universale, sociale.[12]

---

[10] "Palavra que parecia perdida retorna no discurso público e imprime nova força. 'Solidariedade' está entre e, ao mesmo tempo, imersa no presente, não está esquecida no passado e impõe de contemplar o futuro". RODOTÀ, Stefano. *Solidarietà Un'utopia necessaria*. Bari: Laterza, 2014. p.3.

[11] "A crise 'efetiva' da solidariedade não exonera da obrigação de enfrentar os temas que esta colocou, tornar-se socialmente mais evidente e, por essa mesma razão, exige uma reflexão que tenha presente a consciência da necessidade de considerar a solidariedade como uma categoria que pode ser fatalmente negada, mas que, todavia, permanece como referência forte e vinculante para um modo diverso de agir político e institucional". RODOTÀ, Stefano. *Solidarietà Un'utopia necessaria*. Bari: Laterza, 2014. p.7.

[12] "Temos de avançar, então, na pesquisa da solidariedade. Esta aparece em tempos diversos, não conhece caminhos lineares, mas revela uma capacidade permanente de forçar a barreira dentro da

Pode-se ainda definir a fraternidade como "uma forma de intensa solidariedade que se realiza entre iguais",[13] de modo que "parece uma forma de solidariedade que interpela diretamente o comportamento individual e o responsabiliza pela sorte do(s) irmão(s)".[14] Por isso, Filippo Pizzolato identifica a dupla possibilidade da fraternidade:

> Podemos identificar a fraternidade como aquela solidariedade que chamaremos de horizontal, uma vez que surge do socorro mútuo prestado entre as pessoas, e que se coloca ao lado daquela forma de solidariedade, ligada à fraternidade por um vínculo de subsidiariedade, e que chamamos de vertical, baseada na intervenção direta do Estado (dos poderes públicos) em socorro das necessidades.[15]

Outro ponto de vista localiza a solidariedade[16] como atualização da fraternidade. Logo, o que importaria, segundo essa visão, seria a noção de solidariedade que estaria encampada na noção de solidarismo. Fato é que a fraternidade, a solidariedade e todos os conceitos afins encontram definições diferenciadas nos autores contemporâneos. Stefano Rodotà, no texto *Solidarietà Un'Utopia necessária*, dedica um pequeno espaço para a fraternidade:

> La modernità occidentale si è venuta organizzando intorno agli uomini che nascono tutti "liberi ed eguali", e proprio libertà ed eguaglianza sono state la vera bussola indicante un cammino che non è stato sostanzialmente modificato quando la fraternità si è aggiunta nel costituire la storica triade dei principi.[17]

O que importa para essa reflexão é que a fraternidade reconhece determinados valores[18] fundamentais para a afirmação da democracia. O primeiro que destacamos é a noção de *empatia* – vinculado à concepção de equidade que permeia determinada comunidade, noção que incorpora a ideia de suavização das diferenças na medida das desigualdades dos indivíduos. A segunda compreensão incorporada é a de *inclusão*, que está associada a ideias de deveres, tanto do Estado quanto dos demais indivíduos. Como consequência, a fraternidade implica a valorização dentro da

---

qual se busca fechá-la. E se converte em uma importante força positiva e assume também a forma da fraternidade (da qual é tida muitas vezes como sinônima) e, assim como a liberdade e a igualdade, no entanto, está lá, no panteão revolucionário, como evocação de uma solidariedade universal, social". RODOTÀ, Stefano. *Solidarietà Un'utopia necessaria* . Bari: Laterza, 2014. p.20.

[13] PIZZOLATO, Filippo. A fraternidade no ordenamento jurídico italiano. In: *O Princípio Esquecido*. Antonio Maria Baggio (Org.). Vargem Grande Paulista: Cidade Nova, 2008. p. 113.

[14] Ibidem.

[15] Ibidem.

[16] Ver, por todos, *Dicionário Enciclopédico de teoria e de sociologia do direito*. André-Jean Arnaud [*et al.*]. Rio de Janeiro: Renovar, 1999. p. 766-770.

[17] "A modernidade ocidental organizada em torno da [noção] de que todos os homens nascem 'livres e iguais', e a própria liberdade e a igualdade têm sido a verdadeira bússola indicando um caminho que não tem sido substancialmente modificado quando a fraternidade foi acrescentada na constituição da histórica tríade". Tradução Livre. RODOTÀ, Stefano. *Solidarietà Un'utopia necessaria*. Bari: Laterza, 2014. p. 11.

[18] GONTHIER, Charles D. Liberty, Equality, Fraternity: The Forgotten Leg of the Trilogy, or Fraternity: The Unspoken Third Pillar of Democracy. In: *McGill Law Journal / Revue de Droit de McGill* (2000), vol. 45, p. 574.

própria comunidade das noções de compromisso (*commitment*) e de responsabilidade (*responsibility*). Como corolário lógico desses dois valores, encontram-se as noções de *confiança* e de *cooperação*, que encontram relação, por sua vez, com a ideia de associação em busca de uma sociedade mais justa e equânime. Por essas noções, uma postura fraterna – baseada na empatia, na inclusão, na confiança, na associação – permite a afirmação dos direitos e uma democracia justa e livre de violência. É o que sustentamos nos próximos itens.

2. Fraternidade e espetáculo

> *Il lavoro di coloro che credono nella non-violenza è extremamente difficile nell'atmosfera carica di violenza che oggi regna nel paese. Ma la via della vera non-violenza per essere percorsa richiede molto piu coraggio della via della violenza.*[19]

Um dos grandes desafios para a civilização atual é interromper com o ciclo da violência em todas as suas formas. Pensar na não violência, assim como pensar na fraternidade de modo sério, implica resgatar os fundamentos daquilo que pode ser uma vida em comunidade; mais do que isso: implica resgatar a ideia de *comunitas*. Neste resgate, não podemos deixar de lado a fraternidade. A possibilidade de interromper a estrutural violência que temos hoje passa necessariamente por um longo e árduo caminho, aquele de ver o outro como outro Eu, como alguém com quem posso compartilhar, dividir, cooperar e crescer conjuntamente. Por isso, a fraternidade se apresenta como uma aposta, como um desafio necessário para que possamos continuar falando em civilização, o que é necessário para que o "espetáculo" seja de fato um "espetáculo" no sentido da inclusão. Vivemos muitos espetáculos no decorrer do processo civilizatório, mas o desafio atual é ainda mais complexo e possível. Avançamos muito; agora, é o momento de utilizarmos estes avanços no sentido de *tornar a humanidade de fato humana*. Sem dúvida, esse não é o percurso mais rápido, como dizia Gandhi com relação à violência e não violência; porém, se não o fizermos, possivelmente as gerações atuais e futuras desconhecerão o significado de humanidade.

No atual contexto global e brasileiro, é possível, ainda, existir espaço para a fraternidade? Para tentar responder a esse questionamento, é necessário retomarmos o conceito de fraternidade de Resta.[20] Sabe-se

---

[19] O trabalho daqueles que creem na não ciolência é extremamente difícil na atmosfera carregada de violência que hoje reina nos países. Mas a vida da não violência para ser percorrida necessita muito mais coragem do que a via da violência. (Tradução Livre) GANDHI, Mahatma. *Il potere della non-violenza*. Roma: Franco Angeli, 2012.p.312.

[20] RESTA, Eligio. *O Direito Fraterno*. Tradução e coordenação de Sandra Regina Martini. Santa Cruz do Sul: EDUNISC, 2004.

que a ideia da fraternidade não é nova no contexto jurídico-político brasileiro, em especial por ser apresentada na Constituição tanto no preâmbulo[21] quanto como objetivo implícito (construir uma sociedade livre, justa e solidária). O preâmbulo – cuja função é a introdução solene do texto que se seguirá – sintetiza a noção de direito e de justiça subjantes à Constituição e cumpre a função de enunciar a legitimação do processo constituinte originário e estabelecer as razões/motivações que levaram a promulgar a Constituição com determinada feição. Nesse sentido, ao propor um Estado Democrático, o constituinte originário *qualificou* qual ordem democrática visualizava, quais objetivos pretendia, entre os quais a construção de uma sociedade fraterna. Diríamos mais: a sociedade fraterna é o tipo ideal[22] da sociedade fundada em 1988. Indo além: o local onde os direitos enunciados no preâmbulo e na própria Constituição serão concretizados.

Eis que surge sempre a mesma pergunta: qual a força normativa ou jurídica desse preâmbulo que prevê uma sociedade fraterna? Prevalece a noção de que o preâmbulo não tem força autônoma e direta, não servindo ele de parâmetro jurídico para eventual controle de constitucionalidade. Ao contrário, possui natureza não autônoma e indireta, servindo de substrato argumentativo para a fundamentação judicial.[23]

E, no atual contexto global, é possível, ainda, existir espaço para a fraternidade?

O espetáculo que vemos nesta promulgação é aquele da "banalidade", do "descompromisso". Dizer que a fraternidade é um valor supremo diante de uma complexa situação social como a brasileira é desconsiderar o significado, ainda que anacrônico,[24] do termo. Ou ainda, conforme Resta,

---

[21] Vale lembrar: "Nós, representantes do povo brasileiro, reunidos em Assembleia Nacional Constituinte para instituir um Estado Democrático, destinado a assegurar o exercício dos direitos sociais e individuais, a liberdade, a segurança, o bem-estar, o desenvolvimento, a igualdade e a justiça como valores supremos de uma **sociedade fraterna**, pluralista e sem preconceitos, fundada na harmonia social e comprometida, na ordem interna e internacional, com a solução pacífica das controvérsias, promulgamos, sob a proteção de Deus, a seguinte Constituição da República Federativa do Brasil". BRASIL. Constituição Federal da República Federativa do Brasil.

[22] Veja-se que o próprio Supremo Tribunal Federal, no julgamento do HC 94163/RS, da relatoria do Min. Carlos Ayres Brito, mesmo que em matéria penal, utiliza-se da expressão tipo ideal, casando-o com a visão de sociedade fraterna.

[23] Ver, por todos, SARLET, Ingo Wolfang. Curso de Direito Constitucional. 3ed. São Paulo: Revista dos Tribunais, 2014. p.81.

[24] Sobre o que significa a fraternidade após a Revolução Francesa, ver BAGGIO, Antonio Maria. A redescoberta da fraternidade na época do "Terceiro 1789". In: O princípio esquecido. Antonio Maria Baggio (Org.). São Paulo: Cidade Nova, 2008.p.8. "um *novum* que é anunciado e logo em seguida decai, pelo desaparecimento, quase imediato, da fraternidade da cena pública. Permanecem em primeiro plano a liberdade e a igualdade – geralmente mais antagônicas do que aliadas (antogonistas justamente por serem desprovidas de fraternidade) –, que, de algum modo, estão integradas entre si no seio dos sistemas democráticos".

deve-se escavar em torno da linguagem jurídica o sentido sugerido pela singular relação entre vida e direito, na dupla versão da vida no direito e da vida do direito, e das suas complicadas interseções da vida... e nas grandes Cartas Constitucionais irrompem, já há tempo, dimensões nem sempre imateriais da vida como a felicidade, a vida das futuras gerações, a fraternidade.[25]

Assim, o Direito Fraterno pretende fornecer uma nova hipótese de análise do direito, especialmente num cenário em que a "forma estatal de pertenças fechadas, governadas por um mecanismo ambíguo que inclui cidadãos, excluindo todos os outros" entra em tensão. Mas mais do que isso, o paradoxismo se estabelece à medida que "esta sociedade que suprime a distância geográfica, amplia a distância interior, na forma de uma separação espetacular",[26] uma vez que o desenvolvimento urbano e industrial acaba por isolar o indivíduo: a sociedade acaba sendo a integração dos isolados em conjunto.[27] O fato é que tal isolamento permite aquilo que Debord, num raciocínio plenamente atual, chama de alienação, *i.e.*, um sujeito sensível a aparências e a influências. Tal sensibilidade possibilita que o sujeito ceda às impressões midiáticas,[28] estas que são produzidas pelas grandes empresas de comunicação, preocupadas muito mais em vender informações, independentemente do conteúdo e dos valores das notícias, existentes ou não, nas matérias jornalísticas do que em produzir cultura por meio da informação.[29] As informações disponíveis hoje nem sempre servem para informar, mas, paradoxalmente, muitas destas ditas informações apenas des-informam a população. Esta paradoxalidade pode ser vista através da ideia de medicamento, ou melhor, de *pharmakon*:

> Il gioco di giustizia e ingiustizia è dunque, all'origine, quello típico delle complicità rivali: ricomparirà in Platone sotto la formula nota del phàrmakon che sancisce l'identità di cura e malattia, veleno e antitodo.[30]

Esta cumplicidade rival pode ser observada quando tratamos do sentido/não sentido da informação. A própria informação apresenta consigo o jogo da ambivalência, o veneno e o remédio, a salvação e a morte. Por isso, importante é identificar que nem todas as informações se transformam em conhecimento, em algo que possa ser assimilado pelas estruturas internas dos sistemas sociais. O que é de fato a informação, numa

---

[25] RESTA, Eligio. *Diritto vivente*. Bari: Laterza, p.1.

[26] DEBORD, Op. cit., 2007. Tese 167.

[27] Idem. Tese 172

[28] RIVAS, Pablo Ramírez. *Da utopia para a eutopia*. Notas críticas sobre a fraternidade para pensar e atuar nos dias de hoje. In: LOPES, Paulo Muniz (Org). A fraternidade em debate. Percurso de estudos na América Latina. São Paulo: Cidade Nova, 2012. p. 123-150.

[29] Conforme Rangels; Marques e Costa "é uma sociedade cujas relações são mediadas pelos meios de comunicação de massa que exercem indiscutível influência na sua constituição de mundo vivido". RANGELS, Maria Ligia. *Comunicação em Vigilância Sanitária*. p. 153-170. 2009. Disponível em . http://books.scielo.org/id/6bmrk/pdf/costa-9788523208813-09.pdf .

[30] "O jogo da justiça e injustiça é, portanto, a origem, o típico das cumplicidades rivais: reaparecerá em Platão sob a fórmula conhecida de Pharmakon que estabelece a identidade da cura e da doença, veneno e antídoto". Tradução Livre. RESTA, Eligio. *Diritto vivente*. Bari: Laterza, p. 25.

sociedade de des-informados, ou mais grave, de mal informados? Para isso, precisamos que a informação se transforme em conhecimento. Assim, falar em sociedade atual significa dizer que esta é uma malha ou uma rede de comunicação. Este conceito, por sua vez, apresenta também várias ambivalências, pois nem todas as comunicações são compreendidas, e a sociedade, para evoluir, precisa que aquilo que é comunicado seja compreendido. Entretanto, nem sempre, neste processo de espetacularização de tudo e de todos, podemos compreender o que está sendo emitido e, muitas vezes, ficamos na postura de meros espectadores. Interessante a abordagem de Niklas Luhmann sobre as implicações internas e externas do entretimento, pois este é um fenômeno que o indivíduo pode observar o "início e o fim", pois o experimenta.

Diferente da vida, da qual não podemos ver o fim, mas podemos de algum modo iniciar – exatamente esta é a proposta deste artigo: procurar lugares onde a fraternidade não aparece, mas, justamente por isso, pode aparecer. Para isso, não podemos mais buscar formas de fuga da própria realidade. Isso é possível, segundo Luhmann, porque existe a possibilidade de criar o virtual e o fictício simplesmente pela informação. Neste ponto, é importante retomar o questionamento de Luhmann: "(...) como é possível aceitar as informações sobre o mundo e sobre a sociedade como sendo informações sobre a realidade quando se sabe como elas são produzidas?".[31]

Temos uma sociedade fundada na comunicação, esta é o elemento fundamental para que a sociedade exista, e a existência da comunicação só é possível na sociedade; fora da sociedade, não existe nada de social. O "espetáculo" só é possível através da comunicação; mais do que isso: para Luhmann, tudo o que conhecemos e sabemos sobre a sociedade só sabemos através dos meios de comunicação. Assim, o espetáculo ocorre porque é transmitido enquanto tal e, ao mesmo tempo, através dos meios de comunicação, transformamos espetáculo em algo normal. Por exemplo, no final dos anos 1600, dizia-se que as mulheres, para aprenderem a amar, deveriam ler romances! Hoje, é normal que todas as mulheres leiam romances, podendo inclusive "des-aprender" a amar! Portanto, a condição de existência da sociedade se dá através da comunicação que, ao espetacularizar os fenômenos, provoca a própria evolução social; depois, os mesmos meios de comunicação informam o processo de "des-espetacularizacão". Conforme Luhmann,

> Aquilo que sabemos sobre a sociedade, ou mesmo sobre o mundo que vivemos, sabemos pelos meios de comunicação. Por outro lado, sabemos tanto sobre os meios de comunicação que não confiamos nesta fonte.[32]

---

[31] LUHMANN, Niklas. *A realidade dos meios de comunicação*. Tradução Ciro Marcondes Filho. São Paulo, 2005. p. 194.
[32] Idem, p. 15.

Isso tem uma importante significação sobre o Sistema do Direito à medida que as informações influenciam os operadores no momento da tomada de decisão e no modo pelo qual o Direito é visto pelo exterior. O acirramento de opiniões contrárias, cada qual influenciada por setores da mídia, cria um desconforto que somente poderia ser superado a partir de uma visão mais fraterna, a qual pode gerar uma grande "crise", pois este pressuposto ficou escondido, o que significa que pode, também e ao mesmo tempo, se apresentar como um "velho-novo" espetáculo ou um sucesso. Porém, importante a observação de Luhmann:

> Aquilo que os meios de comunicação consideram como sucesso, segundo o próprio padrão dos meios de comunicação, vai ser reestilizado como crise. Mas a descrição de crise deveria prever que é possível reagir com uma mudança das estruturas.[33]

Será que esse desconforto não é o espaço propício para o espetáculo? Debord[34] nos adverte que, na sociedade atual, temos uma espécie de acumulação de espetáculos, ou seja, tudo o que é vivido transforma-se em representação. Quando as necessidades se encontram socialmente sonhadas, o sonho se torna necessário e espetacularizado.

Dentro da ideia do espetáculo, é relevante destacarmos que há o princípio do fetichismo, ou seja, a sociedade está pautada por coisas suprassensíveis, embora sejam sensíveis. O show do espetáculo perfectibiliza-se com a substituição do mundo sensível por uma seleção de imagens que façam a representação do espetáculo.[35]

3. Democracia e fraternidade

> Quando atingiu o estágio do espetacular integrado, a sociedade que se declara democrática parece ser considerada em parte como a realização de uma perfeição frágil. Assim, ela não deve ser exposta a ataques, porque é frágil; já não é atacável, por ser perfeita como nenhuma outra sociedade o foi. É uma sociedade frágil porque tem grande dificuldade para dominar sua perigosa expansão tecnológica. Mas é a sociedade perfeita para ser governada; a prova disso é que todos os que aspiram ao governo querem governar essa sociedade, com os mesmos procedimentos, e mantê-la quase exatamente como ela é.[36]

Debord afirma que a democracia é uma *perfeição frágil*, que por sua fragilidade, merece uma proteção. Dessa forma, é fundamental *reforçar* o papel das instituições e fomentar a participação dos membros integrantes da comunidade. A fraternidade, nesse sentido, é o fator deve permear esse processo, pois é a partir dela que é possível superar as diferenças e permitir que os membros de determinada comunidade, juntos, cons-

---

[33] LUHMANN, Op. cit., p. 24-25.
[34] DEBORD, Op. cit., 2007.
[35] Idem.
[36] DEBORD, Guy. *A sociedade do espetáculo*. Rio de Janeiro: Contraponto, 1997. p.182.

truam e aperfeiçoem o que para Debord é uma sociedade perfeita – no sentido de utopicamente perfeita, já que a democracia é um processo de democratização constante.

Luhmann apresenta diferentes abordagens sobre democracia. Nesse sentido, em análise objetiva e precisa, Michael King e Chris Thornhill[37] apontam características identificadas na teoria luhmanniana acerca da democracia e política. À vista da pertinência das ponderações, destacamos o que caracteriza a democracia para Niklas Luhmann, afirmações que são confirmadas pelos estudiosos ingleses: (i) a democracia é o produto da diferenciação funcional e da contingência do sistema político; (ii) é a soma das comunicações, das decisões e da autorreferência do sistema político; e (iii) é a consequência indissociável de sociedades diferenciadas funcionalmente. Para isso, Luhmann estabelece condições para democracia: (i) diferenciação interna; (ii) limitação do poder do Estado pelo Direito; (iii) existência de mecanismo de *self-testing* do poder e da qualidade da democracia; (iv) a implementação de significados para as estruturas que compõem o sistema político, como Estado de Direito, Constituição e a previsão de mecanismos de proteção dessas estruturas.

Assim, partimos do pressuposto de que a democracia em sociedades que não são/estão diferenciadas funcionalmente é pouco provável. É nesse ambiente da diferenciação funcional – e talvez somente nele – que a fraternidade é possível. Esse novo espaço poderá ser perpassado pela fraternidade, pelo exercício da alteridade e da composição. Existe a necessidade de identificar os pontos de convergência para que seja viável a fraternidade como ponte de aproximação entre os opostos. Por esse motivo, são pertinentes as colocações de Llosa:

> Curiosamente, essa atitude coexiste com a evidência de que no campo da técnica e da ciência nossa época produz milagres todos os dias. Mas o progresso moderno, agora sabemos, tem amiúde um custo destrutivo, por exemplo, em danos irreparáveis à natureza e à ecologia, e nem sempre contribui para reduzir a pobreza, e sim para ampliar o abismo de desigualdade entre países, classes e pessoas.[38]

Na atualidade, temos presente a ideia de democracia, não como um sistema perfeito, pois é criado pelos seres humanos e, portanto, sujeito a imperfeições do humano/des-humano. Contudo, através da democracia podemos, de algum modo, controlar egoísmos individuais ou coletivos. A democracia é complexa, pois exige diálogo, mediação, conformação, confronto. Para operar de modo democrático, é fundamental também cultura e conhecimento: não basta termos informações, ou melhor, termos esta inflação de informações que serve muito mais para confundir do que para de fato promover conhecimento. Por isso, a democracia necessita ser

---

[37] THORNHILL, Chris; KING, Michael. *Niklas Luhmann's Theory of Politics and Law*. New York: Palgrave MacMillan, 2003. p.122.
[38] LLOSA, Mario Vargas. *A civilização do espetáculo*. Rio de Janeiro: Objetiva, 2013. p. 17.

constantemente reinventada, vigiada; ela se apresenta como uma modalidade de convivência através de regras.

Mas como usar os instrumentos da própria democracia para democratizá-la?

Quem é o político da sociedade atual? Llosa observa:

> O político de nossos dias, se quiser conservar a popularidade, será obrigado a dar atenção primordial ao gesto e à forma, que importam mais que valores, convicções e princípios. Cuidar das rugas, calvície, cabelos brancos, tamanho do nariz e brilho dos dentes, assim como do modo de vestir, vale tanto (e às vezes mais) quanto explicar o que o político se propõe fazer ou desfazer na hora de governar.[39]

A democracia representativa, um sistema político tido como o melhor modelo político por ter eleições livres, sufrágio universal, liberdade de pensamento, etc., é quase um "valor absoluto". Entretanto, é necessário que se repensem as formas de articulação e de decisão políticas inseridas nesse "valor democracia". É emergente a repolitização da política para retomar a construção de um campo democrático e popular capaz de polarizar a disputa político-ideológica no interior da sociedade civil e dos movimentos sociais. É essencial reintroduzir na agenda pública o debate que trate e enfrente as questões substantivas da democracia que estão associadas à defesa do interesse público, à participação cidadã e à redução das desigualdades sociais.[40]

A democracia não é um estágio da sociedade; ela constitui um processo (construtivo). Nesse processo, a soberania popular vai controlando e aumentando os direitos e os deveres. Quanto mais coletiva é a decisão, mais democrática ela é, e mais democratizada está a democracia. Isso significa dizer que se deve pensar num elevado grau de coletivização das decisões. Logo, quanto mais o interesse geral envolve um conjunto de decisões, mais democráticas elas são.[41]

Gherardo Colombo indica que:

> La pratica della democrazia è difficile e faticosa perchè ancora non si è diffuso a sufficienza l'apprezzamento per la parità delle oportunità e per la difusione della libertà...E, come sempre è sucesso, via via che le persone prendonno consapevollenza di quanto essenziale sia il rispeto della dignità e dell'uguaglianza, sarà per loro meno difficile impegnarsi a participare per atuare e conservare quotidianamente la democrazia.[42]

---

[39] LLOSA, Mario Vargas. *A civilização do espetáculo*. Rio de Janeiro: Objetiva, 2013.p. 44.

[40] BAVA, Silvio Caccia. Democratizar a democracia.Le Monde Diplomatique, maio de 2016. Disponível em: http://www.diplomatique.org.br/editorial.php?edicao=8 . Acesso em 04/05/2016.

[41] VIEIRA, Evaldo. Estado e Política Social na Década de 90. In. NOGUEIRA, Francis Mary Guimarães. Estado e Políticas Sociais no Brasil. Cascavel, PR: EDUNIOESTE, 2001.

[42] "A prática da democracia é difícil e cansativa porque não se difundiu suficientemente o apreço pela paridade de oportunidades e pela difusão da liberdade. E, como sempre acontece, na medida em que gradualmente as pessoas se dão conta do quanto é essencial o respeito pela dignidade e pela igualdade, será menos difícil será atuar diariamente para preservar a democracia. COLOMBO, Gherardo. *Democrazia*. Bollati Boringhiero. Torinho: editore Torino, 2011.p. 92.

Para realizar a democracia, é necessário educar a si mesmo: percurso que não é fácil, mas necessário. Como afirma Colombo, na medida em que se toma parte do dever de preservar a democracia, mais democracia teremos.

Conclusão

> *A cultura pode ser experimentação e reflexão, pensamento e sonho, paixão e poesia e uma revisão crítica constante e profunda de todas as certezas, convicções, teorias e crenças. Mas não pode afastar-se da vida real, da vida verdadeira, da vida vivida, que nunca é a dos lugares-comuns, do artifício, do sofisma e da brincadeira, sem risco de se desintegrar.*[43]

Como transformar a realidade? Como viver melhor? Como resgatar velhos/novos pressupostos? Estes questionamentos orientaram nossas reflexões. Cada questão nos faz ver a necessidade de produção de um novo espetáculo: da cultura da fraternidade, solidariedade e hospitalidade!

O espetáculo que temos hoje revela uma cultura *light*. Porém, podemos pensar em um novo modo de viver, no qual a cultura nos indica o caminho da reflexão no sentido de uma inclusão universal, a qual pode garantir uma democracia que só se viabiliza se os bens comuns e os direitos fundamentais forem para todos!

O que sabemos sobre a sociedade ou sobre o mundo que vivemos só sabemos através dos meios de comunicação, que muitas vezes espetacularizam o não espetacular, o que nos faz desconfiar constantemente das "fontes" utilizadas. Aquilo que os meios de comunicação consideram como "sucesso", segundo seu próprio padrão, poderá ser, como dizia Kant, uma ilusão transcendental. De qualquer modo, são os meios de comunicação que mantêm a sociedade "alerta"; eles produzem uma disposição continuamente renovada tanto para surpresas quanto para frustrações. Os meios de comunicação ajustam a dinâmica própria acelerada dos sistemas funcionalmente diferenciados, como a economia, política, ciência, os quais se confrontam continuamente com novos problemas sociais espetaculares.

Na sociedade atual, temos espaços ainda não suficientemente preenchidos pela fraternidade, solidariedade e hospitalidade. Por isso, temos que apostar em outra forma de vida em comunidade: este será o espetáculo do qual não apenas assistimos, mas que também faremos! Afinal, a negação desses princípios é também a sua possibilidade. O paradoxo da fraternidade deve ser desvelado para assim entendermos o que é de fato a vida em comunidade, em que o compartilhar e o pactuar são elemen-

---

[43] LLOSA, Mario Vargas. *A civilização do espetáculo*. Rio de Janeiro: Objetiva, 2013. p. 67.

tos fundamentais para que o verdadeiro espetáculo do viver em comum se efetive, e para que revelemos nossa humanidade. A fraternidade nos obriga a ver o outro e ver que a intolerância se combate com a tolerância; a violência com a não violência; tudo isso, através da comunicação, a qual pode "escavar/ou não" profundamente o oposto do que estamos acostumados. A comunicação é o que pode nos fazer ver que o paradoxo de uma violência que deixa todos silenciados, pode transformar este silêncio em experiência de vida comunitária. A comunicação precisa deixar de ser "imediata", pois nesse processo de "imediatização" temos a banalização ou o espetáculo não espetacular. O verdadeiro exercício de *ser humano* está no agir tolerante com o intolerante. Assim, a comunicação se torna o centro da comunidade política, pois, através da comunicação estamos "entre" os outros.

— XIV —

Cibertransparência: informação pública em rede e a cidade em tempos de globalização[1]

TÊMIS LIMBERGER[2]

Sumário: 1. Introdução; 2. Os indignados brasileiros: a mobilização pelas redes e os movimentos ocorridos em diversas cidades brasileiras; 3. Cibertransparência: revisitando seus referenciais teóricos; 4. A lei de acesso à informação pública e sua relação com os direitos sociais – educação e saúde: A experiência dos municípios do Rio Grande do Sul; Referências bibliográficas.

A internet é a nova metáfora da globalização[3]

1. Introdução

À medida em que começamos um novo século, a cidade emerge mais uma vez como um local estratégico para entender algumas das principais tendências que reconfiguram a ordem social, no dizer de Saskia Sassen.[4] Esta reflexão implica a perspectiva de contraponto às relações globais e das novas tecnologias, que se situam em um ambiente internacional, enquanto a cidade (município) é (re)valorizada.

Deste modo, o prestígio do estudo das cidades[5] é recuperado, na medida em que estas são reconhecidas como uma estrutura complexa, capaz

---

[1] Projeto que conta com o auxílio da FAPERGS – Edital Pesquisador Gaúcho PqG 001/2013, que se encontra em fase de conclusão, por conseguinte os resultados apresentados são conclusivos. A pesquisa teve a colaboração da mestranda Brunize Finger, das bolsistas Cecília Rosa e Taynara Arceno e já contou com o auxílio de Yuki Miike, Tales C. Horn e Guilherme Ostjen Gonçalves.

[2] Professora do Programa de Pós-Graduação em Direito da Universidade do Vale do Rio dos Sinos – UNISINOS. Pós-doutora em Direito pela Universidade de Sevilha, doutora em Direito Público pela Universidade Pompeu Fabra – UPF de Barcelona. Avaliadora *ad hoc* da Revista de Direito do Consumidor, da Revista Brasileira de Direitos Fundamentais e Justiça, da Revista *Quaestio Iuris* e da Revista Direito Público. Procuradora de Justiça do Ministério Público do Estado do Rio Grande do Sul. Membro do Instituto Brasileiro de Direito Eletrônico – IBDE, da *Federación Iberoamericana de Asociaciones de Derecho e Informática – FIADI* e da Rede Brasileira de Pesquisadores em Direito Internacional. Orientadora de Mestrado e Doutorado.

[3] RODOTÀ, Stefano. *El derecho a tener derechos*. Madrid: Trotta, 2014, p. 31.

[4] SASSEN, Saskia. *Sociologia da globalização*. Porto Alegre: Artmed, 2010, p. 88.

[5] COULANGES, Fustel de. 2001. *A Cidade Antiga*. 2. ed. São Paulo: Martin Claret.

de articular uma variedade de processos transfronteriços e reconstituí-los como uma condição parcialmente urbana,[6] em uma dinâmica transurbana. A cidade não é uma estrutura limitada, localizada em uma hierarquia escalar que a coloca abaixo do nacional, do regional e do global. Ela é um dos espaços do global, e o aciona, diretamente, muitas vezes passando por cima do nacional. Algumas cidades já tiveram isso muito antes da época atual, mas, hoje em dia, essas condições se multiplicam e amplificam, até o ponto em que podem ser lidas, algumas vezes, como algo que contribui qualitativamente como uma era urbana diferente.

Nesta perspectiva da cidade, como um espaço importante, em tempos de globalização, em que se tem a redefinição da cidadania com as novas tecnologias, é que se desenvolve o presente trabalho. Para tanto, busca-se responder à seguinte pergunta: a Lei de Acesso à Informação é efetiva, total ou parcialmente, tomando-se em consideração o período de abril de 2014 a março de 2016, em 243 municípios gaúchos, de maneira regionalizada. Neste contexto, cotejaram-se os portais de transparência e sua relação com a prestabilidade dos direitos sociais, especificamente a educação e a saúde.[7]

Ressalta-se a importância de identificar se as experiências de disponibilização da informação colaboram para diminuição da corrupção, fomentando a participação cidadã e o controle social. Para tanto, constroem-se aportes teóricos para compreensão do fenômeno das novas tecnologias e a efetivação dos direitos sociais – especialmente: saúde e educação – pela sua importância e significado em um país em desenvolvimento como o Brasil. Para tanto, o grupo coletará as informações e, também, valher-se-á de outros dados estatísticos confiáveis coletados por outras Instituições.

Como referencial teórico, parte-se da obra *Cibercidanía @ o Ciudadanía. com*, de Antonio-Enrique Pérez Luño, para discutir como a disponibilização da informação pública em rede pode servir para tornar a administração estatal mais transparente – Cibertransparência.

A metodologia empregada terá a perspectiva hermenêutica, investigando a (in)efetividade das promessas constitucionais e os seus reflexos na sociedade. Com o advento das novas tecnologias e das novas formas de comunicação, o Estado assume características, em que se evidencia o rompimento de seus elementos tradicionais, constantes desde o Estado-Nação: povo, território e poder (soberano). Para tanto, seguir-se-ão os seguintes passos: a) analisar as informações disponibilizadas nos portais dos municípios de pequeno, médio e grande porte, com população acima

---

[6] SASSEN, Saskia. *Sociologia da globalização*. Porto Alegre: Artmed, 2010.

[7] Para a divisão das Regiões, vide Anuário nº 11 da Unisinos. LIMBERGER, Têmis. *Cibertransparência: uma análise regional de municípios do Rio Grande do Sul com relação à efetividade da Lei de Acesso à Informação Pública e a concretização dos direitos sociais*. In: Anuário do Programa de Pós-Graduação em Direito da Unisinos: Mestrado e Doutorado. São Leopoldo: UNISINOS, 2014, v. 11, p. 303-322.

de 10.000 habitantes, espalhados pelas 07 (sete) regiões do Estado do Rio Grande do Sul, acerca dos gastos de cada um dos entes públicos, referentes aos seguintes itens: vencimentos dos servidores, licitações e investimentos em educação e saúde; b) avaliar, em cada uma destas regiões: b.1) acessibilidade da informação – clareza do portal; b.2) número de cliques até obter a informação desejada; b.3) se houve resposta no tempo de até 20 dias previsto em lei; c) acompanhar e avaliar, ao final de cada semestre, se os itens de transparência colhidos ocasionaram melhores condições de efetividade dos direitos sociais – saúde e educação.

Cumpre ressaltar a importância da pesquisa empírica na abordagem metodológica, pouco utilizada nos estudos jurídicos brasileiros, a qual, combinada com outras fontes tradicionais da doutrina e da jurisprudência, permitirá um caráter de reflexão e proposição críticas. Isto conferirá maior robustez aos achados da investigação, proporcionando diagnósticos mais confiáveis acerca da realidade estudada.

2. Os indignados brasileiros: a mobilização pelas redes e os movimentos ocorridos em diversas cidades brasileiras

A *Cibercidadania* é uma nova versão da Ágora grega na era tecnológica. A internet proporciona aos cidadãos que se organizem em rede e saiam a protestar em espaços públicos, quando estão insatisfeitos com os rumos da política.

As manifestações sociais que ocorreram em distintas partes do mundo também chegaram ao Brasil. Os protestos foram articulados, a partir da comunicação via internet, nos países árabes, conhecidas como a Primavera Árabe, movimento que também ocorreu em maio de 2011 na Espanha, denominado 15-M, que contou com a adesão dos cidadãos articulados nas redes sociais, que deixaram sua rotina habitual para ir protestar em lugares públicos. Estes manifestantes foram chamados *Indignados*. Nos Estados Unidos, o movimento era conhecido como Ocupe *Wall Street*. Por serem aparentemente tão diferentes e distantes possuem algo em comum?

Inicialmente, pode-se dizer que tiveram inspiração no pensamento de Stéphane Hessel,[8] que escreveu um panfleto intitulado *Indignaos*. Em uma síntese apertada, pode-se referir que é necessário defender os objetivos democráticos fundados em uma tríade de valores: ética, justiça e liberdade. Todas essas bandeiras deveriam conduzir as manifestações de forma pacífica, não violenta. Os internautas apropriaram-se desse ideal para suas reivindicações.

---

[8] HESSEL, Stéphane. *¡Indignaos! Un alegato contra la indiferencia y a favor de la insurrección pacífica*. Barcelona: Ediciones Destino, 2011. Hessel foi diplomático e um dos redatores, em 1948, da Declaração Universal dos Direitos Humanos, depois de ter vivido os horrores da II Guerra Mundial, em um campo de concentração nazista.

Manuel Castells,[9] ao estudar os movimentos sociais na internet, buscou aglutinar caracteres semelhantes em protestos que surgiram em distintos países. O elemento-chave foi a quebra da confiança. Com a confiança prejudicada, o cidadão se converte em um indivíduo que luta por sua sobrevivência.

Tem-se a absolutização do eu, o individualismo exacerbado, segundo Lipovetsky.[10] É um momento em que os indivíduos supõem nada dever à sociedade, mas todos exigem.[11] Assim, no vácuo de um projeto coletivo, o cidadão cede passagem ao indivíduo.

Desse modo, por problemas econômicos, o *deficit* democrático nos Parlamentos que não levaram em conta os interesses coletivos, mas somente os interesses corporativos do próprio Legislativo, a corrupção do governo e a ausência de valores culturais, surgiram movimentos que se articularam nas redes sociais da internet. Esses espaços autônomos não são controlados por governos e empresas, que não são a fonte do monopólio da comunicação. Este espaço em rede, localizado nos ambientes digital e urbano, é um local de comunicação autônoma, que se constitui em um novo espaço público.[12]

Esta nova forma de comunicação fez com que houvesse protestos, também no Brasil, em junho de 2013[13] e em momentos posteriores. Assim, no ano em que se comemorou 25 anos da Constituição Democrática, os filhos da Constituição saíram para protestar. Isso foi importante porque significou a primeira indignação desta geração que havia nascido sob os auspícios da democracia, sem que houvesse lutado por ela. Vale lembrar que Hannah Arendt,[14] quando afirma *Os direitos não se constituem em um dado, mas um construído*. Significa dizer, se não se está vigilante na manutenção de conquistas legais, pode-se ter a diminuição ou supressão dos mesmos. Considerando que foi a primeira manifestação importante desta geração, isso é significativo para a efetividade dos direitos.

O movimento ocorrido no Brasil é muito recente, tirar conclusões pode ser precipitado, mas algumas coisas podem-se dizer, a partir de indicadores. O Brasil é um país complexo, com grande diversidade eco-

---

[9] CASTELLS, Manuel. *Redes de Indignação e esperança: movimentos sociais na era da internet*. Rio de Janeiro: Zahar, 2013, p. 7-22.

[10] LIPOVETSKY, G. *Lère du vide*. Paris: Galimard, 1973.

[11] GAUCHET, M. *L'avénement de la démocratie: I. La Revolución moderne*; II. La crise du liberalisme, Gallimard, Paris, 2007.

[12] CASTELLS, op. cit. p. 16.

[13] Desde a luta pela abertura democrática, a partir dos anos 80, que culminou com a Constituição Democrática de 1988, somente em 1992 se registraram movimentos que impulsionaram o *impeachment* do Presidente Fernando Collor de Mello. Depois, se passou um longo tempo sem que houvesse manifestações de impacto.

[14] ARENDT, Hannah. *Los orígenes del totalitarismo*. Madrid: Taurus, 1998, p. 375/7.

nômica[15] e cultural. Nos últimos anos, houve um incremento econômico na sociedade brasileira, sem que se traduzisse no mesmo desenvolvimento dos direitos sociais, principalmente saúde[16] e educação.[17] Sem contar também com os *deficits* significativos nas áreas de habitação, segurança pública e transporte.

Assim, uma parte expressiva da população teve acesso ao consumo, mas sem a importante contrapartida nos direitos sociais. Desse modo, o Brasil é um país de modernidade tardia, em que os direitos sociais ainda são uma promessa ainda não cumprida.[18] Depois de mais de duas décadas de previsão legislativa, não são efetivos para a maioria da população, isso associado a escândalos de corrupção em diversos setores do governo,[19] por isso causam revolta. Sabe-se que os direitos sociais contêm um custo para a sua implementação, mas com o uso indevido das verbas públicas, é difícil aceitar a explicação para ausência de investimento em setores prioritários.

Apesar do tempo decorrido da promulgação do texto democrático, ainda se encontram ocupantes de mandatos políticos que pertenceram ao antigo regime e ali permanecem. É possível afirmar que alguns funcionários não utilizam as funções em prol do coletivo, mas somente por causas de interesses pessoais ou corporativos. A Sociologia brasileira tenta explicar esses comportamentos. O Estado não é a expansão do círculo familiar,[20] isto é, nas relações familiares valem as formas de favorecimento pessoal, que não se pode ocorrer nas relações pertinentes à esfera pública.

---

[15] Brasil possui distintas classes sociais. É possível considerar o abecedário da classe A até a E, considerando os mais endinheirados até os excluídos sociais. Dados do censo (IBGE/ *Instituto Brasileiro de Geografia e Estatística* – 2010) revelam que 19 milhões de brasileiros ascenderam à classe C, fazendo com que esta signifique 53% da população, é dizer 101 milhões de pessoas de um total de 200 milhões. Disponível em: <http://www1.Folha.uol.com.br/mercado/892209-classe-c-ganha-19milhoes-de-brasileiros-e-chega-a-101-milhoes.shtml> (Acesso em 10 out 2014).

[16] Com relação à saúde pública preventiva, somente metade da população brasileira tem serviço de saneamento, e deste, somente 1/3 do saneamento é tratado de maneira adequada. Disponível em: <http://www.tratabrasil.org.br/novo_site/?id=16017> (Acesso em: 02 set 2013).

[17] Cerca de 75% da população brasileira, entre 15 e 64 anos, não consegue ler, escrever e calcular plenamente. Esta cifra inclui os 68% considerados analfabetos funcionais e os 7% considerados analfabetos absolutos, sem qualquer habilidade de leitura ou escrita. Disponível em: <http://www.planetaeducacao.com.br/portal/artigo.asp?artigo=700> (Acesso em 02 set 2013).

[18] STRECK, Lenio Luiz. *Jurisdição Constitucional e Hermenêutica – Uma Nova Crítica do Direito*. 2ª ed. Rio de Janeiro: Forense, 2003, p. 122.

[19] O desvio mais conhecido obteve o nome de escândalo do "mensalão". JULGAMENTO do mensalão. *Revista Veja*, São Paulo: Editora Abril, 27/02/2013. Disponível em: <http://veja.abril.com.br/o-julgamento-do-mensalao/>. (Acesso em set 2013). Veja-se também os indicadores da OIT nota de rodapé de página nº 40.

[20] HOLANDA, Sérgio Buarque de. *Raízes do Brasil*. Edição Comemorativa dos 70 anos. São Paulo: Cia das Letras, 2006, p. 153. No Brasil, desde os princípios da colonização portuguesa, vigorou um tipo primitivo de família patriarcal em imensas terras rurais e o começo das cidades. Nessa situação, os detentores de posições públicas de responsabilidade não tinham claro os domínios do público e do privado.

A impessoalidade não marca as relações de recrutamento de pessoal ou de aquisição de bens e serviços pelo Estado.

Faoro[21] cunhou o termo *patrimonialismo* no Estado para designar o proveito do público por setores privados, o sentimento de posse do cargo pelo funcionário, que não se preocupa pelo serviço que deve à coletividade, mas leva vantagem própria ou corporativa. O funcionário burocrático no sentido defendido por Max Weber[22] somente se encontra em algumas repartições do serviço público, em poucas instituições brasileiras.

Desse modo, ocorreram protestos devido ao ajuste no transporte público. Mas a eclosão da indignação foi produto de muitas outras causas, além do aspecto puramente econômico. Na realidade, apesar dos tempos democráticos, não se realizaram regularmente licitações no setor de transportes e em muitos outros ramos de atividades. Um cartaz presente nas ruas, que demonstrava um cidadão indignado, sintetizou muito bem os desejos coletivos: *Não são moedas de centavos, mas sim os nossos direitos.* Assim, no Brasil e em movimentos de outros países, a partir de reivindicações concretas, houve a expansão de exigências com conteúdo mais amplo, como o direito à educação, saúde e à qualidade de vida. O principal é a dignidade de cada um, isto é, o direito fundamental de ser respeitado como ser humano e cidadão.[23]

Esses protestos são importantes para promover mudanças no setor político, porque a população não se sente representada no Legislativo e tampouco tem a convicção de que os políticos implementam políticas públicas em favor da maioria da sociedade. Segundo Castells,[24] os movimentos sociais foram e continuam a ser os propulsores de mutação social.

Assim, os direitos políticos encontram uma nova dimensão na praça virtual,[25] o ativismo na rede prepara uma fase posterior representada por reuniões físicas entre as pessoas interessadas. Desta forma, as pra-

---

[21] FAORO, Raymundo. *Os donos do Poder: formação do patronato político brasileiro.* Vol. I, 15ª ed., São Paulo: Globo, 2000, p. 84. Desde o princípio da colonização brasileira em 1808, com a chegada da família real portuguesa em solo brasileiro, o patrimonialismo se funda na tradição, na ideia de que assim é porque sempre foi. Deste modo, em que pese um novo texto constitucional no ano de 1988, as estruturas oligárquicas ainda permanecem com poder no país. Ocorreram mudanças (a implementação de distintos direitos e garantias, o fortalecimento de Instituições, a proposição de ações judiciais), mas o texto sofre problemas de efetividade devido às velhas estruturas que não saíram do cenário político.

[22] WEBER, Max. *Economía y Sociedad.* 1ª reimp. Argentina. México: Fondo de Cultura Económica, 1992. Weber parte do Estado Racional dotado de objetividade e neutralidade. A estrutura burocrática possui a tarefa de prestar o serviço de um modo mais técnico, desprovido das influências político-partidárias.

[23] CASTELLS, Manuel. *Redes de Indignação e esperança: movimentos sociais na era da internet.* Rio de Janeiro: Zahar, 2013, p. 178.

[24] Ibid., p.157.

[25] RODOTÀ, Stefano. *El derecho a tener derechos.* Madrid: Trotta, 2014, p. 348.

ças locais tradicionalmente esvaziadas devido ao isolamento urbano por muitas causas, voltam a encher-se devido ao papel desempenhado pelas redes sociais.

Portanto, a *cibertransparência* é importante, porque a partir da divulgação dos gastos públicos, pode haver a prestação de contas à população e provocar a diminuição da corrupção, possibilitando investimentos em direitos sociais, principalmente educação e saúde, tão importantes para o desenvolvimento das pessoas e reivindicadas no âmbito do município, uma vez que os cidadãos saem às ruas nas cidades.

Houve posições críticas no cenário brasileiro, mas graças às novas tecnologias, poder-se-á articular melhor a possibilidade de protestos conjuntos sob o regime democrático. A liberdade de expressão teve sua possibilidade de se reunir para exercer o direito de manifestação graças à democracia. O texto constitucional democrático e as instituições suportaram os protestos sem que houvesse retrocesso político. Hessel, que morreu recentemente, provavelmente estaria contente em ver prosperar a revolta pacífica pela articulação da cidadania virtual conjunta, exercida nas cidades.

3. Cibertransparência: revisitando seus referenciais teóricos

O termo *cibertranparência* serve para designar as novas relações que se travam em rede, denominadas *ciber*, aglutinadas à ideia de transparência. O fenômeno tecnológico pode servir para potencializar a informação pública.

Parte-se do livro *Cibercidanía @ o Ciudadanía.com*, de Antonio-Enrique Pérez Luño,[26] com o objetivo de cunhar uma expressão que traduza esta nova forma de a administração pública disponibilizar a informação em rede aos cidadãos, que pode não ser somente a utilização da ferramenta tecnológica, mas uma nova forma de gerenciamento público e das relações democráticas com a sociedade, que daí advenham.

A preocupação com a chegada das novas tecnologias e suas repercussões na seara jurídica ocorre, a partir dos filósofos do direito. Em uma síntese apertada, especialmente, Denninger[27] na Alemanha, Vittorio

---

[26] Veja-se artigo em que se faz estudo aprofundado da matéria – Anuário nº 10 Unisinos. LIMBERGER, Têmis. *Acesso à informação pública em rede: a construção da decisão adequada constitucionalmente.* In: Lenio Luiz Streck; Leonel Severo Rocha; Wilson Engelmann. (Org.). Constituição, sistemas sociais e hermenêutica. Anuário do Programa de Pós-Graduação em Direito da Unisinos. 1ed. Porto Alegre e São Leopoldo: Livraria do Advogado e Unisinos, 2013, p. 259-276.

[27] DENNINGER, Erhard *apud* PÉREZ LUÑO, Antonio Enrique. (org.) *El derecho a la autodeterminación informativa. Problemas actuales de la documentación y la informática jurídica.* Madrid: Tecnos, 1987, p. 271.

Frosini[28] e Stefano Rodotà[29] na Itália, e Antonio Enrique Pérez Luño[30] na Espanha.

Vittorio Frosini nasceu em Catania, em 1922, e faleceu em Roma, em 24 de setembro de 2001, após haver tido uma exitosa trajetória universitária. Em sua juventude, foi bolsista na Universidade de Oxford. Posteriormente, na Universidade de *La Sapienza* de Roma, foi diretor do Instituto de Teoria da Interpretação e Informática Jurídica Emilio Betti. Nesta Universidade ficou até sua aposentadoria.[31]

A *revolução da tecnociência* não só redesenha a relação entre o humano e o não-humano, mas nos faz entrar nos territórios do pós-humano e de novas interações entre corpos e máquinas, expansão das capacidades de cada um, e os riscos das sociedades de castas: novamente se materializa diante de nós uma nova antropologia. De qualquer forma, a *revolução da Internet*, que projeta o maior espaço público que a humanidade já conheceu produzindo constantemente novas formas de relações institucionais e novas vias para um possível constitucionalismo global, no dizer de Rodotà,[32] que revigora e atualiza o pensamento do jusfilósofo italiano Frosini.

Uma das grandes contribuições de Frosini foi a de conceber a expressão *O homem artificial*. O contexto em que a expressão vai ser cunhada é no período pós-2ª Guerra Mundial. Transcorrido o período inicial da Declaração dos Direitos do Homem e do Cidadão com seu conteúdo universal e do surgimento do constitucionalismo, no final do século XVIII, assiste-se à chegada do pensamento racional e, posteriormente, do positivismo jurídico. Dentre as consequências está o rompimento entre fato e valor, entre lógica e ética, do qual se evidencia a busca da certeza do direito.

Com o advento das duas guerras mundiais, na primeira metade do século XX, toda a crença no direito como propulsor da paz social entre os povos sufraga. Como consequência, a partir da segunda metade daquele século, surge o renascimento do Direito Natural, ou seja, uma revalorização dos princípios éticos, que servem para justificar os mandatos legais e a sua eficácia. Por isso, a expressão *direitos invioláveis do homem* é fruto das Constituições do segundo pós-guerra.

Devido à presença das novas tecnologias, chegou-se à era do *Direito Artificial*, expressão que se emprega com o propósito de contrapô-la ao

---

[28] FROSINI, Vittorio. *L'umo artificiale: ética e diritto nell'era planetária*. Milano: Spirali Edizione, 1986.

[29] RODOTÀ, Stefano. El derecho a tener derechos. Trotta: Madrid, 2014.

[30] PÉREZ LUÑO, Antonio Enrique. *Derechos humanos, estado de derecho y constitución*, 10ªed., Madrid: Tecnos, 2010, e PÉREZ LUÑO, Antonio Enrique. *Manual de informática y derecho*. Barcelona: Editorial Ariel S.A., 1996.

[31] Id. *La Filosofía del Derecho en perspectiva histórica*. Estudios conmemorativos del 65 aniversario del Autor. Homenaje de la Facultad de Derecho y del Departamento de Filosofía del Derecho de la Universidad de Sevilla. Sevilla: Servicio de Publicaciones de la Universidad de Sevilla, 2009, p.452.

[32] RODOTÀ, Stefano. op. cit., p. 22.

Direito Natural, considerando que a antítese da natureza, a *physis* dos gregos é a expressão grega *tecné*, isto é, criação artificial.[33] Assim, a artificialidade reconhecida como característica do direito na época da automação, caracteriza-se como uma metáfora empregada para precisar o momento lógico-formal constitutivo da experiência jurídica, em consonância com o momento ético, enquanto que entre ambos se mantém e transcorre a tensão da consciência humana, a partir da qual brota toda norma, toda a sentença, toda ação jurídica.

O *Direito Artificial* representa um modelo, quase um mito, que exerce particular atração nas sociedades de tipo tecnológico avançado, suscitando, ao contrário, perplexidade e desconfiança, uma vez que os juristas são acostumados a uma tradição humanista. Não se podem negar as influências que estas perspectivas oferecem ao pensamento jurídico. Assim, as possibilidades de aplicação da tecnologia significam uma alteração comportamental, constituindo-se uma segunda e renovada natureza.[34]

A expressão *direito artificial* é correlata ao *homem artificial*, isto é, designa um novo tipo de homem, que não foi produzido pela natureza, mas pelo próprio homem.

Frosini cunha a expressão *liberdade informática*[35] como um novo direito, com o significado de autotutela da própria identidade informática, ou seja, o direito de acessar, retificar ou cancelar os dados pessoais inscritos em um banco de dados informatizado.

Para outros autores, poder-se-ia entender como a outra face do direito à intimidade, ou seja, o direito de não ser molestado, configurar-se-ia como aspecto negativo, enquanto o direito de aceder, retificar ou cancelar os dados seria um aspecto positivo.[36]

A tese de um novo direito restou vencedora, pois foi consagrado o direito à proteção dos dados pessoais, no art. 8º da Carta dos Direitos Fundamentais da União Europeia.[37]

Deve-se, também, a Frosini a percepção de que a informática significava uma nova forma de poder político e social. Assim, uma das características do mundo contemporâneo é a produção, a circulação e o consumo de informação, que, por suas dimensões, não encontra precedentes na

---

[33] FROSINI, Vittorio. *Cibernética, Derecho y Sociedad*, Madrid: Tecnos, 1982, p. 24.

[34] Id. p. 58-59.

[35] Id. La protezione della riservatezza nella società informatica, in: *Informatica e Diritto*. Fascículo 1º, janeiro-abril, 1981, p. 110.

[36] LIMBERGER, Têmis. *O Direito à intimidade na era da informática: o desafio da proteção dos dados pessoais*. Porto Alegre: Livraria do Advogado, 2007, p. 103.

[37] UNIÃO EUROPEIA. *Carta dos Direitos Fundamentais da União Europeia*, de 07 de dezembro de 2000. Carta de Nice. Disponível em: <http://www.europarl.europa.eu/charter/default_pt.htm>. Acesso em: 27 jun. 2015.

história da humanidade.[38] O autor afirma que a comunicação passou por quatro fases, ao longo da história. A primeira é caracterizada pela comunicação oral dos povos primitivos. A segunda surge com o alfabeto, que permite a transmissão do conhecimento para outras gerações. A terceira é marcada pela imprensa, que possibilita que a informação seja difundida rapidamente a um grande número de pessoas. Já a quarta ocorre com os meios de comunicação em massa, como o rádio, o cinema, a televisão e os computadores.[39] Diferentemente do que acontece com a eletricidade, com os computadores interligados em rede, há a transmissão da informação e, consequentemente, de poder.[40] Deste modo, a possibilidade de transmitir e armazenar conhecimento não possui precedentes na história da humanidade.

Destarte, a teoria dos direitos humanos somente será capaz de responder às demandas atuais se estiver sintonizada com essa revolução tecnológica, na qual se encontra a *consciência tecnológica*. Por isso, no dizer de Pérez Luño,[41] a contribuição filosófico-jurídica mais importante de Frosini foi estatuir que a consciência jurídica não se esgota na mera consciência *nomológica*, isto é, na atividade do jurista tendente ao conhecimento e à elaboração dos materiais normativos imediatos, senão que se amplia na exigência reflexiva e crítica, a partir da consciência geral dos valores e da ciência.

Assim, a perspectiva que se instala é no sentido de pensar a atual configuração do Estado, Direitos Humanos e Constituição, neste tripé proposto por Pérez Luño,[42] no contexto de sociedade da informação, aonde os três elementos não são estáticos, mas interagem entre si.

Rodotà, professor de direito da Universidade La Sapienza de Roma, parte da célebre frase de Hannah Arendt: *O direito a ter direitos, o direito de cada indivíduo a pertencer à humanidade, deveria estar garantido pela própria humanidade*, que se encontra no livro *As origens do totalitarismo*,[43] para desenvolver sua obra: o Direito a ter Direitos,[44] na perspectiva atual dos direitos humanos frente às novas tecnologias e a globalização.

---

[38] FROSINI, Vittorio. *Diritto alla riservatezza e la calcolatori elettronici*. In: ALPA, Guido; BESSONE, Mario. *Banche dati telemática e diritti della persona*. Quaderni di Diritto Comparato, Padova: Cedam, 1984, p.30.

[39] Id. *Cibernética, Derecho y sociedad*, Madrid: Tecnos, 1982, p. 173 *et seq*.

[40] NORA, Simon; MINC, Alain. *Informe Nora-Minc – La informatización de la sociedad*. Madrid: [S.n.], 1982, p. 18 (*Colección popular*).

[41] PÉREZ LUÑO, Antonio Enrique. *La Filosofía del Derecho en perspectiva histórica*. Estudios conmemorativos del 65 aniversario del Autor. Homenaje de la Facultad de Derecho y del Departamento de Filosofía del Derecho de la Universidad de Sevilla, Servicio de Publicaciones de la Universidad de Sevilla, Sevilla, 2009, p. 454.

[42] Id. *Derechos humanos, Estado de Derecho y Constitución*. 10ª ed., Madrid: Tecnos, 2010.

[43] ARENDT, Hannah. *Los Orígenes del totalitarismo*, Taurus, Madrid, 1998, p. 248/9.

[44] RODOTÀ, Stefano. *El derecho a tener derechos*. Madrid: Trotta, 2014.

Quando se perquire a respeito do fundamento dos direitos humanos que nasce da ótica proprietária, legatária do Estado Liberal, que colide hoje com a dimensão constitucional adquirida pela pessoa, em um contexto em que se exalta a dignidade da pessoa humana, em tempos de globalização.

Nesta perspectiva, a nova relação entre o global e o local, visto que produzem a insuficiência do conceito de cidadania que não consegue acompanhar o cidadão, aonde quer que se encontre territorialmente, devido aos movimentos da globalização, que se opõe ao Estado-Nação e sua ótica puramente identitária.

Rodotà, em uma síntese perfeita, assevera: *A internet é a nova metáfora da globalização.*[45] O mar é a grande metáfora, não a nova. A liberdade dos mares se confronta com o *nomos* da terra, por isso, a ação de quem se movimenta na Internet fica descrita como *navegar*. A grande metáfora de estar na rede é navegar.[46] *'Nomos' na terra e a liberdade dos mares* é o fio condutor dos trabalhos de Carl Schmitt.[47] Este nos recorda o papel da Inglaterra e seus piratas, que abriram caminho à liberdade nos mares e que era essencialmente uma liberdade não estatal.

4. A lei de acesso à informação pública e sua relação com os direitos sociais – educação e saúde: a experiência dos municípios do Rio Grande do Sul

Para o desenvolvimento da pesquisa, tomaram-se como base as mesorregiões do Estado do Rio Grande do Sul (Centro Ocidental, Centro Oriental, Metropolitana, Nordeste, Noroeste, Sudeste e Sudoeste).[48]

Foram analisados aspectos levando-se em consideração a atualização e a clareza dos portais de informação (art. 8º e § 2º), o prazo de informações (art. 10º) da Lei nº 12.527/2011, bem como as informações acerca da folha de pagamento dos servidores e dos investimentos em saúde e educação. Dos resultados obtidos, tendo em conta o artigo 8º da Lei e as coletas mensais procedidas, verificou-se que as cidades que se destacaram na análise mensal com o Portal de Transparência são: Pelotas, São Leopoldo e São Luiz Gonzaga.

---

[45] RODOTÀ, Stefano. *El derecho a tener derechos*. Madrid: Trotta, 2014, p.31.

[46] Ibid., p. 344.

[47] SCHMITT, Carl. *El nomos de la tierra en el derecho de gentes del 'Ius publicum europaeum'*, CEC, Madrid, 1979.

[48] Os dados parciais foram publicados no Anuário da UNISINOS nº 11, os quais demonstraram pesquisa realizada acerca dos portais de transparência dos municípios pesquisados. LIMBERGER, Têmis. *Cibertransparência: uma análise regional de municípios do Rio Grande do Sul com relação à efetividade da Lei de Acesso à Informação Pública e a concretização dos direitos sociais*. In: STRECK, Lenio Luiz; ROCHA, Leonel Severo; ENGELMANN, Wilson. (Org.). Anuário do Programa de Pós-Graduação em Direito da Unisinos: Mestrado e Doutorado. 1ed. São Leopoldo: UNISINOS, 2014, v. 11, p. 303-322.

Por conseguinte, Santo Ângelo, Passo Fundo, Santa Rosa, Gravataí, Cachoeirinha, Erechim, Cruz Alta e Santo Ângelo não apresentaram um nível suficiente em relação ao Portal de Transparência. Com relação às principais dificuldades encontradas na divulgação das informações, verificou-se, novamente, a falta de padronização dos Portais, dados muitas vezes desatualizados, falta de clareza nas informações apresentadas, bem como a falta de individualização dos dados apresentados, tais como ausência de informação a respeito da folha de pagamento dos servidores e os respectivos investimentos em educação e saúde.

Com relação à Região Centro-Oriental, não se verificou nenhum município com irregularidades na publicação de editais referentes à Lei 8.666, com regulares atualizações referentes a pregões, dispensas, etc. Por conseguinte, constataram-se poucas atualizações na folha de pagamento depois do primeiro trimestre de 2015.

Algumas informações relativas à folha de pagamento fixam apenas a tabela geral atualizada em abril de 2015. Com isso, houve a alteração do número de cliques nos portais.

No que diz com a Região Noroeste, em Cruz Alta verificou-se que não foram realizadas atualizações no *site* acerca da folha de pagamentos: atualizam em atraso e a maioria dos cargos/servidores sem a remuneração informada. No portal de Erechim inexiste área que informa a folha de pagamento dos servidores.

Outros municípios não relacionam o nome do servidor ao vencimento que percebe, fazendo com que o cidadão tenha que consultar a tabela geral de remunerações para localizar o valor correspondente ao cargo do servidor (Passo Fundo e Santa Rosa). Em Santo Ângelo, não existe as informações referentes à remuneração relacionada com o servidor. São Luiz Gonzaga destacou-se como o *site* mais completo entre todos pesquisados na Região. Rápido, informações precisas, poucos cliques. Houve significativas mudanças no período pesquisado, sendo o que mais evoluiu de acordo com os critérios estabelecidos pela pesquisa.

Dos seis Municípios pesquisados na Região Noroeste, São Luiz Gonzaga destacou-se com os melhores níveis de informações no Portal, seguido por Santa Rosa. Erechim e Passo Fundo tiveram resultados razoáveis em relação à clareza das informações, seguidos por Cruz Alta e Santo Ângelo, que, por sua vez, tiveram resultados insatisfatórios com relação a atualização e clareza das informações nos portais.

Com relação aos percentuais atualizados de investimentos em saúde e educação, verificou-se que ainda não há estatísticas de 2015, somente do ano de 2014. Sobre tais dados, observou-se que São Leopoldo novamente é destaque na saúde, com percentuais de investimentos ainda maiores em 2014, destacando-se, a seguir, Tramandaí e, um pouco acima dos demais,

Santa Cruz do Sul. Os dados da educação, por sua vez, não são tão lineares, apresentando oscilações, ficando Passo Fundo em primeiro lugar, embora com pouca diferença em relação aos do período anterior.

No que diz com a Região Nordeste (Bento Gonçalves e Caxias do Sul), Centro-Ocidental (Agudo, Júlio de Castilhos e Santa Maria) e Sudoeste (Bagé, São Gabriel e Uruguaiana), em geral, os Municípios apresentaram os mesmos resultados de 2014, tanto em relação aos dados positivos quanto aos negativos. Os dados somente se alteram quando o *site* é reformulado, por exemplo. Também, todos os Municípios pesquisados no âmbito da Região não demandam muitos cliques para se obter a informação. Para o cidadão que não estiver habituado, o baixo número de cliques não significa necessariamente fácil acesso, podendo eventualmente ter de ir e voltar no *site* até achar o *Menu* adequado. Ainda, normalmente os dados estão atualizados. Os dados referentes às licitações são atualizados quase que diariamente, embora não se separem àqueles referentes à educação e à saúde. Os dados referentes às remunerações são atualizados até o mês corrente ou imediatamente anterior. Considera-se que todos sejam suficientemente claros, o que, porém, não quer dizer que sejam ótimos. Considerando uma classificação ampla entre insuficiente e suficiente e levando em consideração os critérios adotados, conclui-se pela suficiência dos Portais da referida Região.

Na Região Centro-Ocidental, observa-se, da mesma forma, que o portal transparência de alguns Municípios fica fora do ar e assim permanece por período acima de 30 dias. Isso ocorreu com Agudo, Júlio de Castilhos e Santa Maria, e São Gabriel e Uruguaiana, na Região Sudoeste. Na Região Nordeste, só houve uma ocorrência desse tipo no mês de junho, em Caxias do Sul.

No que pertine à Região Metropolitana (Cachoeirinha, Gramado, Gravataí, Porto Alegre, São Leopoldo, Tramandaí) e Região Sudeste (Pelotas e Rio Grande), cumpre salientar que no ano de 2015, percebeu-se que não houve nenhum tipo de evolução nas informações contidas nos Portais, tampouco um declínio com relação aos portais de transparência dos municípios, sendo que todos permanecem no mesmo nível.

O Município que se destaca é de Pelotas, da Região Sudeste, como já mencionado no período anterior. O *layout* do portal é agradável, as informações estão dispostas de uma maneira clara, o que torna o acesso mais fácil. Por mais que as licitações não estejam tão completas quanto o esperado, a subdivisão por anos e por modalidade de licitação pode ajudar quem não está tão habituado a pesquisar esse tipo de informação. Assim como em todos os Municípios, as licitações não estão divididas entre investimentos em saúde e investimentos em educação. São Leopoldo e Porto Alegre apresentam um alto nível de complexidade na demonstração das licitações, de modo que as informações não são claras, com a ausência de alguns dados.

Com relação à remuneração dos servidores, o Município de Tramandaí, da Região Metropolitana, não apresenta esta informação, sendo que os Municípios de Cachoeirinha (Região Metropolitana) e de Rio Grande (Região Sudeste) apenas exibem tabelas com o valor dos vencimentos de acordo com a função, não nomeando os servidores. Os demais Municípios apresentam o nome do servidor e o seu respectivo salário, e não costumam atrasar esses dados, e, caso aconteça, são publicados logo no mês seguinte.

Quanto à inoperância dos portais, Gravataí e Cachoeirinha, da Região Metropolitana, foram os únicos que apresentaram problemas no dia da coleta dos dados: portais fora do ar, tendo-se que reiniciar a seção novamente, com espera de tempo significativo para realizar a coleta normalmente.

Os estudos, por ora realizados e comparados ao período anterior, apontam que os Municípios mais atentos ao cumprimento da lei de transparência e acesso à informação preocuparam-se em disponibilizar campo específico em seu site para envio de perguntas dos cidadãos, bem como responder a todas as solicitações dentro do prazo estabelecido pela legislação.

Salienta-se que foram, ainda, cotejados os dados relativos aos Indicadores Sociais,[49] tais como o Índice de Desenvolvimento Humano – IDH e os respectivos investimentos em saúde e educação, cujos quadros seguem abaixo:

Cotejando-se os dados relativos aos indicadores sociais (IDHM – Índice de Desenvolvimento Humano Municipal com os respectivos investimentos em educação e saúde), com a transparência dos portais de informação pública, verificou-se que em alguns Municípios, que possuem o IDHM em faixa de desenvolvimento alta (entre 0,699 e 0,799), obtiveram níveis satisfatórios de clareza nos portais de informação pública, tais como Pelotas e São Leopoldo. Isto fortalece a ideia de que os maiores índices de transparência nos portais municipais se relacionam diretamente com o cumprimento dos direitos sociais, especialmente em relação aos investimentos em saúde e educação.

Neste diapasão, em dezembro de 2015, o Ministério Público Federal divulgou os *rankings* de transparência estaduais e nacional.[50] Entre os dias

---

[49] BRASIL. *Atlas do Desenvolvimento Humano no Brasil*. 2013. Orgs. Programa das Nações Unidas para o Desenvolvimento; Instituto de Pesquisa Econômica Aplicada; Fundação João Pinheiro. Disponível em <http://www.atlasbrasil.org.br/2013/>, Acesso em: 10 dez. 2015. Dados disponíveis até dezembro de 2014.

[50] BRASIL, Ministério Público Federal. *Ranking Nacional da Transparência*. 2015. Disponível em http://www.combateacorrupcao.mpf.mp.br/ranking/proximos-passos/ranking/itens-avaliados. Acesso

08/09/2015 e 09/10/2015, em atuação coordenada em todo o Brasil, o Ministério Público Federal realizou a avaliação dos portais da transparência dos 5.568 municípios e 27 estados brasileiros.

A pesquisa levou em consideração os aspectos legais e as boas práticas de transparência, tendo sido efetuado com base em questionário elaborado pela Estratégia Nacional de Combate à Corrupção e à Lavagem de Dinheiro (ENCCLA). O objetivo foi medir o grau de cumprimento da legislação, por parte de municípios e estados, numa escala que vai de zero a dez.

Mapa da Transparência – Governos Municipais e Estaduais (MPF)

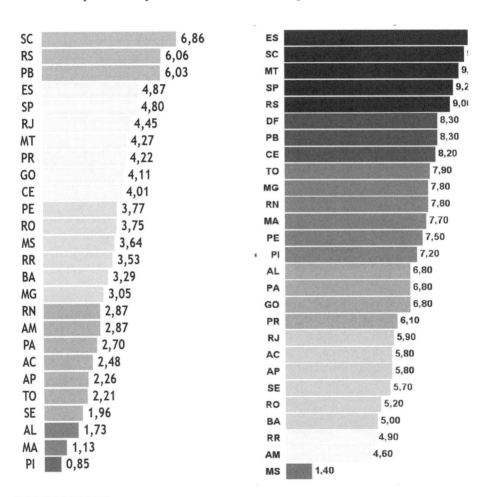

em 26 jan. 2016. Pesquisa elaborada pela bolsista Cecília Rosa, de acordo com os estudos desenvolvidos durante o Edital Pesquisador Gaúcho PqG 001/2013 da FAPERGS.

No total, foram avaliados 14 itens correspondentes às exigências legais, mais dois considerados "boas práticas de transparência", sendo um deles a divulgação individualizada da remuneração dos agentes públicos. Embora essa caracterização não pareça de relevância, sozinho, este item representa 10% da nota global.

Ademais, assim como na pesquisa realizada pelo TCE/RS, avaliou-se a transparência passiva, mas a ferramenta não foi testada. Como se percebe, a mera existência de campo para solicitar a informação não garante a resposta do ente público.

Curiosamente, o Rio Grande do Sul ficou em segundo lugar no Índice de Transparência Municipal (6,06) e em quarto no *ranking* estadual (9,00), sendo o Índice Nacional de Transparência brasileiro de 3,92. Porto Alegre obteve nota 10, assim como Santa Cruz do Sul e Venâncio Aires, também analisados na presente pesquisa.

Uruguaiana, cujo *site* pesquisado mostrou-se o menos organizado entre os municípios da Região Sudoeste, recebeu a nota 2,1 na pesquisa efetuada pelo MPF, conforme a presente pesquisa. Menciona-se, ainda, que foram avaliados todos os 5568 municípios do Brasil pela pesquisa realizada pelo Ministério Público Federal.

Deste modo, pode-se afirmar que a Lei de Acesso à Informação Pública, apesar de apresentar resultados distintos com relação à efetividade da transparência nos entes públicos, representa um avanço importante para combater a corrupção, desde a ótica da prevenção.

Nesse sentido, vale referir que quando o poder estatal faz uso das novas tecnologias para tornar disponível a informação pública na internet, permite a participação do cidadão nos assuntos públicos, propicia o controle social e, consequentemente, a fiscalização do gasto estatal, a isto se denomina cibertransparência.

As novas tecnologias devem estar a serviço da cidadania. Por isso, é importante que a Administração Digital não seja apenas a incorporação da ferramenta tecnológica, mas a realização concreta e diária de todos os princípios que regem a administração pública, e, especialmente, o respeito à pauta dos direitos humanos na relação entre administração e cidadãos.

Referências bibliográficas

ARENDT, Hannah. *Los orígenes del totalitarismo*. Madrid: Taurus, 1998.

BRASIL, Ministério Público Federal. *Ranking Nacional da Transparência*. 2015. Disponível em http://www.combateacorrupcao.mpf.mp.br/ranking/proximos-passos/ranking/itens-avaliados. Acesso em 26 jan. 2016.

———. *Atlas do Desenvolvimento Humano no Brasil*. 2013. Orgs. Programa das Nações Unidas para o Desenvolvimento; Instituto de Pesquisa Econômica Aplicada; Fundação João Pinheiro. Disponível em <http://www.atlasbrasil.org.br/2013/>, Acesso em: 10 dez. 2015. Dados disponíveis até dezembro de 2014.

CASTELLS, Manuel. *Redes de Indignação e esperança: movimentos sociais na era da internet*. Rio de Janeiro: Zahar, 2013.

COULANGES, Fustel de. 2001. *A Cidade Antiga*. 2ª ed. São Paulo: Martin Claret.

DENNINGER, Erhard apud PÉREZ LUÑO, Antonio Enrique. (org.) El derecho a la autodeterminación informativa. Problemas actuales de la documentación y la informática jurídica. Madrid: Tecnos, 1987, p. 271

FAORO, Raymundo. Os donos do Poder: formação do patronato político brasileiro. Vol. I, 15ª ed., São Paulo: Globo, 2000.

FROSINI, Vittorio. L'umo artificiale: ética e diritto nell'era planetária. Milano: Spirali Edizione, 1986.

——. *Diritto alla riservatezza e la calcolatori elettronici*. In: ALPA, Guido; BESSONE, Mario. *Banche dati telemática e diritti della persona*. Quaderni di Diritto Comparato, Padova: Cedam, 1984, p.30.

——. *Cibernética, Derecho y sociedad*, Madrid: Tecnos, 1982.

——. La protezione della riservatezza nella società informatica, in: *Informatica e Diritto*. Fascículo 1°, janeiro-abril, 1981, p. 110.

GAUCHET, M. *L'avénement de la démocratie: I. La Revolución moderne*; II. La crise du liberalisme, Gallimard, Paris, 2007.

HESSEL, Stéphane. ¡Indignaos! Un alegato contra la indiferencia y a favor de la insurrección pacífica. Barcelona: Ediciones Destino, 2011.

HOLANDA, Sérgio Buarque de. *Raízes do Brasil*. Ed. Comemorativa dos 70 anos. São Paulo: Cia das Letras, 2006.

LIMBERGER, Têmis. Cibertransparência: uma análise regional de municípios do Rio Grande do Sul com relação à efetividade da Lei de Acesso à Informação Pública e a concretização dos direitos sociais. In: Anuário do Programa de Pós-Graduação em Direito da Unisinos: Mestrado e Doutorado. São Leopoldo: UNISINOS, 2014, v. 11, p. 303-322.

——. *Acesso à informação pública em rede: a construção da decisão adequada constitucionalmente*. In: Lenio Luiz Streck; Leonel Severo Rocha; Wilson Engelmann. (Org.). Constituição, sistemas sociais e hermenêutica. Anuário do Programa de Pós-Graduação em Direito da Unisinos. Porto Alegre e São Leopoldo: Livraria do Advogado e Unisinos, 2013.

——. O Direito à intimidade na era da informática: o desafio da proteção dos dados pessoais. Porto Alegre: Livraria do Advogado, 2007.

LIPOVETSKY, G. *L ère du vide*. Paris: Galimard, 1973.

NORA, Simon; MINC, Alain. *Informe Nora-Minc – La informatización de la sociedad*. Madrid: [S.n.], 1982, p. 18 (Colección popular).

PÉREZ LUÑO, Antonio Enrique. *Derechos humanos, Estado de Derecho y Constitución*. 10ª ed., Madrid: Tecnos, 2010.

——. *La Filosofía del Derecho en perspectiva histórica*. Estudios conmemorativos del 65 aniversario del Autor. Homenaje de la Facultad de Derecho y del Departamento de Filosofía del Derecho de la Universidad de Sevilla. Sevilla: Servicio de Publicaciones de la Universidad de Sevilla, 2009.

——. *Manual de informática y derecho*. Barcelona: Editorial Ariel S.A., 1996.

RODOTÀ, Stefano. *El derecho a tener derechos*. Madrid: Trotta, 2014.

SASSEN, Saskia. *Sociologia da globalização*. Porto Alegre: Artmed, 2010..

SCHMITT, Carl. El nomos de la tierra en el derecho de gentes del 'Ius publicum europaeum', CEC, Madrid, 1979.

STRECK, Lenio Luiz. Jurisdição Constitucional e Hermenêutica – Uma Nova Crítica do Direito. 2ª ed. Rio de Janeiro: Forense, 2003, p. 122.

UNIÃO EUROPEIA. Carta dos Direitos Fundamentais da União Europeia, de 07 de dezembro de 2000. Carta de Nice. Disponível em: <http://www.europarl.europa.eu/charter/default_pt.htm>. Acesso em: 27 jun. 2015.

WEBER, Max. *Economía y Sociedad*. 1ª reimp. Argentina. México: Fondo de Cultura Económica, 1992. Weber parte do Estado Racional dotado de objetividade e neutralidade. A estrutura burocrática possui a tarefa de prestar o serviço de um modo mais técnico, desprovido das influências político-partidárias.

— XV —

Uma nova (filosófica) leitura da ordem constitucional brasileira

VICENTE DE PAULO BARRETTO[1]

Antes de tratar do tema dos fundamentos ético-filosóficos do estado democrático de direito, como se encontra regulado na Constituição de 1988, torna-se necessário fazer duas distinções conceituais, que irão ajudar no pleno entendimento do que se propõe analisar. Refiro-me à diferenciação entre moral e moralidades e entre fundamentos e princípios. A clareza conceitual é que irá assegurar a compreensão da natureza moral do estado democrático de direito e, em consequência, como esse regime político pressupõe uma nova leitura e aplicação das normas constitucionais.

Essas considerações encontram-se em obras e autores relevantes, que foram escolhidos como norte nas pesquisas sobre o tema, mesmo se diferenciando em patamares ético-filosóficos, políticos e jurídicos. Todos esses autores, entre muitos outros, apontam, entretanto, para o sentido e o significado de uma leitura moral do estado democrático de direito – Karl-Otto Apel, Jürgen Habermas, Ronald Dworkin, Alain Renaut, Lukas Sosoe, John Rawls, Otfried Höffe –, o que não significa tornar o direito instrumento de normas morais, como parece para muitos juristas. Torna-se, assim, necessário, preliminarmente, ter-se o entendimento sobre o real significado da palavra "moral" na expressão dworkiana de "leitura moral da Constituição Americana" (Dworkin, 1996).

A Constituição brasileira de 1988 desde que passou a ser a norma fundamental, nada mais de tão significativo aconteceu no contexto político-jurídico brasileiro que possa ser comparado a este evento. O texto constitucional de 1988 (e, com ele, todos os seus avanços em termos de direitos e garantias) é, portanto, *o novo que ainda temos que desvelar*. E desvelar significa buscar as raízes filosóficas que explicam racionalmente e legitimam politicamente o sistema de normas jurídico-constitucionais.

---

[1] Decano da Escola de Direito da UNISINOS. Professor no PPG em Direito da UNISINOS. Professor no PPG em Direito da UNESA.

Esse processo de busca das raízes ético-filosóficas do ordenamento constitucional pode ser iniciado considerando-se alguns pressupostos, que os autores acima referidos explicitam em suas obras. Trata-se de considerar a ordem constitucional como sendo resultante de alguns pressupostos normativos cuja justificativa legitimadora encontra-se fora do próprio ordenamento. A hipótese aventada é a de que o estado democrático de direito pressupõe a aceitação pela cidadania de algumas disposições coletivas que obrigam os cidadãos nas suas relações sociais.

O primeiro obstáculo, que se encontra no patamar cognitivo, reside na pergunta se é pertinente no quadro do estado democrático de direito e numa sociedade pluralista o direito integralmente positivo. Como pode ser estabelecida uma convivência social, que tenha, simplesmente, como pressuposto, procedimentos e princípios e, portanto, um acordo simplesmente formal, pergunta Habermas? (2008: 153).[2] Trata-se de encontrar no quadro do estado democrático de direito, quais as disposições coletivas e medidas podem ser exigidas dos seus concidadãos? A resposta a essas questões encontra-se na assunção de que ela se encontra, como escreve Habermas, no "subsolo profano da filosofia dos séculos XVII e XVIII, onde o poder do Estado encontra a sua legitimação, como poder neutro em relação a diferentes visões do mundo". (Habermas, 2003: 154)

Essa tradição, entendida como a do liberalismo político, que Habermas defende na forma específica do republicanismo kantiano, sustenta-se numa justificativa não religiosa e pós-metafísica dos fundamentos normativos do estado democrático de direito. (Habermas (2008: 153); Rawls (1993: 11).[3] Essa teoria situa-se na tradição de um direito racional, que nega as doutrinas clássicas e religiosas do direito natural, ao privilegiar a racionalidade prática no lugar da racionalidade teórica e que se constituiu no argumento comum dos filósofos e juristas pós-kantianos do século XX.

Esse argumento central pretende responder ao relativismo historicista e baseia-se no critério da razão como fonte de um conceito da validade do direito, que não seja decisionista, como sustenta o positivismo jurídico, mas recorra ao conteúdo normativo da constituição. Habermas propõe que a tarefa principal dessa teoria consiste em explicar: a) porque o processo democrático instaura um direito legítimo; b) porque a democracia e os direitos humanos se entrecruzam no processo constituinte. Para explicar a fundamentação racional desse processo, Habermas (2008: 153-154) sugere considerar que o processo democrático, na medida em que preenche as condições de formação de opinião por meio da inclusão social e

---

[2] É relevante assinalar que a palavra "liberal", empregada por Habermas, deve ser entendida no sentido anglo-saxônico e não no sentido do liberalismo da sociedade liberal-burguesa.

[3] Moral, na concepção de Rawls, refere-se ao seu conteúdo que é dado por certo ideais, valores e princípios, que se articulam e são explicitados em projetos políticos.

do debate, permite que se aceite a racionalidade dos seus resultados; por outra parte, assegura a institucionalização jurídica de um processo político que irá garantir as liberdades civis e os direitos fundamentais.

Para a realização desses objetivos maiores do estado democrático de direito, Habermas considera que a estratégia acima definida converge para alguns pontos, o principal dos quais é o de que a constituição é fruto da vontade dos cidadãos e produz-se através de um processo democrático. O processo constituinte faz com que o Estado constituído se torne jurídico no seu cerne, "o direito lhe penetra de parte a parte" (Habermas, 2008: 155). E, neste passo, Habermas diferencia este tipo de Estado daquele que é fruto do positivismo, em que a vontade do Estado é dotado de uma substância não jurídica, porque emanada de uma ética social, seja o *ethos* comunitário, seja a vontade do Príncipe. Isto porque, uma ordem constitucional que emana inteiramente das virtudes do direito positivo terá que se socorrer da ética social pré-política das comunidades religiosas ou nacionais. (Habermas, ib.)

Assim, o processo democrático consiste em "um método para criar a legitimidade a partir da legalidade" (Habermas, 2008: 156) na qual se encontra uma concepção procedimental, inspirada em Kant, escreve Habermas, que insiste sobre o fato de que os princípios constitucionais são fundamentados na vontade autônoma e na aceitação racional dos cidadãos sobre o estabelecido no texto constitucional. Vemos, assim, como se conjugam no processo constituinte as duas dimensões do processo de legitimação de uma ordem constitucional, que será consagrado por ser fruto de vontades autônomas e iguais no momento constituinte e na prática político-institucional.

A importância de se produzir esse tipo de reflexão na cultura jurídica brasileira justifica-se por pelo menos dois motivos: primeiro, porque a Constituição de 1988 representou, antes de tudo, uma ruptura com a tradição constitucional brasileira; segundo, porque as grandes transformações não se concretizam simplesmente com o surgimento de novos textos, mesmo que consagrem *revolucionárias* constituições. Para que aconteça um efetivo rompimento, é necessário, além de uma mudança que se opera no âmbito da institucionalidade (como o surgimento de um processo constituinte, por exemplo), a construção de um imaginário social que incorpore esses avanços, o que depende da existência de uma postura reflexiva capaz de atribuir sentido às modificações ocorridas e, desse modo, materializar o projeto constitucional.

Diante de um processo de mudança, há duas posturas que podem ser adotadas: de rejeição, na qual se procura um retorno aos modelos tradicionais; de aceitação, que exige a busca por compreender os sentidos que podem ser a ele atribuídos. Pode-se afirmar, portanto, que descobrir os sentidos do *novo* implica colocar em questão o conceito de Direito, pois essa é a discussão de fundo a partir da qual serão realizadas projeções para os diversos âmbitos das relações jurídicas. Por sua vez, a pergunta pelo conceito de Direito explicita-se na busca dos seus fundamentos, o que implica discutir a sua racionalidade e legitimidade.

Ao afirmar a necessidade de se realizar um exercício reflexivo que procure estabelecer uma fundamentação para o Direito, fazemos referência a três questões: *primeira*, a compreensão de que o conceito de Direito necessariamente passa pelo reconhecimento da existência de um pressuposto teórico que lhe sustenta (em outras palavras, de uma teoria que orienta a forma de entender o fenômeno jurídico e de atribuir-lhe conteúdo); *segunda*, a constatação de que essa racionalidade, segundo a qual o Direito *opera*, influencia diretamente a concretização dos direitos; e *terceira*, o direito brasileiro passa por uma crise que impede a sua efetivação considerando-se fundamentos e princípios alicerces do texto constitucional e da legislação.

Por muito tempo, o positivismo jurídico (em especial, o de matriz kelseniana) foi onde a teoria do Direito abeberou-se de argumentos que possibilitassem estabelecer elementos racionais legitimadores do Estado Democrático de Direito e de toda a sua arquitetura (formal e material) e, assim, responder à primeira questão. Ocorre que o positivismo kelseniano se propôs a elaborar conceitos de um modo tão rigoroso, que terminou por produzir uma teoria meramente descritiva do sistema de normas positivas. Com isso, ficou reforçada a noção de dogmática jurídica, compreendida como a atividade que tem a pretensão de estudar o direito positivo vigente sem considerar os juízos de valor subjacentes à ordem jurídica, o que resultou na produção de uma teoria sistemática acrítica.

O projeto jurídico para libertar-se dos argumentos de autoridade, próprios de um positivismo reducionista, não pode deixar-se enredar pela heteronomia presente nas figuras de retórica que conceituam o sistema jurídico como o absolutismo legalista, o império da jurisprudência e o dogmatismo da doutrina jurídica. Essas justificativas teóricas caracterizam-se por situar a norma jurídica como dotada de uma completa heteronomia, onde o indivíduo tem somente a escolha de obedecer e submeter-se à vontade autoritária. Nesse sentido, a teoria do direito, em nome do cientificismo, afasta do seu escopo qualquer outra consideração a não ser aquelas explicitadas pelo direito posto.

Essa ideia de *uma ciência (jurídica) que não pensa* (Renault/Sosoe, 1991: 27-28) possibilita a resposta à segunda questão, que irá repercutir diretamente no afastamento do Direito de uma postura crítico-reflexiva, condição mesma de uma sociedade democrática. É nesse contexto que se torna cada vez mais importante recuperar o diálogo entre o Direito e a Filosofia,[4] pois somente através do questionamento, próprio da reflexão filosófica, será possível enfrentar a problemática do fundamento do Direito, proporcionando, assim, mudanças no modo como compreender os seus institutos e instituições. A primeira dessas transformações, possibilitadas pela aproximação entre Direito e Filosofia, é a atribuição de materialidade às construções jurídicas, tornando factível a concretização do projeto constitucional (e de sociedade) que se encontra previsto em nossa Constituição e que apenas se tornará efetivo pela postura que abandone o sistema autorreferente de fundamentação (a lei com fundamento em si mesma), o que nos leva a responder à terceira questão.

Desse modo, na medida em que há a pretensão de superar a perspectiva positivista (que culmina em seu progressivo esvaziamento), surge a necessidade de uma nova leitura da ordem constitucional, que considere outro modelo de fundamentação. Para tanto, propomos uma *parada reflexiva*[5] sobre o Estado *Democrático* de Direito. Essa análise obedecerá a um duplo movimento: em primeiro lugar, resgatará a importância de se constituir e reforçar a interlocução entre o Direito e a ética-filosófica na busca de uma adequada resposta à pergunta sobre o que é o Direito (e não o que está de acordo com o Direito), com isso permitindo que se recuperem as raízes do direito na sociedade democrática; em segundo lugar, irá considerar a ideia da igualdade como a fonte legitimadora do estado democrático de direito, em que a liberdade, e seu fundamento a autonomia, se realiza no espaço da igualdade e da solidariedade.

Torna-se, assim, relevante estabelecer os pilares da fundamentação ético-filosófica do Estado Democrático de Direito, em torno das ideias de igualdade, liberdade e solidariedade, como os valores que se encontram no cerne da sociedade democrática e como dimensões características da pessoa humana como agente moral, dotado de razão e autonomia. Em outras palavras, essas ideias-valores fundamentais, núcleo pétreo da ordem democrática de direito, pressupõem para que possam repercutir na ordem constitucional uma nova leitura, própria do estado democrático de direito e que se diferencia daquela utilizada para a aplicação das normas constitucionais no estado liberal.

Para analisar esses fundamentos ético-filosóficos do estado democrático de direito, propomos que se façam duas distinções conceituais. É necessário, em primeiro lugar, estabelecer a diferenciação entre "moral" e "moralidades" e, em segundo, entre "fundamentos" e "princípios". Tanto no primeiro, como no segundo caso, ocorre uma simplificação e um reducionismo epistemológico, muito comum na produção acadêmica, o que torna frágil a análise sobre a natureza da sociedade democrática e

---

[4] A propósito da questão das relações do Direito com a Filosofia, veja: Arnaud (1991).
[5] Melkevik (1998: 27).

do estado democrático de direito. Essa clareza conceitual é que permitirá assegurar a compreensão da natureza moral do estado democrático de direito e, em consequência, a necessária leitura e aplicação de suas normas jurídicas de forma diferenciada.

Qual a natureza do que chamamos "moral" e "moralidade" ou "morais costumeiras", "comunitárias", "contingentes", "históricas"? Quando falamos em moral, estamos nos referindo precisamente a quê: valores vigentes em determinada sociedade e cultura ou valores que se identificam com a própria natureza da pessoa, considerada como agente moral, vale dizer, um ser autônomo, igual e solidário? A primeira afirmação expressa um entendimento sociológico da moral, em que a moralidade significa valores peculiares, e, portanto, diferenciados das diversas sociedades humanas. Essa afirmação mostra a precária e ilusória identificação da moral como reduzida aos hábitos e costumes de uma determinada cultura ou comunidade. A nossa hipótese é a de que as diferentes moralidades, necessariamente contingentes, culturais e históricas, deitam as suas raízes no entendimento comum e universal da natureza da moral humana como dotada de uma dimensão universal. Mas qual será essa moral universal e como irá diferenciar-se das contingentes e históricas moralidades?

A resposta encontra-se no projeto, que, ao parodiar Kant, pretende investigar não o que está de acordo com as moralidades vigentes e históricas, mas sim o que é a moral. Não se trata, portanto, de simplificar a questão e considerar códigos e normas de conduta, próprios da diversidade das moralidades, que expressam a variedade de valores das diferentes comunidades humanas, como sendo a moral. Procura-se antes responder em que consiste a moral e como essa conceituação permitirá a formulação de um fundamento, comum às diversas moralidades, e que serão expressos em princípios.

Por sua vez, a análise do fundamento da moral possibilitará um novo entendimento do direito no quadro de uma sociedade democrática. Para tanto, propomos identificar o que se entende por moral e como esse entendimento é comum às diversas culturas humanas. Quais as ações humanas foram originariamente consideradas como morais? A resposta, que contraria todos os tipos de relativismo da pós-modernidade, tem sido progressivamente descoberta e se caracteriza por apresentar os mesmos valores como uma manifestação humana comum, em diferentes tipos de sociedade. Essas descobertas situam-se em dois patamares epistemológicos: no patamar da filosofia da história e no patamar da antropologia filosófica.

A filosofia da história na busca do sentido, da unidade, da estrutura da história universal, tem proposto uma leitura abrangente dos caminhos de toda a humanidade. Nesse contexto, Karl Jaspers (1987: 89) propõe que a história do homem se caracteriza por quatro períodos: o primeiro, quando surge a linguagem, a invenção dos utensílios, a descoberta e a utilização do fogo, a época prometeica, em que o homem se faz homem; o segundo, a época do florescimento, entre cinco mil e três mil anos a.c., das culturas superiores do Egito, da Mesopotâmia, da Índia e da China; o terceiro período, quando se estabeleceram os "fundamentos espirituais da humanidade", denominado por Jaspers de Era Axial, de que nos alimentamos até hoje; o quarto período é a era tecnocientífica da modernidade.

Foi no terceiro período, na Era Axial, que a indagação sobre a natureza da moral e como ela se manifesta em todas as comunidades humanas pôde ser encontrada, expressando um mesmo tipo de valoração da ação humana. Esse período, que se estende do ano 800 a.C. ao ano 200 a.C., foi denominado por Karl Jaspers como a Era Axial, e se constituiu como a linha divisória mais profunda da história da humanidade, tendo se manifestado como uma mesma linha de pensamento em três regiões do mundo: a China, a Índia e o Ocidente.

Os estudos sobre o período arcaico dessas três culturas mostram como em todas elas encontramos aquilo que denominamos inquietações morais. Assim, Mêncio, na China do século IV a.C., tratava dos mesmos temas com que os gregos na mesma época se ocupavam e que serviriam como alicerces da civilização Ocidental. Mêncio se perguntava como classificar uma ação como moral e respondia que esta seria caracterizada pela reação de todos os homens diante do insuportável. O filósofo chinês dava o exemplo clássico e exemplificava dizendo que qualquer um que vê uma criança, quase caindo num poço, é tomado por uma emoção violenta e se precipita para salvá-la. O sentimento diante do insuportável, diante da infelicidade e da injustiça, do sofrimento do outro não procede de nenhum cálculo, não é objeto de nenhuma reflexão, é uma reação espontânea. Como escreve François Julien, a conduta moral acontece quando o individual é ultrapassado, "não sou mais senhor de minha iniciativa e de seus fins egoístas; é a própria existência, por meu intermédio, que se insurge em favor do outro". (Julien, 2001: 12)

Partindo-se dessa constatação, podemos compreender o que entendemos por *fundar*, e, como exemplo, distinguir entre o "princípio" da moralidade e o que lhe serve de "fundamento", modelo analítico a ser aplicado, também, no âmbito do direito. O princípio da moralidade é a proposição primeira de uma moral, nos diz Schopenhauer, ou seja, a expressão que melhor resume a conduta que é prescrita, sua formulação mais geral da virtude; seu fundamento é o porquê da virtude, do comportamento, que ela recomenda, a razão de sua obrigação. A respeito do princípio, Schopenhauer reconhece que todos os moralistas estão de acordo, por exemplo, "não prejudique ninguém, ajude cada um segundo as suas possibilidades". Mas este princípio, ele logo acrescenta, é apenas consequência de uma razão que se procura ainda, e somente ela "constituiria o verdadeiro fundamento da ética". (Schopenhauer, 1991: 33)

Esses princípios da moralidade somente ganham corpo quando considerados em função dos fundamentos da moral. Fundar a moral e, da mesma forma, fundar o direito, significa estabelecer a sua racionalidade e legitimidade possível. Isso porque ambos os sistemas normativos, o moral e o legal, têm uma mesma fonte, a vontade de agentes morais, autônomos, livres, iguais entre si e solidários. Nesse sentido, os regimes políticos e os sistemas legais serão formulados e estabelecidos em função de fundamentos, que fornecem os argumentos que irão tornar possíveis a sua legitimidade.

Entendemos, então, como se encontra imbricada nas fontes da sociedade democrática a tensão das relações da moral com o direito. O estado democrático de direito torna-se assim a institucionalização da vontade de agentes morais, que estabelecem um sistema normativo fruto da liberdade e da consideração do outro como cerne do sistema constitucional. Esse sistema normativo é que se constituirá na garantia de direitos humanos fundamentais.

Talvez uma das perguntas jurídicas mais difíceis de ser respondida seja aquela que perquire sobre o conceito de Direito. Entretanto, por mais complexo e trabalhoso que possa ser o enfrentamento de tal indagação, da qual não resulta uma resposta pronta e acabada, numerosa é a quantidade de autores que, ao longo dos séculos, vêm se debruçando sobre o tema, conformando diferentes tradições do pensamento jurídico. O aparente paradoxo existente nessas afirmações se dissolve diante da importância da questão – eis que a busca pelo conceito de Direito implica discutir a sua legitimidade.

Mas o que isso significa? Significa que, quando se pretende compreender o que seja algo, também se está perguntando por seus fundamentos, a sua razão de ser, a razão pela qual não pode ser de outra maneira. Então, a pergunta pelo conceito de Direito também é a investigação sobre aquilo que o sustenta, sobre a sua fundamentação. O princípio é a proposição primeira do direito, a expressão que melhor justifica e resume a conduta que é prescrita, a formulação da virtude com que se procura lubrificar o mecanismo social. O seu fundamento é o porquê da ação que ele recomenda, o princípio irá expressar a razão de sua obrigação. Nesse sentido, a tradição jurídica é historicamente marcada por dois principais paradigmas, que formulam opiniões opostas: na Idade Média, o jusnaturalismo e, na modernidade, o positivismo jurídico.

Esses dois modelos de Direito repercutiram sobremaneira na criação e na aplicação do direito moderno. Isto é, por muito tempo, essas foram as perspectivas através das quais os juristas enxergavam o mundo do Direito. Foi por meio do que foi desenvolvido teoricamente por autores como Santo Agostinho, Santo Tomás de Aquino, Herbert Hart e, especialmente, Hans Kelsen, por ser este talvez um dos autores que mais influenciou o imaginário jurídico moderno, que o conceito de Direito adquiriu conteúdo, sendo irradiado para a particularidade, para a concretude do caso jurídico.

Como então considerar as peculiaridades de um Direito próprio do estado democrático de direito? Trata-se, em primeiro lugar, de considerar o direito como produto não de uma vontade voluntarista, mas da manifestação da autonomia de agentes livres e iguais. É necessário, neste contexto, enfatizar que essa concepção se diferencia da concepção do "direito liberal", que se constituiu, desde a formação dos estados nacionais latino-americanos no século XIX, na fonte ideológica do ensino jurídico na América Latina. A concepção do "direito liberal" fundamenta-se numa filosofia da sociedade e do direito, que sustenta a existência pré-política de um feixe de princípios e regras *a priori* e na crença de que o direito tem como pressupostos certos "direitos naturais", entendidos como a expressão de direitos individuais inerentes ao cidadão e que asseguram, ao mesmo tempo, liberdades negativas e controlam a atividade do Estado.

O direito da sociedade liberal-burguesa teve, assim, um caráter preponderantemente privado, estabelecido em função de um tripé sociojurídico, que se organizou em função de um fato econômico – a propriedade; de um agente social – a família; e de um instrumento jurídico regulador das relações entre os proprietários – o contrato. A democracia na sociedade liberal constituiu-se, assim, no instrumento para garantia dos direitos individuais entre proprietários, formalizados no sistema do direito positivo. Foi o estado liberal um estado de proprietários, estabelecido em função de direitos individuais dos proprietários, consagrados nos textos constitucionais da sociedade liberal-burguesa, legitimados pelo voto censitário do cidadão-proprietário.

O objetivo e a concepção democrática do direito, por sua vez, têm como pressuposto a consideração de que a democracia possui um valor moral em si mesmo. De fato, se é verdade, como Kant afirmava, que o Iluminismo representou a libertação do homem do reino da heteronomia (dos argumentos de autoridade) e possibilitou a sua passagem para o reino da autonomia (dos argumentos da consciência individual formulados pela razão do indivíduo), então a autonomia entre indivíduos iguais constituiu-se no núcleo da concepção democrática do direito. A democratização do projeto jurídico caracterizou-se por projetar a autonomia no espaço público, retirando-a do âmbito restrito das individualidades e considerando todos os sujeitos de direito, como autores e destinatários de direitos, normas e instituições. Esse é o caráter diferenciador de uma ordem jurídica democrática face à ordem jurídica liberal.

Os fundamentos do direito do estado democrático encontram-se na Grécia Clássica. Coincidentemente, na mesma época, surgem na cultura humana a reflexão sobre a moral e o direito. Enquanto o sistema de normas jurídicas, na Grécia Arcaica, surge no vácuo do poder do monarca ou basileus, quando as cidades gregas iniciam a modificação de suas estruturas sociais e políticas, ao mesmo tempo iniciou-se, a partir de Sócrates, a indagação sobre a natureza e o papel das virtudes na sociedade humana.

Ocorre a substituição na cultura helênica do paradigma mitológico do conhecimento pelo conhecimento filosófico (Vernant, 1989: 34-72). O homem abandonou progressivamente a explicação dos fenômenos naturais e a legitimação do poder político, como reflexo do mundo dos deuses mitológicos, substituindo esse paradigma pelo *logos*, o discurso racional como forma de formulação do entendimento do cosmos e justificação do Estado e do Direito. Esse processo provocou no âmbito das relações jurídicas a substituição do direito esotérico, revelado pelos deuses aos dirigentes da *polis*, pelo direito estabelecido na praça do mercado.

Coincide o momento da substituição do direito esotérico da chamada cultura palaciana da Grécia Arcaica, centrada em torno do palácio do monarca-sacerdote e, que em alguns casos, era considerado como o representante das divindades no mundo dos homens, pela publicização do direito, que tornou pública a legislação e a aplicação das normas jurídicas. A *ágora* – a praça do mercado, onde se reuniam os cidadãos comerciantes para deliberar, negociar e julgar – constituiu o espaço onde o *logos* ou o discurso racional seria o instrumento de construção da democracia e de uma forma de direito que lhe é peculiar. O direito surge, portanto, como sistema normativo fruto da argumentação no espaço público da *ágora*, entre cidadãos livres e iguais. (Lima Vaz, 1988: cap. IV)

A reflexão filosófica irá então refletir a problemática suscitada pela construção de um novo tipo de sociedade e serviu, desde então, como a fonte de onde brotariam diferentes visões e críticas da ordem social e política. Nesse sentido, é que podemos considerar o direito do estado democrático de direito como tendo sido originado no seio dessa sociedade democrática helênica, constituída por cidadãos que estabeleciam no espaço argumentativo as normas que iriam regular as relações sociais e políticas da cidade.

A leitura moral da Constituição remete a essas origens remotas das sociedades democráticas contemporâneas porque afirma a fonte primeira da ordem jurídica, a vontade autônoma de cidadãos livres. Nesse sentido, é que podemos apreender plenamente em que medida a leitura moral da Constituição somente pode ocorrer no âmbito de uma sociedade democrática e quais as consequências políticas e jurídicas dela advindas.

A proposta de uma ilustre linhagem intelectual na cultura jurídica contemporânea baseia-se nesses fundamentos morais. Assim, Ronald Dworkin, na verdade complementando o que Habermas já antevira, argumenta que as constituições dos estados democráticos de direito da contemporaneidade pressupõem para a sua plena concretização uma "leitura moral". Essa leitura, entretanto, não consiste na transposição pelo intérprete, seja ele legislador, juiz ou cidadão, de suas convicções morais para o sistema jurídico. Trata-se de estabelecer os argumentos racionais que explicitem o que é uma "leitura moral" e qual a sua relação com o sistema de normas jurídicas.

Quando falamos em moral, como vimos acima, não estamos fazendo referência às normas aceitas em determinada comunidade social, mas sim a um conjunto de valores próprios da pessoa humana, formulados racionalmente. A leitura moral da Constituição irá implicar a consideração desses valores e ideais como pressupostos ético-filosóficos do texto constitucional e que servem para explicitar o que pretende a norma maior. Como escreve Dworkin, a leitura moral propõe que todos – juízes, advogados e cidadãos – interpretem e apliquem essas cláusulas abstratas no entendimento de que elas representem "princípios morais sobre a decência política e a justiça". (Dworkin, 1996: 2)

Essa leitura pressupõe a existência de uma comunidade moral entre as pessoas, baseada na igualdade, o que significa a necessidade da reciprocidade. Como escreve Dworkin, na tradição kantiana: uma pessoa somente é membro (de uma comunidade moral) quando é tratada como membro pelos outros, o que significa considerar toda decisão coletiva como significante para a vida individual. (Dworkin, 1996: 25) A leitura moral da Constituição possibilita, assim, que se leia a lei acima da própria lei, pois referida ao texto constitucional. O viés doutrinário chamado de constitucionalização do direito civil aponta para essa direção, onde a Constituição exerce o papel de guardiã dos fundamentos morais – não da moralidade, como pretendem alguns autores de forma reducionista – da sociedade.

Talvez o formato de uma nova leitura da ordem constitucional brasileira deva considerar em que medida a contribuição de Dworkin e Habermas possa servir para um melhor e mais rico entendimento da natureza do estado democrático de direito. Essa contribuição tem o seu eixo epistemológico na ideia de responsabilidade moral, que se desdobra no plano jurídico como responsabilidade civil, penal e política (própria do governante). (Dworkin, 2011: 102) Nesse sentido, a leitura do texto constitucional remete, como condição preliminar de sua concretização, para o patamar da reflexão ético-filosófica, dando, assim, consistência ao sistema de normas jurídicas fruto do momento constituinte.

Bibliografia

APEL, Karl-Otto (1996). *Discussion et Responsabilité. L´éthique après Kant.* Trad. Christian Bouchindhomme, Marianne Charrière e Rainer Rochlitz. Paris: Cerf.

ARNAUD, André-Jean (1991). *O direito traído pela filosofia.* Porto Alegre: Sergio Antônio Fabris.

DWORKIN, Ronald (1996). *Freedom`s Law. The moral reading of the American Constitution.* Cambridge, Mass.: Harvard University Press.

—— (2011). *Justice for Hedgehogs.*Cambridge, Mass.: Harvard University Press

HABERMAS, Jürgen (2008). *Entre naturalisme et religion. Les défis de la democratie.*Trad. Christian Bouchindhomme e Alexandre Dupeyrix. Paris: Gallimard.

HÖFFE, Otfried (2001). *Justiça Política.*Trad. Ernildo Stein. São Paulo: Marins Fontes.

JASPER, Karl (1987). *Iniciação Filosófica.* Trad. Manuela Pinto dos Santos. Lisboa: Guimarães Editores.

JULIEN, François (2001). *Fundar a moral.* Trad. Maria das Graças de Souza. São Paulo: Discurso Editorial.

LIMA VAZ, Henrique C. (1988). *Escritos de Filosofia II. Ética e Cultura.* São Paulo: Edições Loyola.

MELKEVIK, Bjarne (1998). *Horizons de la Philosophie du Droit.* Paris: L'Harmattan.

RAWLS, John (1993). *Political Liberalism.* New York: Columbia University Press.

REANAUT, Alain; SOSOE, Lucas (1991). *Philosophie du Droit.* Paris: PUF.

SCHOPENHAUER, Arthur (1991). *Le fondement de la morale.* Trad. Auguste Burdeau. Paris: Le Livre de Poche

VERNANT, Jean Pierre (1989). *As Origens do Pensamento Grego.*Trad. Ísis Borges B. da Fonseca. Rio de Janeiro: Bertrand Brasil.

— XVI —

As nanotecnologias como um exemplo de inovação e os reflexos jurídicos no cenário da pesquisa e inovação responsáveis (*responsible research and innovation*) e das implicações éticas, legais e sociais (*ethical, legal and social implications*)[1]

WILSON ENGELMANN[2]

Sumário: 1. As maravilhas das nanotecnologias: das variadas aplicações aos riscos; 2. O jurídico e o nanotecnológico: aproximações e possibilidades para o desenho regulatório; Referências.

1. As maravilhas das nanotecnologias: das variadas aplicações aos riscos

Sem desconsiderar a tradição da empreitada humana na construção do conhecimento, desenvolvimento industrial e a sua complicada relação com o meio ambiente e o Planeta Terra como um todo, foi o século XX que trouxe uma mudança notável no modo de vida do ser humano; inse-

---

[1] Este capítulo do livro é o resultado parcial dos seguintes projetos de pesquisa desenvolvidos pelo autor: a) "Desenhando modelos regulatórios para nanomateriais no Brasil a partir da adaptação de estruturas normativas internacionais: especificando o cenário para o diálogo entre as fontes do Direito e a juridicização dos *fatos nanotecnológicos*": Bolsa de Produtividade em Pesquisa do CNPq; b) "Observatório dos Impactos Jurídicos das Nanotecnologias: em busca de elementos essenciais para o desenvolvimento do diálogo entre as Fontes do Direito a partir de indicadores de regulação às pesquisas e produção industrial com base na nano escala": Edital Universal 14/2014 – CNPq; c) "As Nanotecnologias como um exemplo de inovação: em busca de elementos estruturantes para avaliar os benefícios e os riscos produzidos a partir da nano escala no cenário da pesquisa e inovação responsáveis (RRI) e dos impactos éticos, legais e sociais (ELSI)": Apoio a Projetos de Pesquisa/Chamada CNPq/MCTI N° 25/2015 Ciências Humanas, Sociais e Sociais Aplicadas.

[2] Doutor e Mestre em Direito Público pelo Programa de Pós-Graduação em Direito (Mestrado e Doutorado) da Universidade do Vale do Rio dos Sinos – UNISINOS/RS/Brasil; Professor deste mesmo Programa das atividades: "Transformações Jurídicas das Relações Privadas" (Mestrado) e "Os Desafios das Transformações Contemporâneas do Direito Privado" (Doutorado); Coordenador Executivo do Mestrado Profissional em Direito da Empresa e dos Negócios da Unisinos; Líder do Grupo de Pesquisa *JUSNANO* (CNPq); Bolsista de Produtividade em Pesquisa do CNPq. E-mail: wengelmann@unisinos.br.

rindo-o na era tecnológica; desde a propagação da invenção da lâmpada, até armas nucleares, computadores e mecânica quântica. Entretanto, é no século XXI que surge a maior revolução: a revolução do invisível,[3] o acesso à escala nanométrica, equivalente à bilionésima parte do metro.

Enquanto, para muitos cientistas, criar coisas a partir das menores frações de um elemento ou compactar informações na "cabeça de um alfinete" eram frutos da ficção científica, para Richard Phillips Feynman se desenhava o início da engenharia molecular. Foi em 1959 que Feynman trouxe à baila, na palestra "Existe muito mais espaço lá embaixo", para a Sociedade Americana de Física, que "os princípios da física não falam contra a possibilidade de manipular as coisas átomo por átomo. Não seria uma violação da lei; é algo que, teoricamente, pode ser feito, mas que, na prática, nunca foi levado a cabo porque somos grandes demais".[4]

Segundo Eric Drexler: "[essa] nova tecnologia irá lidar com átomos e moléculas individualmente com controle e precisão; chamada tecnologia molecular. Isso irá mudar nosso mundo de muitas formas que nós nem podemos imaginar".[5] Aproveitando-se das possibilidades abertas pela nanoescala, verificam-se alguns exemplos como a sua utilização na nanomedicina, com o desenvolvimento de um nanorobô que "passeia" pelo organismo humano para diagnosticar infecções.[6] A utilização do nanorobô para a realização de cirurgias.[7] A sua aplicação no setor alimentício,[8] de biocombustível,[9] cosméticos.[10] Tais avanços científico-tecnológicos[11] viabilizam a estruturação da chamada "nanoeconomia", que, de acordo

---

[3] MAYNARD, Andrew D. Navigating the fourth industrial revolution. IN: *Nature Nanotechnology*, v. 10, december 2015. Disponível em: <www.nature.com/naturenanotechnology> Acesso em 24 mar. 2016.

[4] FEYNMAN, Richard Phillips. *O Senhor está brincando, Sr Feymann!*: as estranhas aventuras de um físico excêntrico. Tradução de Alexandre Carlos Tort. Rio de Janeiro: Elsevier, 2006, p. 1.

[5] DREXLER, Eric. *Engines of Creation* – the coming era of nanotechnology. Nova Iorque: Anchor Books Editions, 1986, p. 14.

[6] KELLEY, Shana O. Disease Detector. IN: *Scientific American*, v. 313, n. 5, november 2015, p. 49-51.

[7] ABBONDANZA, Sébastien. Les Enjeux de la robotique. IN: *Destination Science Les Thématiques*, Naintré, França, n. 1, novembro 2015, p. 6-13.

[8] ENGELMANN, Wilson et al. Nanotecnologias Aplicadas aos Alimentos e Biocombustíveis: construindo Modelos Jurídicos Fundados no Princípio de Precaução. IN: SILVA, Tânia Elias Magno da; WAISSMANN, William (Org.). *Nanotecnologias, Alimentação e Biocombustíveis*: um olhar transdisciplinar. Aracaju: Editora Criação, 2014, v. 1, p. 49-98.

[9] ENGELMANN, Wilson et al. Nanotechnologies and the management of risks generated during the biofuel production. IN: RAI, Mahendra and SILVA, Silvio Silvério da (Edits.). *Nanotechnology Solutions for Bioenery and Biofuel production*. New York: Springer, 2015 (*in press*).

[10] ENGELMANN, Wilson. *Nanocosméticos e o Direito à Informação*: construindo os elementos e as condições para aproximar o desenvolvimento tecnocientífico na escala nano da necessidade de informar o público consumidor. Erechim: Deviant, 2015.

[11] Além dos citados, pode-se destacar: SUPPAN, Steve. No Small Task: Generating Robust Nano Data. Posted July 16, 2015. Disponível em: <http://www.iatp.org/blog/201507/no-small-task-generating-robust-nano-data> Acesso em 10 mar. 2016. A utilização de um nano sensor para detectar o DNA de alguma bactéria que esteja no corpo humano.

com um estudo recentemente publicado pelo IPEA, se encontra no horizonte das megatendências para 2030 da dimensão ciência e tecnologia (C&T): "[...] impulsionado pela economia da inovação, o avanço científico e tecnológico esperado para as próximas décadas colocará a humanidade em uma nova era, [...]". Destacam-se as seguintes áreas, dentre outras: "[...] a automação, a robótica, a *nanotecnologia* e a biotecnologia, impactando todas as áreas do conhecimento e da atividade humana. [...]".[12] Tais desenvolvimentos servirão para amenizar as "falhas" que os humanos apresentam, abrindo novas possibilidades para o Direito, num cenário de ausência de regulação estatal específica, ou de dificuldades para a sua concretização, dada a rapidez com que as variadas inovações surgem, se desenvolvem e chegam ao mercado consumidor:

> Hoje em dia, os seres humanos são muito ruins, muito precários na fabricação de coisas. Quase tudo que poderíamos desenhar e projetar com precisão atômica não pode ser feito no momento atual. Nossas capacidades são muito limitadas. Pegamos peças de metal e as dobramos ou cortamos. Mas quanto aos átomos, não conseguimos controlar a forma como estão dispostos. As peças fundamentais da matéria, que tudo compõem, somente agora estamos aprendendo a manusear, a colocá-las no lugar.[13]

Contudo, toda nova tecnologia, além das possibilidades de avanço e crescimento, traz consigo um cenário ainda prematuro e incerto.[14] Para que o futuro nanotecnológico seja o mais profícuo, são necessárias certas limitações diante dos prováveis riscos. Eric Drexler, em 1986, ao lançar seu livro *"Engines of Creation"*, já previa a precisão de barreiras para conter um avanço desmedido: "As leis da natureza e as condições do mundo irão limitar o que nós fazemos. Sem limites, o futuro será totalmente desconhecido, algo disforme fazendo uma zombaria de nossos esforços em pensar e planejar. Com limites, o futuro ainda é uma turbulenta incerteza, mas ele é forçado a voar dentro de certos limites".[15]

Apesar de ainda incipientes, as pesquisas vêm mostrando que as nanotecnologias podem provocar riscos, principalmente, à saúde humana e ao meio ambiente. Um exemplo que se pode trazer são os efeitos do grafeno, quando em contato com a água: uma pesquisa desenvolvida na *University of California*, em Riverside, a partir da avaliação do grafeno em águas subterrâneas e águas superficiais. Quando em contato com as pri-

---

[12] MARCIAL, Elaine C. (Org.). *Megatendências mundiais 2030*: o que entidades e personalidades internacionais pensam sobre o futuro do mundo?: Contribuição para um debate de longo prazo para o Brasil. Brasília: IPEA, 2015, p. 13. Grifo nosso.

[13] DREXLER, Eric. Os Nanossistemas. Possibilidades e Limites para o Planeta e para a Sociedade. IN: NEUTZLING, Inácio e ANDRADE, Paulo Fernando Carneiro (Orgs.). *Uma Sociedade Pós-Humana*: Possibilidades e limites das nanotecnologias. São Leopoldo: Unisinos, 2009, p. 46.

[14] Recomenda-se a leitura de uma pesquisa recentemente publicada: ENGELMANN, Wilson. A utilização de nanopartículas de zinco na indústria do plástico: o consumidor estará seguro? IN: *Revista de Direito do Consumidor*, São Paulo, ano 24, v. 102, nov.-dez./2015, p. 355-385.

[15] DREXLER, Eric. *Engines of Creation* – the coming era of nanotechnology. Nova Iorque: Anchor Books Editions, 1986, p. 147.

meiras, o grafeno se aglomerou e afundou, evidenciando não haver risco. No entanto, em relação às segundas, onde estão os lagos e reservatórios de água potável, ao invés da precipitação e indo em direção ao fundo, o material de grafeno ficou preso à matéria orgânica produzida por plantas e animais em decomposição, flutuando à deriva. Com isso, existe a possibilidade de que animais e pessoas venham a ingerir o óxido de grafeno, substância que revelou toxicidade em alguns estudos iniciais em camundongos e células pulmonares humanas.[16] Outro exemplo é a recente publicação da OCDE, mostrando possibilidades toxicológicas na interação de lixo nanoparticulado quando do seu contato com o meio ambiente.[17] Existem tentativas de graduação dos riscos em níveis.[18] O próprio Erik Drexler, em outra publicação, aponta a necessidade de gerenciar um "sucesso catastrófico", numa espécie de risco de mercado, em decorrência da irredutível incerteza. Uma aplicação destacada por Drexler é a aplicação militar da escala nanométrica, onde se projeta um indispensável gerenciamento de estratégias cooperativas para evitar riscos desnecessários.[19]

Existem muitas outras experiências, publicadas em diversos canais de comunicação científica, mostrando possibilidades de utilização e aplicação das nanotecnologias, além de um cenário de riscos à saúde dos trabalhadores, consumidores e problemas em relação ao meio ambiente.[20] É diante destes e de outros riscos, que passa a exercer papel fundamental, na atualidade, a necessidade de se criarem estruturas regulatórias e éticas[21] para avaliar a ação do homem, pois a capacidade humana em pensar, planejar e criar é surpreendente, é infindável. Entretanto, "com organizadores nós seremos capazes de refazer nosso mundo ou destruí-lo. Então, nesse momento, parece prudente dar um passo para trás e olhar para o panorama o mais claramente possível, assim podemos ter a certeza que

---

[16] BOURZAC, Katherine. O Lado sinistro do Grafeno. In: *Scientific American Brasil*, São Paulo, ano 13, nº 147, agosto 2014.

[17] OECD. *Nanomaterials in Waste Streams*: Current knowledge on risks and impacts. Paris: OECD Publishing, 2016.

[18] COMMUNICATION À l'Académie des Technologies. *Risques Liés aux Nanoparticules Manufacturées*. Paris: Le Manuscrit, 2012.

[19] DREXLER, Eric. *Radical Abundance*: how a revolution in nanotechnology will change civilization. New York: PublicAffairs, 2013, p. 240, 261, 269-270.

[20] Em pesquisa realizada na base de dados *Web of Science*, referente ao período de 2010 a 2015, por meio da palavra de pesquisa *nanotechnology*, encontraram-se 19.626 artigos. Quando se processou um refinamento das palavras de busca, inserindo: *nanotechnology* AND *environmental*, localizaram-se somente 1.165 artigos; para as palavras *nanotechnology* AND *risks* encontraram-se 1.145 artigos; ao se usar as palavras de busca *nanotechnology* AND *environmental risks* encontraram-se 346 artigos; já para as palavras de busca *nanotechnology* AND *nanotoxicology* localizaram-se 239 artigos; para as palavras *nanotechnology* AND *regulation* localizaram-se 443 artigos. Estes dados revelam que ainda se tem muita pesquisa a realizar na região de limite entre as possibilidades trazidas pelas nanotecnologias e os seus riscos.

[21] Aqui ingressa o estudo sobre as implicações éticas, jurídicas (mais amplo que legais) e sociais geradas pelas nanotecnologias, expressas na sigla do inglês ELSI, conforme estudo de GUCHET, Xavier. *Philosophie des nanotechnologies*. Paris: Hermann Éditeurs, 2014.

organizadores e nanotecnologia não são mera miragem futurológica".[22] Tais são as evidências para o surgimento de um "novo mundo", isto é, um espaço onde o ser humano poderá arrumar, arranjar e reorganizar praticamente tudo o que quiser. Este também é o escopo onde deve brilhar a luz de alerta, que é a racionalidade humana, suficientemente lúcida para avaliar os limites do poder criador que homens e mulheres estão descobrindo. Abre-se um interessante e necessário espaço para o setor dos seguros, por uma série de justificativas, especialmente em relação ao setor produtivo que opera com a nanoescala ou adiciona nanopartículas durante o processo de produção.[23]

Este capítulo do livro será perspectivado pelo ângulo do método fenomenológico-hermenêutico.[24] Sabendo-se que o método de abordagem visa a aproximar o sujeito (pesquisador) e o objeto a ser pesquisado, vale dizer, não se fará uma análise externa, como se o sujeito e o objeto estivessem cindidos. Pelo contrário, o sujeito (o pesquisador) está diretamente implicado, pois relacionado, com o objeto de estudo – as nanotecnologias –, o qual interage com ele e sofre as consequências dos seus resultados (suas descobertas e potencialidades). Assim, não se trata de uma investigação alheia ao pesquisador, ele está no mundo onde a pesquisa será desenvolvida. A constatação fenomênica das nanotecnologias no mundo da vida receberá a atribuição de sentido, a partir do círculo hermenêutico, especialmente por meio das contribuições de Martin Heidegger e Hans-Georg Gadamer.

Nesse arcabouço metodológico, cabe levar em consideração a existência de alguns testes toxicológicos, realizados com materiais específicos (como nanoprata, nanotubos de carbono e outros), que já apontam para existência de riscos. Os referidos resultados, por enquanto, são apenas amostras de um mundo de possibilidades, proporcionado pelas nanotecnologias, mas eles são indicativos de que o debate sobre o tema é necessá-

---

[22] DREXLER, Eric. *Engines of Creation* – the coming era of nanotechnology. Nova Iorque: Anchor Books Editions, 1986, p. 14.

[23] A indústria Nanotech exige a criação de seguros variados para duas razões principais: primeiro, para gerenciar, com eficiência, os riscos que surgem na execução do negócio (risco de responsabilidade do produto, por exemplo, além da responsabilidade do empresário pelos danos causados por produtos colocados no mercado, nos termos do art. 931, do Código Civil Brasileiro) e, segundo, para cumprir com as obrigações legais (seguro de responsabilidade civil do empregador, por exemplo, para proteger o empregado no trabalho com a escala nanométrica). Para auxiliar o diálogo entre o seguro e os setores de nanotecnologia, torna-se interessante a observância de uma estrutura escalonável baseada em bandas de controle que podem incorporar práticas existentes e mudanças regulatórias emergentes. Tal abordagem viabilizará as atividades das empresas de seguros no processo de seleção de riscos e na tomada de decisão de incluir um risco em particular de responsabilidade nanotecnológica na carteira de riscos de seguros. Argumenta-se que há uma necessidade de reduzir a ambiguidade no tratamento de nanomateriais no prazo de apólices de seguro. (MULLINS, Martin *et al*. The insurability of nanomaterial production risk. IN: *Nature Nanotechnology*, v. 8, april 2013, p. 222. Disponível em: <www.nature.com/naturenanotechnology> Acesso em 25 mar. 2016).

[24] ENGELMANN, Wilson. *Direito Natural, Ética e Hermenêutica*. Porto Alegre: Livraria do Advogado, 2007.

rio e que esta é, sim, uma questão jurídica, a ser estudada e comunicada ao público consumidor e não especialista. Esse "método" é propício para o desenvolvimento intersdisciplinar[25] da pesquisa, notadamente a partir das discussões publicadas recentemente na Revista *Nature*.[26] Busca-se inscrever este texto numa perspectiva interdisciplinar, considerando os seguintes pressupostos: "a melhor ciência interdisciplinar vem da percepção de que há questões urgentes ou problemas que não podem ser adequadamente tratados por pesquisadores vinculados somente a uma área de conhecimento ou atividade de investigação. [...] Uma abordagem interdisciplinar deve conduzir as pessoas a fazer perguntas e resolver problemas que nunca foram lançadas anteriormente".[27] Trabalhar-se-á com incursões funcionalistas, histórico, comparativo e estatístico. Utilizar-se-á a documentação indireta, especialmente a pesquisa bibliográfica, além da documentação direta de textos jurídicos e textos (*papers* e artigos) produzidos por outras áreas do conhecimento. Permeando este conjunto de técnicas de pesquisa, utilizar-se-á a "análise de conteúdo", tal como projetada por Laurence Bardin,[28] buscando a superação da incerteza e o enriquecimento da leitura, iluminados pelo rigor e o fomento da descoberta, desdobrados em três fases, que sustentam estruturalmente o trabalho: a pré-análise; a exploração do material e o tratamento dos resultados, a inferência e a interpretação,[29] bem como alguns aportes da metodologia empírica, especialmente a relação entre a teoria e a implicação observável.[30]

Quanto mais larga for a utilização da nanoescala na indústria, maior será a quantidade de produtos colocados à disposição do consumidor. Qual o motivo da preocupação? Por meio de equipamentos especializados, em condições de interagir com o nível atômico, geram-se produtos

---

[25] Um exemplo da necessidade da abertura das diversas áreas envolvidas com as nanotecnologias se apresenta da seguinte forma: A necessidade de avaliar os riscos humanos e ambientais de materiais em nanoescala levou ao desenvolvimento de novas ferramentas metrológicas para a sua detecção, quantificação e caracterização. Alguns desses métodos têm um grande potencial para uso em vários cenários de nanotoxicologia. No entanto, em alguns casos, o diálogo limitado entre cientistas ambientais e toxicologistas humanos tem dificultado a plena exploração desses recursos. Abrem-se variadas oportunidades de colaboração entre estas duas áreas de pesquisa, desde que, exista uma efetiva pré-compreensão da importância e do ganho em qualidade nos resultados operacionalizados de modo interdisciplinar. (MALYSHEVA, Anzhela; LOMBI, Enzo and VOELCKER, Nicolas H. Bridging the divide between human and environmental nanotoxicology. In: *Nature Nanotechnology*, v. 10, october 2015. Disponível em: <www.nature.com/naturenanotechnology> Acesso em 25 mar. 2016).

[26] INTERDISCIPLINARITY: Why scientists must work together to save the world. IN: *Nature*, vol. 525, de 17 de setembro de 2015.

[27] TOO CLOSE FOR COMFORT? Relationships between industry and researchers can be hard to define, but universities and other institutions must do more to scrutinize the work of their scientists for conflicts of interest. IN: *Nature*, vol. 525, p. 289, de 17 de setembro de 2015.

[28] BARDIN, Laurence. *Análise de Conteúdo*. Tradução de Luís Antero Reto; Augusto Pinheiro. São Paulo: Edições 70, 2011.

[29] Ibidem, p. 34-5; 125 e seguintes.

[30] EPSTEIN, Lee & MARTIN, Andrew D. *An Introduction to Empirical Legal Research*. Oxford: Oxford University Press, 2014, p. 30-7.

com características físico-químicas diferentes daquelas encontradas no seu similar na escala macro. Aliado a esse aspecto, inexiste regulação específica para as nanotecnologias ao longo do ciclo de vida de um nanomaterial. As Ciências Exatas, dentre as quais se sublinham: a Engenharia, a Química, a Física, a Biologia e outras, ainda não conseguiram calibrar a metodologia para a avaliação da segurança dos produtos desenvolvidos à base da nanoescala; desconhece-se o número de nanopartículas já produzidas pela ação humana, as denominadas nanopartículas engenheiradas. Apesar de tudo isso, já existem muitos produtos desenvolvidos a partir da escala nano – que equivale à medida entre, aproximadamente, 1 e 100 nanômetros (nm).

A diversidade de alternativas abertas a partir do acesso humano à escala nanométrica é muito grande e diversificada.[31] Questões relativas à toxicologia, que viabilizam a abertura de uma nova disciplina, a nanotoxicologia,[32] que, por ser uma disciplina ainda nova, não conseguiu estabelecer os parâmetros geradores dos efeitos tóxicos, os quais emergem quando as nanopartículas interagem com o meio ambiente e o organismo humano. Portanto, ainda falta muita pesquisa para se saberem os níveis toleráveis, especialmente para o ser humano, de exposição, como fazer a gestão e avaliação dos riscos. Evidencia-se a importância de desenhar os elementos necessários para os sistemas de testes, a partir de cada aplicação da nano escala. Todo esse conjunto exigirá muita atenção por parte do Direito, que é o responsável pela regulação.

Neste panorama, destacam-se diversas características das nanotecnologias, tais como: as propriedades incomuns de nanopartículas são principalmente baseadas em seu tamanho em nanoescala e sua área de superfície. À medida que o tamanho de uma partícula diminui e se aproxima da nanoescala, muitas propriedades começam a mudar em comparação com o mesmo material no seu tamanho macro. Cita-se, como exemplo, a cor e a temperatura de fusão do ouro, as quais são muito diferentes em nanoescala que em ouro convencional. Os efeitos tóxicos de materiais que se mostram como inertes na escala macro também são muito diferentes na escala nano. Como a área de superfície de partículas aumenta, uma maior proporção dos seus átomos ou moléculas começar a ser exibida na superfície, em vez de o interior do material. Existe uma relação inversa entre o

---

[31] KAPLAN, Sheila. Nanotech innovation high, but 'playing catch-up' on health and safety. July 15th, 2013. Disponível em: http://investigativereportingworkshop.org/investigations/nanotechnology-harmful-or-benign/story/nanotech-health-safety/ Acesso em 10 mar. 2016.

[32] Segundo Günter Oberdörster *et al*, a nanotoxicologia representa uma disciplina que cresce globalmente para identificar os potenciais riscos da exposição humana e do meio ambiente a nanomateriais, caracterizar mecanismos que desencadeiam efeitos adversos e para elaborar estratégias de testes apropriados *in vivo* e *in vitro*. Apesar deste crescimento, também aumentam as divergências entre os conceitos relacionados ao uso de métodos nanotoxicológicos. (Nanotoxicology: an emerging discipline from studies of ultrafine particles. IN: *Environmental Health Perspectives*, v. 113, n. 7, p. 823-829, jul. 2005).

tamanho das partículas e o número de moléculas presente na superfície da partícula. O aumento na área de superfície determina o número potencial de grupos reativos sobre a partícula. A alteração das propriedades físico-químicas e estruturais das nanopartículas com uma diminuição do tamanho poderá ser responsável por uma série de interações materiais que podem levar a efeitos toxicológicos. Aí o cenário para a nanotoxicologia. Esses fenômenos deverão ser comunicados aos consumidores. Como fazê-lo? Como transformar a linguagem técnica em comunicação compreensível? São questões que não estão sendo devidamente tratadas pelas empresas que produzem a partir da nanoescala e vendem os seus produtos no mercado consumidor.

Outro ponto importante a ser investigado: os riscos.[33] Eles existem e estão sendo destacados por pesquisas científicas publicadas em revistas qualificadas de diversas áreas, relacionadas a diversos nanomateriais como os nanotubos de carbono[34] e a nanoprata. Esse último é um dos

---

[33] Adotar-se-á a concepção de risco explicitada em: DOUGLAS, Mary; WILDAVSKY, Aaron. *Risco e Cultura*: um ensaio sobre a seleção de riscos tecnológicos e ambientais. Tradução de Cristiana Serra. Rio de Janeiro: Elsevier, 2012.

[34] O Conselho Nacional de Desenvolvimento Científico e Tecnológico (CNPq), em conjunto com o Ministério da Ciência, Tecnologia e Inovação (MCTI), lançou em 2011, edital para a formação das primeiras redes sobre nanotoxicologia no Brasil. Até este momento, ainda não havia nenhum fomento específico para o desenvolvimento desta área de pesquisa. No âmbito desse edital foi apresentado o projeto de pesquisa intitulado "Nanotoxicologia ocupacional e ambiental: subsídios científicos para estabelecer marcos regulatórios e avaliação de riscos" (MCTI/CNPq processo 552131/2011-3), do qual o autor deste capítulo de livro faz parte e que já produziu alguns resultados, apontando efeitos tóxicos de algumas nanopartículas investigadas: a) a comprovação de evidências de que os nanotubos de carbono são potencialmente perigosos em ambientes aquáticos, e que o mecanismo de toxicidade é complexo e insuficientemente compreendido até o momento (BRITTO, Roberta Socoowski *et al*. Effects of carbon nanomaterials fullerene C_{60} and fullerol $C_{60}(OH)_{18-22}$ on gills of fish *Cyprinus carpio* (*Cyprinidae*) exposed to ultraviolet radiation. *Aquatic Toxicology*, v. 114–115, 2012. p. 86. Disponível em: <www.elsevier.com/locate/aquatox>. Acesso em: 09 mar. 2016); b) Outro estudo mostra possíveis efeitos tóxicos no cérebro (neurotoxicidade) dos peixes *Zebrafish* (*Danio rerio*) expostos aos nanotubos de carbono (OGLIARI DAL FORNO, Gonzalo. Intraperitoneal Exposure to Nano/Microparticles of Fullerene (C_{60}) Increases Acetylcholinesterase Activity and Lipid Peroxidation in Adult *Zebrafish* (*Danio rerio*) Brain. *BioMed Research International*. [s.l.]: Hindawi Publishing Corporation, v. 2013, Maio 2013); c) Compostos da indústria de nanotecnologia, como os nanomateriais à base de carbono, são fortes candidatos a contaminar ambientes aquáticos, pois sua produção e eliminação têm crescido exponencialmente em poucos anos, sem que se tenham estudos conclusivos sobre a sua efetiva interação com o meio ambiente. Recente estudo demonstrou que o fulereno C_{60} diminuiu a viabilidade das células e prejudicou a detoxificação de enzimas, evidenciando interações toxicológicas (FERREIRA, Jonsecler L. Ribas *et al*. Co-exposure of the organic nanomaterial fullerene C60withbenzo[a]pyrene in Danio rerio (zebrafish) hepatocytes: Evidence of toxicological interactions *Aquatic Toxicology*, v. 147, 2014. p. 76-83. Disponível em: <www.elsevier.com/locate/aquatox>. Acesso em: 09 mar. 2016). Procurando confirmar as informações sobre a toxicidade dos nanotubos de carbono, destaca-se a seguinte matéria: "Estudos conduzidos em parceria por pesquisadores da Universidade Estadual de Campinas (Unicamp), Laboratório Nacional de Nanotecnologia (LNNano) e do Instituto de Pesca do Estado de São Paulo, em Cananeia, no litoral sul paulista, mostraram que quando nanotubos de carbono entram em contato com substâncias tóxicas como chumbo e pesticidas em ambientes aquáticos há um aumento expressivo de toxicidade para peixes como tilápias-do-nilo (*Oreochromis niloticus*), camarões-d'-água-doce e outras espécies. Os mais recentes resultados da pesquisa que avaliou a interação entre esses nanomateriais e carbofurano, um pesticida com alta toxicidade utilizado no Brasil em culturas agrícolas, foram publicados *on-line* na revista *Ecotoxicology and Environmental Safety* em

nanomateriais engenheirados (aqueles produzidos a partir da ação humana) mais comuns usados em produtos para o mercado consumidor. Tem uma relevante atividade antibactericida[35] e baixo custo de produção. No entanto, apresenta mecanismos de toxicidade,[36] aspecto que não está recebendo a devida atenção pelos fabricantes ou, pelo menos, esse "detalhe" não aparece em nenhum rótulo ou material de divulgação. A nanoprata,[37] por exemplo, é utilizada na linha branca de eletrodomésticos, bebedouros, aparelhos de ar condicionado e outros itens de uso e contato diário pelo consumidor.[38]

Estes estudos ratificam a necessidade de um crescente cuidado com a saúde e a segurança do ser humano e a atenção com o meio ambiente. As respostas obtidas das Ciências Exatas, que também poderão ser denominadas como Ciências Produção,[39] até o momento, são provisórias, não conclusivas e, muitas vezes, contraditórias, mas com evidências de riscos, merecendo a atenção das Ciências de Impacto. Aqui se abre um interessante campo para a regulação, que deverá ser ocupado com criatividade

---

novembro e sairão na edição impressa em janeiro de 2015". INTERAÇÕES FATAIS. Disponível em: <http://revistapesquisa.fapesp.br/2014/12/29/interacoes-fatais/> Acesso em 09 mar. 2016.

[35] QUIÑONES-JURADO, Zoe Vineth et al. Silver nanoparticles supported on TiO$_2$ and their antibacterial properties: effect of surface confinement and nonexistence of plasmon resonance. IN: *Materials Sciences and Applications*, 5, p. 895-903, 2014.

[36] MARQUES, Bianca Fell et al. Toxicological effects induced by the nanomaterials fullerene and nanosilver in the polychaeta *Laeonereis acuta* (Nereididae) and in the bactéria communities living at their surface. IN: *Marine Environmental Research*, v. 89, p. 53-62, 2013. Outro estudo sobre a toxicidade da nanopartícula de prata *in vivo*, usando nanopartículas de 5-46nm (nanômetros), evidenciou a evolução de anormalidades e a morte de embriões de zebrafish quando estiveram na presença de nanoprata. LEE, Kerry J. et al. *In vivo* imaging of transport and biocompatibility of single silver nanoparticles in early development of zebrafish embryos. IN: *American Chemical Society Nano*, vol. 1, n. 2, p. 133-143, 2007.

[37] Em 24 de março de 2015, a Agência (americana) de Proteção Ambiental (EPA) concordou em regular o nanomaterial de prata como um novo pesticida, resultado de uma ação judicial movida pelo Centro de Segurança Alimentar (*Center for Food Safety*, que é uma organização nacional americana de interesse público e defesa ambiental, sem fins lucrativos, trabalhando para proteger a saúde humana e o meio ambiente, reduzir o uso de tecnologias de produção de alimentos nocivos e à promoção de formas orgânicas e de agricultura sustentável). Disponível em: <http://www.centerforfoodsafety.org/press-releases/3817/epa-agrees-to-regulate-novelnanotechnology-pesticides-after-legal-challenge> Acesso em 09 mar. 2016.

[38] Um exemplo poderá ser lido na Revista FAPESP, numa matéria publicada em 12 de junho de 2015: *Empresa paulista dobra prazo de validade de leite fresco pasteurizado*: A Agrindus – empresa agropecuária, situada em São Carlos, no interior de São Paulo – conseguiu aumentar de 7 para 15 dias o prazo de validade do leite fresco pasteurizado tipo A que comercializa com a marca Letti em 45 cidades do Estado de São Paulo. A façanha foi alcançada por meio da incorporação de micropartículas à base de prata, com propriedades bactericida, antimicrobiana e autoesterilizante, no plástico rígido das garrafas usadas para envasar o leite produzido pela empresa. Disponível em: <http://agencia.fapesp.br/empresa_paulista_dobra_prazo_de_validade_de_leite_fresco_pasteurizado/21325> Acesso em 10 mar. 2016.

[39] Para aprofundar a divisão citada, sugere-se a leitura de: ENGELMANN, Wilson. O Direito das Nanotecnologias e a (necessária) reconstrução dos elementos estruturantes da categoria do "direito subjetivo". In: STRECK, Lenio Luiz; ROCHA, Leonel Severo; ENGELMANN, Wilson (Orgs.). *Constituição, Sistemas Sociais e Hermenêutica*: Anuário do Programa de Pós-Graduação em Direito da Unisinos. Porto Alegre: Livraria do Advogado; São Leopoldo: UNISINOS, 2014, n. 11, p. 339-359.

pelo Direito, mobilizando o diálogo entre as fontes do Direito, como um modo de inserir o jurídico no cenário da Revolução Nanotecnológica, mediante a avaliação da preocupação com os impactos éticos, jurídicos e sociais.

Para lidar com as novidades trazidas pela nanoescala, especialmente na área de alimentos e embalagens, será fundamental iniciar um trabalho sério por meio da chamada "avaliação e gestão dos riscos".[40] Esse tema deverá ingressar na seara jurídica, buscando-se a aprendizagem já gerada na área da Administração, a fim de subsidiar o desenvolvimento dos marcos regulatórios, que deverão iniciar no laboratório, onde as pesquisas são especificadas, passando pelo setor industrial, chegando ao mercado consumidor, ao uso e descarte, ou seja, atingindo a integralidade do ciclo de vida um nanomaterial.[41]

Pelos aspectos vistos, há fortes evidências científicas do seguinte: "[...] os executivos precisam entender que um novo paradigma para fazer negócios vai exigir mudanças fundamentais na mentalidade, comportamento e modelos de negócios".[42] A mudança proposta para os executivos também se deverá aplicar aos juristas, a fim de perceberem a necessidade de buscar linhas de pensamento que possam ser colocadas no lugar do ainda dominante paradigma positivista, de viés legalista. Não haverá espaço social e político para se construir o arcabouço legislativo estatal, considerando a rapidez do surgimento e transformação das novidades tecnocientíficas geradas pelas nanotecnologias. Parece urgente mudar o olhar para a estruturação do assim chamado "[...] crescimento sustentável", por meio do esquema de "[...] uma hélice dupla do DNA, que compreende duas vertentes interligadas que correm em direções opostas, mas são mutuamente dependentes. Os fios, neste caso, não são dois polímeros

---

[40] NOWACK, Bernd et al. Potential scenarios for nanomaterial release and subsequent alteration in the environment. IN: *Environmental Toxicology and Chemistry*, v. 31, n. 1, p. 50-59, 2012.

[41] O desenvolvimento de *frameworks* ou modelos para a gestão dos riscos também abrem várias possibilidades, pois em resposta aos desafios da realização da saúde humana e da avaliação de risco ecológico para os nanomateriais, uma série de quadros alternativos, ou *frameworks*, têm sido propostos para a análise de risco dos nanomateriais. Esses recursos metodológicos para a avaliação e o gerenciamento do risco levam em consideração a flexibilidade para abranger múltiplas nanopartículas, adequados para múltiplos contextos de decisão, incluiu perspectivas do ciclo de vida e aspectos de precaução, transparentes e capazes de incluir dados qualitativos e quantitativos. No entanto, a maioria dos quadros metodológicos se destinam principalmente para aplicação a ambientes ocupacionais com considerações ambientais menores, e a maioria não foi completamente testada em uma ampla gama de nanomateriais. Cuidados também devem ser tomados ao selecionar a estratégia de análise de risco mais apropriada para um determinado contexto de risco. Pelos aspectos vistos até o momento neste capítulo de livro, torna-se necessária uma abordagem multifacetada para avaliar os riscos ambientais das nanotecnologias, bem como o aumento de aplicações e testes dos quadros para nanomateriais diferentes. (GRIEGER, K. D.; LINKOV, I.; HANSEN, S. F.; BAUN, A. Environmental risk analysis for nanomaterials: review and evaluation of frameworks. IN: *Nanotoxicology*, v. 6, n. 2, march 2012, p. 196-212).

[42] NIDUMOLU, Ram, KRAMER, Kevin and ZEITZ, Jochen. Connecting Heart to Head. IN: *Stanford Social Innovation Review*, v. 10, n. 1, p. 42-47, *winter* 2012, p. 45.

de nucleotídeos, mas o coração e a cabeça, com o coração que rege os imperativos morais e éticos de crescimento sustentável e para a cabeça, buscando descobrir como torná-los uma realidade prática".[43]

O desafio é "conectar" a inovação científica e tecnológica com um fundamento ética:[44] no sentido de se avaliarem as questões éticas, em conjunto com os impactos legais e sociais, existem estudos focados nesse viés: "estudos dos aspectos éticos, legais e sociais da evolução científica e tecnológica. As investigações relacionadas às questões de ELSI (sigla em inglês para *Ethical, Legal and Social Impacts*) têm o objetivo de fornecer uma base de conhecimentos para o desenvolvimento de ciência e tecnologias emergentes, destacando uma forma responsável e com uma consciência da ética, além dos aspectos e impactos de tais desenvolvimentos legais e sociais". Além da conjugação dos aspectos *ELSI*, surgem movimentos com a preocupação em promover a chamada pesquisa e inovação responsáveis (sigla em inglês RRI – *Responsible Research and Innovation*),[45] especialmente na Política Europeia de Investigação e Inovação, em particular com o financiamento do novo programa da Comissão Europeia (CE) de investigação chamado de *Horizonte 2020*. Esta é a maneira de regular as novidades e os desafios trazidos pelas nanotecnologias, sem depender da ação do Estado legislativo, mas ligando as produções normativas dos variados atores, alguns dos quais foram estudados nas duas primeiras partes deste texto. Não se pretende afastar a atuação do Estado e, muito menos, a intervenção dos seus poderes, mas abrir possibilidades jurídicas criativas e flexíveis para juridicizar os fatos sociais nanotecnológicos, atuando de modo preventivo-precaucional.

Será necessário percorrer o conceito de inovação. Em termos de América Latina, o estudo da relação entre Universidades (infraestrutura tecnocientífica), Empresas (estrutura produtiva) e Governo, como instrumento à inovação tecnológica, tem o seu ponto de partida: artigo publicado em 11/1968, "La ciencia y la tecnología en el desarrollo futuro de América Latina", de autoria de Jorge Sábato e Natalio Botana.[46]

Outro conceito de inovação é aquele desenvolvido por Henry Etzkowitz: propõe-se uma postura "aberta" que aponta como necessária a

---

[43] NIDUMOLU, Ram, KRAMER, Kevin and ZEITZ, Jochen. Connecting Heart to Head. IN: *Stanford Social Innovation Review*, v. 10, n. 1, p. 42-47, winter 2012, p. 47.

[44] FORSBERG, Ellen-Marie. ELSA and RRI – Editorial. IN: *Life Sciences, Society and Policy*, v. 11, n. 2, 2015. Disponível em: <http://www.lsspjournal.com/content/11/1/2> Acesso em 09 mar. 2016. Portanto, as preocupações levantadas neste texto, referentes às nanotecnologias, se encontram em sintonia com as discussões que os impactos éticos, legais e sociais sobre as novas tecnologias estão levantando no panorama internacional.

[45] GARWOOD, Jeremy. 'Excellence' or Non-Sense. IN: *Lab Times*, News for the European Life Sciences, Issue 5, p. 28-31, september 18th 2015.

[46] SABATO, Jorge A. (Compilador). *El pensamento latino-americano en la problemática ciencia-tecnología-desarrollo-dependência*. Buenos Aires: PLACTED, 2011.

interação entre diversos atores sociais e econômicos, em diversos níveis institucionais. Em meados da década de oitenta, Henry Etzkowitz[47] denominou figurativamente como Hélice Tríplice (*Triple Helix*), um modelo de inovação que, para ele, é promotor da sustentabilidade econômica a partir da relação entre governo-universidade-empresa. Atuando de forma autônoma, porém interdependente, no modelo Hélice Tríplice, estas instâncias colaboram reciprocamente para o fomento proativo da inovação.

Portanto, quando se fala em *pesquisa e inovação responsáveis* (sigla em inglês, RRI), busca-se o seguinte delineamento: "é um processo interativo transparente onde os atores sociais e inovadores tornam-se mutuamente responsáveis pela perspectiva da aceitabilidade (ética), sustentabilidade e desejabilidade social do processo de inovação e a comercialização dos produtos".[48] Existem, pelo menos, quarto dimensões próprias da RRI: a antecipação; a inclusão; a reflexividade e a responsabilidade. Por conta delas, "a inovação responsável significa cuidar do futuro através do manejo coletivo de ciência e inovação no presente".[49]

No cenário brasileiro de nanotecnologias, serão bem-vindos os elementos da denominada "nanotecnologia social": existem diversas razões para se acreditar que, no caso do Brasil, exista espaço para um novo programa de pesquisa, focado no desenvolvimento das nanotecnologias sociais, entendidas como metodologias participativas, que sejam sociotecnicamente adequadas com problemas de comunidades específicas, centradas em temas sociais e ambientais. Esta orientação de pesquisa se relaciona com os reclamos democráticos[50] de um debate acerca de uma nova governança científica.[51] Portanto, dentro deste contexto, a necessidade, mais do que em outro momento, da valorização dos Direitos Humanos, como um patamar ético minimamente aceitável para a discussão das possibilidades e consequências produzidas e provocadas pela Revolução das Nanotecnologias. Vale dizer, quando se fala em pesquisa e inovação responsáveis, permeadas pela preocupação com as implicações éticas, legais e sociais, se busca assegurar o respeito aos Direitos Humanos, como um dirigente capaz de legitimar as decisões sobre a implantação e a publicização dos avanços científicos produzidos a partir da utilização da escala nano.

---

[47] ETZKOWITZ, Henry. *Hélice Tríplice*: Universidade-Indústria-Governo. Inovação em Movimento. Tradução de Cristina Hintz. Porto Alegre: EDIPUCRS, 2009.

[48] SCHOMBERG, R. A vision of responsible innovation. In: Owen, R., Heintz, M., and Bessant, J. (eds.). *Responsible Innovation*. London: John Wiley, 2013, p. 51-74.

[49] STILGOE, J., *et al*, Developing a framework for responsible innovation. *Research Policy*, 2013.

[50] CARAYANNIS E. G. and CAMPBELL D. F. J. Mode 3 Knowledge Production in Quadruple Helix Innovation Systems. IN: Twenty-first-Century Democracy, Innovation, and Entrepreneurship for Development: *SpringerBriefs in Business 7*, 2012.

[51] FONSECA, Paulo F.C.; PEREIRA, Tiago Santos. The governance of nanotechnology in the Brazilian context: Entangling approaches. IN: *Technology in Society*, v. 37, p. 16-27, 2014.

2. O jurídico e o nanotecnológico: aproximações e possibilidades para o desenho regulatório

O cenário global, onde está inserida a pesquisa e a produção das nanotecnologias, apresenta uma grande variedade de possibilidades e modelos de regulação[52] no setor de alimentos, evidenciando a (necessária) criatividade exigida para este momento. A atividade do Poder Legislativo, dentro da sua temporalidade própria, não está acompanhando a velocidade com que as novidades em nanoescala estão surgindo dos laboratórios e das fábricas. Por isso, não é o caso de se pensar a regulação exclusivamente a partir da iniciativa estatal legislativa convencional. Pelo contrário, é o momento da emergência de outras modalidades de regulação e de um diversificado conjunto de autores. É o momento propício de gerar as informações que ainda são escassas sobre as interações que as partículas nanoescalares poderão gerar em relação ao corpo humano e ao meio ambiente. Há muitas dúvidas sobre os riscos e a metodologia a ser empregada.

Abaixo uma possibilidade que se pode vislumbrar para a geração de informações:[53]

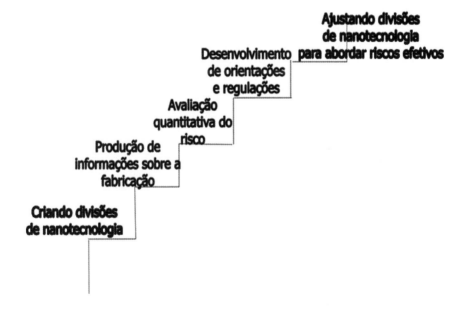

---

[52] Vejam-se, por exemplo, os diversos textos normativos estatais e não estatais presentes na União Europeia e em seus países, além de outros países: AMENTA, Valeria et al. Regulatory aspects of nanotechnology in the agri/feed/food sector in EU and non-EU countries. IN: *Regulatory Toxicology and Pharmacology*, v. 73, p. 463-476, 2015.

[53] Adaptado a partir de REESE, Michelle. Nanotechnology: using co-regulation to brig regulation of modern Technologies into the 21st Century. IN: *Health Matrix*, v. 23, issue 3, p. 537-572, 2013.

Os diversos degraus dessa figura mostram a inserção das questões regulatórias, que estão diretamente dependentes das informações geradas pelas investigações dos laboratórios e das observações provenientes do setor produtivo. Em todos os estágios, verifica-se a questão relativa ao risco e à sua avaliação e gestão, reforçando o que já se disse acerca da existência de muitas questões em aberto, incluindo a questão ética, considerando os campos abertos pelas nanotecnologias.[54] A partir dos estágios acima apresentados, pode-se organizá-los em três dimensões, que sumarizam as questões regulatórias das nanotecnologias:

a) a primeira dimensão refere-se à incerteza científica. Embora a literatura sobre a incerteza e conhecimento científico seja vasta, as opiniões convergem em descrever a natureza intratável de incerteza em novos e emergentes domínios técnico-científicos. Esta refratariedade está enraizada na indefinição progressiva das fronteiras entre as configurações experimentais de pesquisa e as definições operacionais de estruturas e sistemas fabricados, e seus ambientes naturais e humanos. Essas fronteiras indefinidas afetam as possibilidades e condições de regulação;

b) a segunda dimensão é a regulação interna e está relacionada com a fragmentação do quadro regulamentar. Essa fragmentação é uma fonte de incerteza em si mesma, não porque ela esteja necessariamente relacionada com a incerteza científica em si, mas porque define diversificada, se não for divergente, estratégias de enfrentamento e, mais importante, a definição dos temas a serem regulamentados. De uma forma mais tradicional do ponto de vista jurídico, marcos regulatórios complexos e heterogêneos exigem uma coordenação de regras e mecanismos que permitam a coerência e a coordenação entre os diferentes níveis geográficos, bem como entre diferentes tipos de regulação;

c) a terceira dimensão diz respeito a opiniões dos atores sociais sobre a regulação das nanotecnologias e, mais amplamente, para uma estrutura de governança nanotecnológica. Mais uma vez, a literatura é vasta, pois corresponde ao surgimento gradual e codificação recente de uma visão aberta do processo de política que enfatiza a inclusão da pluralidade de crenças, percepções e suposições que caracterizem um mundo multi-investidores. Dado o impacto das partes interessadas sobre as agendas de

---

[54] Considerando a grande quantidade de interesse em aspectos científicos, econômicos e comerciais da nanotecnologia, é importante refletir sobre a necessidade de estabelecer diretrizes mundiais para controlar ou prevenir qualquer processo de fabrico ou produtos que possam minar a segurança humana e ambiental. Os atores participantes do desenvolvimento da nanotecnologia, incluindo governos, indústrias, investidores, centros de investigação, devem concordar em ética de monitoramento, para que os bens social e ambiental não sejam sacrificados por uma pesquisa com benefícios irracionais e irresponsáveis. Neste processo, é essencial para a sociedade participar na tomada de decisões, especialmente por meio da informação. SOLANO UMAÑA, Victor; VEGA-BAUDRIT, José Roberto and GONZÁLEZ-PAZ, Rodolfo. Ethic in Nanotechnology. IN: *International Journal of Recent Scientific Research*, v. 6, Issue, 9, p. 6389-6395, September, 2015. Available Online at <http://www.recentscientific.com> Acesso em 19 mar. 2016.

regulação e políticas, como os diferentes atores percebem questões de regulação, é importante para compreender a evolução atual dos marcos regulatórios para a nanotecnologia e, mais em geral, a divisão do trabalho social que está previsto ou defendido no processo de desenvolvimento de aplicações nanotecnológicas.[55]

Por conta desse cenário de incertezas e possibilidades trazidas pelas nanotecnologias, no caso específico, dos *nano foods*, se propõe o diálogo entre as fontes do Direito, atribuindo-se natureza jurídica e eficácia de norma jurídica, situados entre as regras e os princípios, o seguinte conjunto:

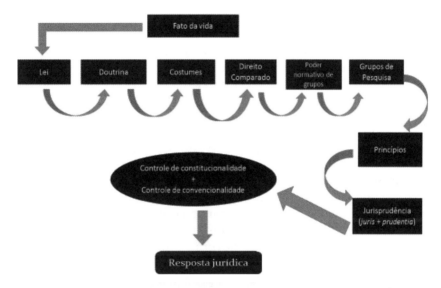

As questões e os fatos nanotecnológicos passarão pelas mais variadas fontes de Direito, em busca de resposta jurídica que melhor se alinhe às disposições sobre Direitos Humanos, expressas nos documentos internacionais sobre os Direitos Humanos, incluindo as decisões judiciais dos Tribunais Especiais que julgam esta matéria, originando o denominado "controle de convencionalidade". Em adição a esse controle, deverão se observar as regras e os princípios constitucionais, inseridas no texto da Constituição Federal de cada País. Com isso, usar-se-á o chamado "controle de constitucionalidade".

Dois conjuntos acima mencionados – textos de organizações internacionais e orientações de grupos de pesquisa – são o *locus* original e inovador de projeção de respostas jurídicas ancoradas nos documentos,

---

[55] ARNALDI, Simone; MURATORIO, Alessia. Nanotechnology, uncertainty and regulation. A guest editorial. IN: *Nanoethics*, v. 7, 173-175, 2013.

recomendações, guias e outros gerados por um diversificado conjunto de atores sobre os impactos e desafios provocados pelas nanotecnologias. Por intermédio do diálogo entre as fontes do Direito, poder-se-á retomar a ressignificação dos planos de existência, validade e eficácia desenvolvidos por Pontes de Miranda, na estruturação da Teoria do Fato Jurídico, conforme segue:

Considerando a perspectiva fenomenológica que sustenta a estruturação deste capítulo do livro, poder-se-á dizer que o Plano da Existência capta e representa o fato nanotecnológico a partir da existência fática no mundo da vida, gerado a partir da inovação e criatividade humana gestada nas diversas áreas do conhecimento que pesquisam e desenvolvem a tecnologia nanoescalar. Diferentemente do preconizado por Pontes de Miranda, o fato nanotecnológico não se encontra caracterizado em nenhum suporte fático inserido em alguma regra jurídica. Ter-se-ia que admitir a impossibilidade do seu ingresso no "mundo jurídico". No entanto, essa seria uma solução por demais simplista e inapropriada para o atual momento da história, pois o fato nanotecnológico de fato existe e gera efeitos positivos e negativos. Portanto, fenomenologicamente falando, o fato nanotecnológico existe. Ele deverá receber o adequado tratamento jurídico. Vislumbrando-se a regulação mundial já existente sobre as nanotecnologias aplicadas aos alimentos, por exemplo, constatam-se esforços mundiais dirigidos a regular a produção e o manuseio ou uso seguros dos nanomateriais e nanotecnologias, qualquer um deles por legislação ou por recomendações ou guias.[56] Assim, podem-se destacar os seguintes textos regulatórios existentes nos Estados Unidos:[57]

[56] MAYNARD, Andrew D. Navigating the risk landscape. IN: *Nature Nanotechnology*, v. 11, march 2016. Disponível em: <www.nature.com/naturenanotechnology> Acesso em 25 mar. 2016, p. 211-212. Segundo o autor: Existem inúmeros estudos e especulações sobre o que pode – ou não – ser arriscado sobre a ciência em nanoescala e engenharia. Mas, surpreendentemente, há relativamente poucos marcos para ajudar os pesquisadores a traçar um curso sensato através deste cenário de risco, uma vez que começou a desenvolver produtos de sucesso, seguros e responsáveis. Por isso Maynard pretende fornecer alguns marcos de conduta na esperança de que eles irão fornecer um mínimo de sentido através de uma configuração que é repleta de armadilhas. Como exemplo, se podem citar: Risco começa com algo que vale à pena proteger; "Nanotecnologia" é um indicador pouco confiável de risco; Nanomateriais não são apenas produtos químicos; A avaliação comparativa, aqui entendida como pontos de referência, é importante; Nós precisamos coevoluir com materiais em nanoescala; A maneira como se pensa sobre riscos da nanotecnologia é provavelmente incompleta; Precisamos ser rápidos para questionar, e lentos para responder.

[57] AMENTA, Valeria *et al*. Regulatory aspects of nanotechnology in the agri/feed/food sector in EU and non-EU countries. IN: *Regulatory Toxicology and Pharmacology*, v. 73, p. 463-476, 2015, p. 466.

Summary of food legislation in some non-EU countries.

Country	Responsible organisation	Key legislation	Online resources
USA	US Food and Drug Administration (FDA) Environmental Protection Agency (EPA)	Federal Food, Drug, and Cosmetic Act (FFDCA) Federal Insecticide, Fungicide, and Rodenticide Act (FIFRA)	http://www.fda.gov/regulatoryinformation/legislation/federalfooddrugandcosmeticactFDCAct/default.htm http://www.fda.gov/Food/default.htm http://www.epa.gov/oecaagct/lfra.html
Canada	Canadian Food Inspection Agency (CFIA) Public Health Agency of Canada (PHAC)	Food and Drugs Act	http://www.hc-sc.gc.ca/dhp-mps/nano-eng.php http://laws-lois.justice.gc.ca/eng/regulations/C.R.C.%2C_c._870/
Australia and New Zealand	Food Standards Australia New Zealand (FSANZ)	Australia New Zealand Food Standards Code	http://www.foodstandards.gov.au/code/Pages/default.aspx http://www.nicnas.gov.au/communications/issues/nanomaterials-nanotechnology/nicnas-regulatory-activities-in-nanomaterials http://www.foodstandards.gov.au/consumer/foodtech/nanotech/pages/default.aspx
Switzerland	Swiss Federal Office of Public Health (FOPH) Federal Office for the Environment (FOEN)		http://www.bag.admin.ch/nanotechnologie/12171/12174/index.html?lang=en http://www.bag.admin.ch/nanotechnologie/12171/12176/index.html?lang=en http://www.bag.admin.ch/themen/lebensmittel/10380/index.html?lang=en
Russia	The Federal Service for the Protection of Consumer Rights and Human Well-Being of the Ministry of Health and Social Development (Rospotrebnadzor)	Sanitary Rules and Regulations ("SanPiN")	http://www.rospotrebnadzor.ru/en/deyatelnost/bilateral.php
Japan	Ministry of Health, Labour and Welfare	Food Sanitation Law	http://www.mhlw.go.jp/english/policy/health-medical/food/index.html http://www.jetro.go.jp/en/reports/regulations/
Korea	Ministry of Food and Drug Safety (MFDS) Korean food and Drug Administration (KFDA) Korean Agency for Technology and Science (KATS)	Food Sanitation Act	http://www.kfda.go.kr/eng/index.do?nMenuCode=61 http://www.mfds.go.kr/eng/index.do http://www.kats.go.kr/english/home/home.asp?OlapCode=ATSU15
India	Food Safety Standard Authority of India (FSSAI)	Food Safety and Standards Act, 2006	http://www.fssai.gov.in/AboutFssai/Introduction.aspx?RequestID=kHte14K1h8e3hHK4iHe_doAction=True WHO/FAO report, 2013
China	Ministry of Agriculture Ministry of Health National Institute of Metrology	Food Safety Law of China, 2009	http://en.nim.ac.cn/ http://en.nim.ac.cn/division/overview/924
Malaysia	Ministry of Science Technology and Innovation	Food Regulations 1985 The Food Act 1983	http://www.mosti.gov.my/index.php?option=com_content&view=frontpage&Itemid=27&lang=en
Iran	Nanotechnology Committee of Food and Drug Organisation Iran Nanotechnology Initiative Council (INIC)		http://nanohealth.ir/pages/static_page.php?id=9&site=1&lang=2 http://irannano.org/nano/index.php?ctrl=section&actn=get_section&lang=2&id=22
Thailand	Food and Drug Administration of the Ministry of Public Health	Food Act B.E.2522	http://eng.moph.go.th/index.php/safety
South Africa		Foodstuffs, Cosmetics and Disinfectants Amendment Act, 2007	http://www.sani.org.za/
Brazil	National Agency of Sanitary Surveillance (ANVISA) Ministry of Agriculture, Livestock, and Food Supply (MAPA) Ministry of Health (MS)		http://portal.anvisa.gov.br/wps/portal/anvisa-ingles http://www.agricultura.gov.br/

Como se verifica neste quadro, há um conjunto variado de textos regulatórios, que não tiveram a participação do Poder Legislativo. Aí as novas características do cenário regulatório relativo às nanotecnologias e que deverão ser percebidas e aceitas pelo Direito Positivo. Em relação a outros países, fora da União Europeia, encontram-se os seguintes marcos normativos:[58]:

Overview of EU legal frameworks governing authorisation procedures and nanomaterial provisions in agri/feed/food applications.

Application	Authorisation[a]	Nano-definition	Nano-label	Guidance
Agriculture – Pesticides				
Plant protection products	(EC) No 1107/2009	No	No	EFSA guidance (for oral intake via food) (EFSA Scientific Committee, 2011)
Food/Feed				
Novel food/feed	(EC) 258/97	COM(2013) 894 final 2013/0435 (COD) reference to (EU) No 1169/2011	(EU) No 1169/2011	EFSA guidance
Food additives	(EC) 1333/2008	No	(EU) No 1169/2011	EFSA guidance
Enzymes	(EC) 1332/2008	No		
Flavourings	(EC) 1334/2008	No		
Food supplements	Dir 2002/46/EC	No	No	No
Feed ((EC) 767/2009)	Not required	No	No	EFSA guidance
Feed additives	(EC) 1831/2003 (EC) 429/2008			
Food contact materials				
Food contact materials	(EC) 1935/2004	No	No	EFSA guidance
Plastic food contact materials	(EC) 20/2011	No	No	EFSA guidance
Active and Intelligent Materials and Articles	(EC) 450/2009	No	No	EFSA guidance
Biocides/Chemicals				
Biocides	(EU) No 528/2013	(EU) No 528/2013	(EU) No 528/2013	Pending (information requirements)
Chemical substances	(EC) 1907/2006 (REACH) (authorisation required for certain hazardous substances)	No	No	ECHA guidance (ECHA, 2012)

[a] Authorisation required means that substances/products have to undergo pre-market approval.

Portanto, o preenchimento do "suporte fático" de certo fato nanotecnológico vinculado a alimentos deverá atender aos referidos textos regulatórios, onde se encontram as condições e as exigências dos países mencionados para o ingresso no "mundo jurídico", ingressando no Plano da Existência ponteasiano. Trata-se de uma atividade bem mais complexa que o preenchimento dos elementos do suporte fático previstos numa regra legislada. Aqui os elementos do "suporte fático" estão esparsos, mas que deverão ser guiados pelos princípios constitucionais e regramentos internacionais relacionados aos Direitos Humanos. Seria esse o movimento que Pontes de Miranda pretende: "[...] a técnica do direito tem como um dos seus expedientes fundamentais, e o primeiro de todos, esse, que é o distinguir, no mundo dos fatos, os fatos que não interessam ao direito

[58] AMENTA, Valeria et al. Regulatory aspects of nanotechnology in the agri/feed/food sector in EU and non-EU countries. IN: *Regulatory Toxicology and Pharmacology*, v. 73, p. 463-476, 2015, p. 470.

e os fatos jurídicos, que formam o mundo jurídico". Portanto, "[...] com a incidência da regra jurídica sobre o suporte fático, esse entra no mundo jurídico. Primeiro temos de ver os fatos no que eles são elementos componentes do suporte fático".[59] A duvidosa dicotomia entre o "mundo dos fatos" e o "mundo jurídico" caracteriza a passagem de um fato da vida para o colorido do fato jurídico, quando completado o suporte fático previamente definido por uma regra preexistente.

Os fatos nanotecnológicos são diferentes, mas estão no mundo dos fatos e devem receber o colorido jurídico, apesar da ausência de uma regra prévia com os elementos do suporte fático. Aqui a contribuição que se poderá dar à Teoria do Fato Jurídico, de Pontes de Miranda: o ingresso no mundo jurídico, com a recepção pelo Plano da Existência deverá ser delineado por textos outros, sem origem legislativa, mas a expressão da moderna representação de norma jurídica, com carga deontológica capaz de determinar a observância de determinadas condutas e a abstenção de outras, sempre em nome dos dois filtros mencionados: o de constitucionalidade e o de convencionalidade. Aí o detalhe para se verificar o Plano da Validade, na medida em que se valida a construção de atores diferentes de produção do jurídico nanotecnológico. A validade de algum texto relacionado às nanotecnologias dependerá do respeito aos elementos estruturantes da pesquisa e inovação responsáveis, que deverão estar em sintonia com as implicações éticas e sociais que, no seu nascedouro, se alicerçam nos Direitos Humanos. O Plano da Eficácia se assegura a partir do momento em que esse emaranhado normativo estimula a observância das regras e princípios já vigentes – tanto no plano nacional como no plano internacional – organizados a partir de programas de cumprimento e iluminados pela responsabilidade civil prospectiva e precaucional.[60] Portanto, ainda caberá se conhecer melhor as implicações éticas e sociais promovidas pelas nanotecnologias, como a expressão dos Direitos Humanos, pois elas serão o elemento de legitimidade componente da caracterização da pesquisa e inovação responsáveis. Esse elemento de legitimidade permeará a construção das respostas jurídicas acima alinhavadas, no movimento dialético do diálogo entre as fontes do Direito.

Referências

ABBONDANZA, Sébastien. Les Enjeux de la robotique. In: *Destination Science Les Thématiques*, Naintré, França, n. 1, novembro 2015, p. 6-13.

AMENTA, Valeria et al. Regulatory aspects of nanotechnology in the agri/feed/food sector in EU and non-EU countries. In: *Regulatory Toxicology and Pharmacology*, v. 73, p. 463-476, 2015.

---

[59] PONTES DE MIRANDA. *Tratado de Direito Privado*. Parte Geral. 4. ed. 2ª tiragem. São Paulo: RT, 1983, Tomo I, § 22, 2, p. 74-5.

[60] ENGELMANN, Wilson; BORJES, Isabel Cristina Porto; GOMES, Taís. *Responsabilidade Civil e Nanotecnologias*. São Paulo: Atlas, 2014.

ARNALDI, Simone; MURATORIO, Alessia. Nanotechnology, uncertainty and regulation. A guest editorial. IN: *Nanoethics*, v. 7, 173-175, 2013.

BARDIN, Laurence. *Análise de Conteúdo*. Tradução de Luís Antero Reto; Augusto Pinheiro. São Paulo: Edições 70, 2011.

BOURZAC, Katherine. O Lado sinistro do Grafeno. In: *Scientific American Brasil*, São Paulo, ano 13, nº 147, agosto 2014.

BRITTO, Roberta Socoowski et al. Effects of carbon nanomaterials fullerene C_{60} and fullerol C_{60} $(OH)_{18-22}$ on gills of fish *Cyprinus carpio* (*Cyprinidae*) exposed to ultraviolet radiation. *Aquatic Toxicology*, v. 114–115, 2012. p. 86. Disponível em: <www.elsevier.com/locate/aquatox>. Acesso em: 09 mar. 2016.

CARAYANNIS E. G. and CAMPBELL D. F. J. Mode 3 Knowledge Production in Quadruple Helix Innovation Systems. IN: Twenty-first-Century Democracy, Innovation, and Entrepreneurship for Development: *SpringerBriefs in Business* 7, 2012.

COMMUNICATION À l'Académie des Technologies. *Risques Liés aux Nanoparticules Manufacturées*. Paris: Le Manuscrit, 2012.

DOUGLAS, Mary; WILDAVSKY, Aaron. *Risco e Cultura*: um ensaio sobre a seleção de riscos tecnológicos e ambientais. Tradução de Cristiana Serra. Rio de Janeiro: Elsevier, 2012.

DREXLER, Eric. *Radical Abundance*: how a revolution in nanotechnology will change civilization. New York: PublicAffairs, 2013.

——. Os Nanossistemas. Possibilidades e Limites para o Planeta e para a Sociedade. IN: NEUTZLING, Inácio e ANDRADE, Paulo Fernando Carneiro (Orgs.). *Uma Sociedade Pós-Humana:* Possibilidades e limites das nanotecnologias. São Leopoldo: Unisinos, 2009.

——. *Engines of Creation* – the coming era of nanotechnology. Nova Iorque: Anchor Books Editions, 1986.

ENGELMANN, Wilson. *Direito Natural, Ética e Hermenêutica*. Porto Alegre: Livraria do Advogado, 2007.

——. O Direito das Nanotecnologias e a (necessária) reconstrução dos elementos estruturantes da categoria do "direito subjetivo". IN: STRECK, Lenio Luiz; ROCHA, Leonel Severo; ENGELMANN, Wilson (Org.). *Constituição, Sistemas Sociais e Hermenêutica*: Anuário do Programa de Pós-Graduação em Direito da Unisinos. Porto Alegre: Livraria do Advogado; São Leopoldo: UNISINOS, 2014, n. 11, p. 339-359.

——. A utilização de nanopartículas de zinco na indústria do plástico: o consumidor estará seguro? In: *Revista de Direito do Consumidor*, São Paulo, ano 24, v. 102, nov.-dez./2015, p. 355-385.

——. *Nanocosméticos e o Direito à Informação*: construindo os elementos e as condições para aproximar o desenvolvimento tecnocientífico na escala nano da necessidade de informar o público consumidor. Erechim: Deviant, 2015.

—— et al. Nanotecnologias Aplicadas aos Alimentos e Biocombustíveis: construindo Modelos Jurídicos Fundados no Princípio de Precaução. IN: SILVA, Tânia Elias Magno da; WAISSMANN, William (Org.). *Nanotecnologias, Alimentação e Biocombustíveis*: um olhar transdisciplinar. Aracaju: Editora Criação, 2014, v. 1, p. 49-98.

—— et al. Nanotechnologies and the management of risks generated during the biofuel production. In: RAI, Mahendra and SILVA, Silvio Silvério da (Edits.). *Nanotechnology Solutions for Bioenery and Biofuel production*. New York: Springer, 2015 (in press).

——; BORJES, Isabel Cristina Porto; GOMES, Taís. *Responsabilidade Civil e Nanotecnologias*. São Paulo: Atlas, 2014.

EPSTEIN, Lee & MARTIN, Andrew D. *An Introduction to Empirical Legal Research*. Oxford: Oxford University Press, 2014.

ETZKOWITZ, Henry. *Hélice Tríplice*: Universidade-Indústria-Governo. Inovação em Movimento. Tradução de Cristina Hintz. Porto Alegre: EDIPUCRS, 2009.

FERREIRA, Jonsecler L. Ribas et al. Co-exposure of the organic nanomaterial fullerene C_{60} with benzo[a]pyrene in Danio rerio (zebrafish) hepatocytes: Evidence of toxicological interactions *Aquatic Toxicology*, v. 147, 2014. p. 76-83. Disponível em: <www.elsevier.com/locate/aquatox>. Acesso em: 09 mar. 2016.

FONSECA, Paulo F.C.; PEREIRA, Tiago Santos. The governance of nanotechnology in the Brazilian context: Entangling approaches. IN: *Technology in Society*, v. 37, p. 16-27, 2014.

FORSBERG, Ellen-Marie. ELSA and RRI – Editorial. In: *Life Sciences, Society and Policy*, v. 11, n. 2, 2015. Disponível em: <http://www.lsspjournal.com/content/11/1/2> Acesso em 09 mar. 2016.

GARWOOD, Jeremy. 'Excellence' or Non-Sense. In: *Lab Times*, News for the European Life Sciences, Paris, Issue 5, p. 28-31, september 18th 2015.

GRIEGER, K. D.; LINKOV, I.; HANSEN, S. F.; BAUN, A. Environmental risk analysis for nanomaterials: review and evaluation of frameworks. IN: *Nanotoxicology*, v. 6, n. 2, march 2012, p. 196-212.

GUCHET, Xavier. *Philosophie des nanotechnologies*. Paris: Hermann Éditeurs, 2014.

INTERAÇÕES FATAIS. Disponível em: <http://revistapesquisa.fapesp.br/2014/12/29/interacoes-fatais/> Acesso em 09 mar. 2016.

INTERDISCIPLINARITY: Why scientists must work together to save the world. In: *Nature*, vol. 525, de 17 de setembro de 2015.

KAPLAN, Sheila. Nanotech innovation high, but 'playing catch-up' on health and safety. July 15th, 2013. Disponível em: http://investigativereportingworkshop.org/investigations/nanotechnology-harmful-or-benign/story/nanotech-health-safety/ Acesso em 10 mar. 2016.

KELLEY, Shana O. Disease Detector. IN: *Scientific American*, v. 313, n. 5, november 2015, p. 49-51.

LEE, Kerry J. et al. *In vivo* imaging of transport and biocompatibility of single silver nanoparticles in early development of zebrafish embryos. IN: *American Chemical Society Nano*, vol. 1, n. 2, p. 133-143, 2007.

MAYNARD, Andrew D. Navigating the fourth industrial revolution. In: *Nature Nanotechnology*, v. 10, december 2015. Disponível em: <www.nature.com/naturenanotechnology> Acesso em 24 mar. 2016.

——. Navigating the risk landscape. IN: *Nature Nanotechnology*, v. 11, march 2016. Disponível em: <www.nature.com/naturenanotechnology> Acesso em 25 mar. 2016.

MALYSHEVA, Anzhela; LOMBI, Enzo and VOELCKER, Nicolas H. Bridging the divide between human and environmental nanotoxicology. In: *Nature Nanotechnology*, v. 10, october 2015. Disponível em: <www.nature.com/naturenanotechnology> Acesso em 25 mar. 2016.

MARCIAL, Elaine C. (Org.). *Megatendências mundiais 2030*: o que entidades e personalidades internacionais pensam sobre o futuro do mundo? Contribuição para um debate de longo prazo para o Brasil. Brasília: IPEA, 2015.

MARQUES, Bianca Fell et al. Toxicological effects induced by the nanomaterials fullerene and nanosilver in the polychaeta *Laeonereis acuta* (Nereididae) and in the bactéria communities living at their surface. IN: *Marine Environmental Research*, v. 89, p. 53-62, 2013.

MULLINS, Martin et al. The insurability of nanomaterial production risk. IN: *Nature Nanotechnology*, v. 8, april 2013, p. 222. Disponível em: <www.nature.com/naturenanotechnology> Acesso em 25 mar. 2016.

NIDUMOLU, Ram, KRAMER, Kevin and ZEITZ, Jochen. Connecting Heart to Head. In: *Stanford Social Innovation Review*, v. 10, n. 1, p. 42-47, winter 2012.

NOWACK, Bernd et al. Potential scenarios for nanomaterial release and subsequent alteration in the environment. IN: *Environmental Toxicology and Chemistry*, v. 31, n. 1, p. 50-59, 2012.

OBERDÖRSTER, Günter et al. Nanotoxicology: an emerging discipline from studies of ultrafine particles. IN: *Environmental Health Perspectives*, v. 113, n. 7, p. 823-829, jul. 2005.

OECD. *Nanomaterials in Waste Streams*: Current knowledge on risks and impacts. Paris: OECD Publishing, 2016.

OGLIARI DAL FORNO, Gonzalo. Intraperitoneal Exposure to Nano/Microparticles of Fullerene (C_{60}) Increases Acetylcholinesterase Activity and Lipid Peroxidation in Adult *Zebrafish* (*Danio rerio*) Brain. *BioMed Research International*. [s.l.]: Hindawi Publishing Corporation, v. 2013, Maio 2013.

PONTES DE MIRANDA. *Tratado de Direito Privado*. Parte Geral. 4. ed. 2ª tiragem. São Paulo: RT, 1983, Tomo I.

QUIÑONES-JURADO, Zoe Vineth et al. Silver nanoparticles supported on TiO_2 and their antibacterial properties: effect of surface confinement and nonexistence of plasmon resonance. In: *Materials Sciences and Applications*, 5, p. 895-903, 2014.

REESE, Michelle. Nanotechnology: using co-regulation to brig regulation of modern Technologies into the 21st Century. IN: *Health Matrix*, v. 23, issue 3, p. 537-572, 2013.

SABATO, Jorge A. (Compilador). *El pensamento latino-americano en la problemática ciencia-tecnología-desarrollo-dependência*. Buenos Aires: PLACTED, 2011.

SCHOMBERG, R. A vision of responsible innovation. In: Owen, R., Heintz, M., and Bessant, J. (eds.). *Responsible Innovation*. London: John Wiley, 2013, p. 51-74.

SOLANO UMAÑA, Victor; VEGA-BAUDRIT, José Roberto and GONZÁLEZ-PAZ, Rodolfo. Ethic in Nanotechnology. In: *International Journal of Recent Scientific Research*, v. 6, Issue, 9, p. 6389-6395, September, 2015. Available Online at <http://www.recentscientific.com> Acesso em 19 mar. 2016.

STILGOE, J., et al. Developing a framework for responsible innovation. *Research Policy*, 2013.

SUPPAN, Steve. No Small Task: Generating Robust Nano Data. Posted July 16, 2015. Disponível em: <http://www.iatp.org/blog/201507/no-small-task-generating-robust-nano-data> Acesso em 10 mar. 2016.

TOO CLOSE FOR COMFORT? Relationships between industry and researchers can be hard to define, but universities and other institutions must do more to scrutinize the work of their scientists for conflicts of interest. IN: *Nature*, vol. 525, p. 289, de 17 de setembro de 2015.